WESTEND

HANS JÜRGEN KRYSMANSKI

0,1 PROZENT

DAS IMPERIUM
DER MILLIARDÄRE

WESTEND

Redaktionsschluss: 31.08.2012
Nicht in allen Fällen konnten die Inhaber der Bildrechte ermittelt werden. Wir bitten gegebenenfalls um Hinweis an den Verlag.

Mehr über unsere Autoren und Bücher:
www.westendverlag.de

Die Deutsche Nationalbibliothek verzeichnet diese Publikation in der Deutschen Nationalbibliografie; detaillierte bibliografische Daten sind im Internet über http://dnb.d-nb.de abrufbar.

ISBN 978-3-86489-023-9
© Westend Verlag GmbH, Frankfurt/Main 2012
Satz: Publikations Atelier, Dreieich
Druck und Bindung: CPI – Clausen & Bosse, Leck
Printed in Germany

Inhalt

Vorwort

Auf der Frankfurter Buchmesse 2010 sprachen wir über den Plan, ein Buch über Deutschlands »äußerst öffentlichkeitsscheue und der breiten Masse kaum bekannte Milliardäre« (*Financial Times Deutschland*) herauszubringen. Der zunächst angedachte Titel »Wie Milliardäre den Kapitalismus überwinden« schien das gehörige Quentchen an Ironie zu enthalten, das einem solchen Thema angemessen war, von dem Carl Schmitt einst sagte, kein Soziologe wage sich dran. Und ich hatte ja schon ein einschlägiges Buch geschrieben, das sich vor allem auf die Geschichte der amerikanischen Reichtumsforschung konzentrierte.[1] Eine Beschränkung allerdings allein auf Deutschland war auch bei dem neuen Projekt nicht sinnvoll, denn diese Schicht der Superreichen, die ja weltweit nur wenige tausend Personen und Familien umfasst, ist ein globales, ein, wenn man so will, kosmopolitisches Phänomen.

Wir, das heißt Verleger, Verlagslektorin und ich, sprachen also über dieses Buch, amüsierten uns und optierten schließlich – eingedenk der neuen Protestbewegungen Occupy Wall Street und 99 Prozent – für den Haupttitel *0,1 Prozent*. Ich begann, meine Materialberge zu sichten, Neues zu sammeln und erste Skizzen zu schreiben. Es war die Zeit, in welcher in den USA der Vorwahlkampf innerhalb der Republikanischen Partei um die Präsidentschaftskandidatur an Fahrt auf- und ungeahnte Schärfe annahm. Die großen amerikanischen Blätter der Ost- und Westküste titelten bald »Big backing for Romney from the wealthy few«, »A Big Check, and Gingrich Gets a Big Lift« und so fort. Je mehr man sich in diese Welt des hemmungslosen Stimmenkaufs vertiefte, je ominöser bei uns die Auseinandersetzungen um den kleinen Nebenschauplatz Schloss Bellevue und in Europa um den großen Eurogoldrausch wurden, desto mehr verdüsterte sich meine Stimmung.

Der Mut, dieses Buch zu schreiben, verließ mich fast nach der folgenden Episode. Das Thema Superreiche hatte ja in der Krise der Finanzmärkte endlich auch die Mainstream-Medien erreicht, altkonservative Zeitungen nahmen sich der unverkennbaren »plutokratischen« Tendenzen in unserer Gesellschaft an und lobten nicht nur Marx, sondern sogar den Anarchismus. Und so bekam auch ich – wegen meines früheren Buches – des öfteren Interviewanfragen. Ich wollte mir aber den Kopf frei halten und sagte deshalb nur bei ein, zwei Gelegenheiten zu. Und wenn ich mich schon darauf einließ, wollte ich wenigstens die Wogen testen und mit der einen oder anderen These auch übertreiben und provozieren.

Ein willkommener Anlass war die inzwischen jährlich erscheinende Sonderausgabe des *Manager Magazins* »Die 500 reichsten Deutschen«. Hinter dieser Publikation stecken eine gewaltige Fleißarbeit der Redaktion und sicher auch eine brisante Datenbank. Doch öffentlich diskutiert werden die Erkenntnisse kaum – und schon gar nicht vertieft. Man war noch nicht einmal, soweit ich sah, auf die Idee gekommen, die Vermögensbestände der 500 reichsten Deutschen zu addieren. Ich tat das also und »errechnete« eine Summe von 3,3 Billionen, also 3 300 Milliarden Euro. Das war natürlich, bezogen allein auf die 500 Reichsten, um den Faktor zehn zu hoch. Diese (im ganzen Kontext meiner Argumentation durchaus nebensächliche) Aussage »500 haben 3 300« floss in zwei Interviews und von da in zahlreiche Blogs und Foren.

Was dann geschah, drohte mir meine Unbefangenheit auch gegenüber dem ganz allgemeinen Thema gänzlich zu nehmen. Zunächst einmal merkte kaum jemand, dass diese Zahl nicht stimmen konnte. Dann kamen Fixierungen auf dieses Detail und da und dort Aggressionen. Und auf einmal spürte ich, welche ungeheuren Macht- und Herrschaftsenergien eine leichtfertige Provokation hervorrufen kann und welche – sagen wir einmal – Selbstverteidigungskräfte in diesem Macht- und Herrschaftssystem stecken. Wagemut also war angesagt. Jetzt erst recht weiterzuschreiben war die einzige Lösung – und das zugleich mit der Lockerheit und dem Vergnügen, die allein uns jene Unabhängigkeit und innere Freiheit sichern, die zu den Errungenschaften unserer Epoche gehören. Beharren wir also auf unserer subjektiven Souveränität, die durch Geldmacht in Gefahr ist, und machen wir uns auf gelegentlich unterhaltsame Weise kundiger über das 0,1 Prozent der Menschheit, das den Prozess der Globalisierung und die Welt der Postmoderne zu usurpieren droht.

Dieses Buch ist Teil eines offenen Projekts, keine abgeschlossene Analyse oder gar ein fertiges Theoriestück. Es soll anregen, sich weiter mit diesem Thema zu beschäftigen – auch im Internet.

Dank an Ingrid Lohmann, Rainer Rilling sowie Christel Buschmann, Karl Philip Lohmann, Renate Krysmanski, Tom Krysmanski, Rainer Schmidt, Thomas Druyen, Detlev Schelsky, Monika Schaack, Reinhard Hauff, Peter Krysmanski, Martin Zeis, Val Burris, J. F., W. M. und nicht zuletzt Beate Koglin und Markus J. Karsten vom Westend Verlag.

Hamburg/Münster, August 2012

Prolog: Eat the Rich (1999)

Es war kaum vermeidbar, an den Anfang dieses Buchs als historische Momentaufnahme den unveränderten Text eines Vortrags zu
setzen, den ich im November 1999 an der Universität Münster im
Rahmen einer Veranstaltungsreihe »Test the West: Amerika, du hast
es besser?« gehalten habe.[1]

Im letzten Urlaub war ich in der Haute Provence und wagte mich
auch einmal hinunter in das Gewimmel der Côte d'Azur. Aus rein so-
ziologischem Interesse nahm ich die Staus auf mich, um nach St. Tropez und in eins der Cafés am dortigen Hafen zu gelangen. Vor mir lagen – Sie kennen das – die Megayachten, wie immer mit dem Heck
zur Mole. Eine dieser riesigen Yachten hieß »Battered Bull«, unter der
Flagge der karibischen Cayman Islands. Diese winzige Inselgruppe ist
eines der größten Finanzzentren der Welt, mit 560 Banken, die sechzig verschiedene Länder repräsentieren. Ein exklusives Spekulations-
paradies für reiche Amerikaner. Der Name der Megayacht, Battered
Bull, bezog sich auf das Symboltier für einen »bulligen« Aktienmarkt,
auf den Stier also, und auf die Tatsache, dass der manchmal Prügel
bezieht. Keine Frage: ein Hinweis auf gewisse Erfahrungen des amerikanischen Eignerpaars. Fast unbemerkt verließen die beiden später
die Yacht: Mitvierziger, ein unauffälliges Touristenpaar wie tausend
andere an diesem Augustnachmittag in St. Tropez.

Doch »mehr sein als scheinen« erhält hier eine neue Bedeutung.
Die Battered Bull ist 170 Fuß lang, rund 53 Meter. Bei ihrem Bau vor
vier Jahren kostete die Yacht vierzig Millionen Dollar. Allein fünf
Millionen Dollar davon entfielen auf die perfekte, perlweiße Lackie-
rung. Sie fährt mit einer zwölfköpfigen Crew durch die Weltmeere.

Bei Reisegeschwindigkeit werden pro Stunde 500 Liter Dieselöl verbraucht. Die jährliche Versicherungssumme bei Lloyds, London, beträgt 1,5 Millionen Dollar. Der Liegeplatz in St. Tropez kostet pro Tag 11 000 Dollar. Summa summarum gibt das nette Paar jährlich rund sieben Millionen Dollar an reinen Betriebskosten (ohne Abschreibung) für dieses Vergnügen aus.

Die Eigner dieser Superschiffe umgibt äußerste Diskretion. Doch kann man zum Beispiel die Reisen von Battered Bull im Internet verfolgen. Das Eignerpaar hat dort ein elektronisches Album seiner globalen Reiseeindrücke angelegt – fast wie ganz normale Touristen. Aber eben nur fast. Denn letztlich sind sie nur eines: alles das, was normale Touristen nicht sind.

Die Beobachtungen in St. Tropez haben einen interessanten Hintergrund. Wenn es eine wachsende Industrie gibt, so ist es der Bau von ozeantüchtigen Megamotoryachten ab 35 Meter Länge und ab zwanzig Millionen D-Mark Neupreis. Selbst Werften, die bisher Kriegsfregatten bauten, entdecken diesen lukrativen Geschäftszweig. Dieser ganz besondere Bauboom hat seine Auswirkungen bis nach Senden bei Münster. Münsteraner erinnern sich an die Pleite eines besonders edlen Möbelhauses auf der Rothenburg. Inzwischen gehört der einstige Inhaber Rolf Rincklake van Endert mit seiner Firma Metrica zu den international gefragtesten Innenausstattern von Megayachten.

Diese Bewegungen zu Wasser sind durch die modernen Kommunikationstechnologien möglich geworden. Es ist kein Problem mehr, aus der Mitte des Pazifiks Konzerne zu leiten und Finanztransaktionen durchzuführen. Doch auch zu Lande und in der Immobilität bildet die Schere zwischen Reichtum und Armut sich traditionellerweise anschaulich ab – und nirgendwo so deutlich wie in New York. Die Geschichte der Apartmenthäuser in Manhattan ist ein offenes Buch über Amerikas Milliardäre. Als zu Beginn des neunzehnten Jahrhunderts die ersten Wohnwolkenkratzer um den Central Park herum wuchsen, stellten die Reichsten exakte Kopien ihrer Landhäuser mehrstöckig auf deren Spitze. Das waren Penthouses!

Und heute? Das neueste Hochhaus mit Eigentumswohnungen findet sich unter der Adresse 515 Park Ave, Ecke 60. Straße. Kein

Name steht dran, kein Majestic, Beresford oder Dakota. Aber Apartments gibt es dort: zum Beispiel 2 000 Quadratmeter über zwei Stockwerke verteilt, zum Preis von zwölf Millionen Dollar. Für das Dienstpersonal noch eine Extrawohnung im zweiten Stock, 200 Quadratmeter für 400 000 Dollar. Und das alles ist noch nichts im Vergleich zu Bill Gates' *Lakeside Xanadu* bei Seattle, das sogar William Randolph Hearsts *San Simeon Castle* in den Schatten stellt.

Ein bis zwei Prozent

Wie definieren wir Reichtum? Ferdinand Lundberg unterscheidet in einem berühmten Buch aus den sechziger Jahren zwischen den Reichen und den Superreichen.[2] Er sagt: Die Reichen mögen zwar über sehr viel (und oft schnell erworbenes) Geld verfügen. Sie leben aber immer noch in der Gefahr, alles oder einen großen Teil ihres Vermögens plötzlich wieder zu verlieren. Man denke nur an das Auf und Ab des Donald Trump, dem derzeit die spektakulärsten Hochbauten Manhattans gehören.

Die Superreichen dagegen, so Lundberg, können absolut ruhig schlafen. Ihre Vermögen sind so riesig, so weit verzweigt, so gut platziert, auch so gut versteckt, dass dieser Planet schon zerplatzen müsste, damit auch sie nur noch im Hemd dastünden. Um diese Superreichen geht es, um »The Billionaires«.

Das Feuilleton der *Frankfurter Allgemeinen Zeitung* schrieb vor kurzem: »Die herrschende Schicht ist einem apokryphen Wort zufolge diejenige, deren Soziologie niemand zu schreiben wagt.«[3] Als Soziologe muss ich bekennen: Das stimmt. Die Sozialwissenschaften – von der Soziologie, Ökonomie, Politologie bis zur empirischen Sozialforschung – haben sich ihre Daseinsberechtigung auch dadurch erworben, dass sie die Schicht der Superreichen aus der sozialen Wirklichkeit hinausdefiniert und hinausgerechnet haben. Oder wie ist die folgende Geschichte zu verstehen?

In den Vereinigten Staaten vereinen die obersten fünf Prozent der Bevölkerung sechzig Prozent des nationalen Reichtums auf sich. Damit aber nicht genug. Das oberste eine Prozent ist in den letzten

Jahren noch einmal dramatisch reicher geworden als die folgenden vier Prozent. Und die obersten 0,25 Prozent dieses einen Prozents schließlich heben noch schneller ab als die folgenden 0,75 Prozent.

In den offiziellen statistischen Berichten zur Einkommensverteilung aber tauchen diese fünf Prozent – oder gar das eine Prozent – überhaupt nicht auf. Sie scheinen nicht zu existieren. Zwar berichtete das United States Census Bureau im Dezember 1997, dass in den letzten zwanzig Jahren die wohlhabendsten zwanzig Prozent der US-amerikanischen Bevölkerung ihre Realeinkommen um dreißig Prozent gesteigert hätten. Ihr Einkommen (durchschnittlich 117 500 Dollar jährlich) sei damit dreizehnmal höher als das der ärmsten zwanzig Prozent (9 250 Dollar jährlich).

Aber: Wo sind die Superreichen? Auf Anfragen einiger Journalisten räumte das United States Census Bureau ein, dass niemals jemand befragt worden sei, der mehr als 300 000 Dollar im Jahr verdient. Das lag daran, gestand man kleinlaut, dass ein Jahreseinkommen von 300 000 Dollar die größte Ziffer war, welche die Computer der Behörde überhaupt erfassen konnten. Selbst als dieses Limit im letzten Jahr auf eine Million angehoben wurde, fielen die 190 Milliardäre und die 4 000 Multimillionäre mit Vermögen über 300 Millionen Dollar (um nur die zu nennen) aus der Statistik heraus.

Würde man Spielbauklötze aufeinanderstapeln, von denen jeder tausend Dollar Einkommen beziehungsweise Vermögen symbolisiert, so müssten sich 98 Prozent der Amerikaner mit Stapeln begnügen, die im besten Falle ein paar Meter hoch wären. *Ein* Prozent der Amerikaner aber hätte Stapel, die jeweils um ein Mehrfaches höher als der Eiffelturm wären.

Der Mythos der Titanen

Als Geneva Overholser vor kurzem in der *International Herald Tribune* aufmerksam machte auf die überzogenen Bezüge der »Business Titans«, also auf die Bezüge der (unterhalb der Superreichen angesiedelten) Schicht der Chief Executive Officers (CEOs/Vorstandsvorsitzende), gingen so viele entrüstete Leserbriefe ein wie noch nie. 419-mal mehr als seine Arbeiter verdient inzwischen im *Durchschnitt* der CEO eines großen amerikanischen Konzerns: 10,7 Millionen Dollar jährlich. Sein Gehalt stieg 1998 um 36 Prozent, der Lohn eines Facharbeiters um 2,7 Prozent. Dennoch giftet zum Beispiel einer der Leserbriefe: »Ich bin mir sicher, dass die Ansprüche, die auf dem CEO eines großen Konzerns lasten, von Ihresgleichen überhaupt nicht begriffen werden können. Manche Menschen sind eben in der Lage, enorm viel mehr Verantwortung zu tragen als andere.« Untersuchungen beweisen dagegen, dass Höhe der CEO-Gehälter und Erfolg ihrer Konzerne eher negativ miteinander korrelieren.

Noch anders steht es um die Superreichen, also die Schicht oberhalb der CEOs. In dieser Schicht erst landen ja die wirklichen Konzerngewinne. Statistisch mögen die Milliardäre sich einnebeln; als mythische Gestalten aber sind sie in der amerikanischen und globalen Medienlandschaft omnipräsent. *Time Magazine* nennt sie »Builders & Titans«, die Erbauer und Titanen des zwanzigsten Jahrhunderts, die uns »aus dem industriellen Zeitalter ins digitale Zeitalter katapultiert« haben. Allen sei eines gemeinsam: ihre Obsession mit der Schaffung von Reichtum. Räuberisch – rapacious – seien sie gewesen, allesamt. Aber: Diese geldbesessenen Individuen hätten auch jene »gewaltige Maschine in Gang gesetzt, welche die USA zur führenden Industriegesellschaft der Welt« machte. Sie die alleinigen Macher? »Wer baute das siebentorige Theben?«, schreibt Bertold Brecht. »So viele Berichte. So viele Fragen.« Die Berichte erzählen zunächst einmal von den großen Räuberbaronen der vorletzten Jahrhundertwende, von John D. Rockefeller, Andrew Carnegie und J. Pierpont Morgan.

Rockefellers Standard Oil kontrollierte um 1900 neunzig Prozent des amerikanischen Öls und war der erste multinationale Konzern überhaupt. Rockefeller machte heimliche Deals mit den Eisenbahnen, bestach Senatoren und betrieb Industriespionage. Seine Schläger nahmen sich der Gewerkschaften an. Am Ende war Rockefeller, umgerechnet, fast dreimal so reich wie Bill Gates heute.

Carnegie machte sein Vermögen mit Öl, Bessemer-Stahl und Eisenbahnschienen. Seine Devise: »Put all your eggs in one basket and then watch that basket.« Er schrieb Bücher voller naiven Fortschrittsglaubens. Seine Stahlarbeiter mussten zwölf Stunden arbeiten. Mit seinem Namen ist die blutigste Streikunterdrückung der amerikanischen Geschichte, 1892 in Homestead, Pennsylvania, verbunden. Doch nach dem Verkauf seines Imperiums wurde Carnegie der erste große Philanthrop, gründete weltweit 2800 Bibliotheken und stand am Anfang der Entwicklung eines mächtigen Konzernstiftungswesens.

J. P. Morgan schließlich begründete die amerikanische Bankenmacht. Er trieb Eisenbahnaktien auf die gleiche Weise hoch wie heute die Hedge-Fonds Software-Aktien. An faire Konkurrenz glaubte er nicht. Schon damals gerieten die größten Industriekonzerne der USA unter die Kontrolle von Wall Street.

Die Titanengalerie hat noch viele Namen. Henry Ford erfand das Fließband und den gut bezahlten Fabrikarbeiter, der sich die von ihm gebauten Autos der T-Modelle auch leisten können sollte. Ford richtete aber auch ein »Sociological Department« ein, um den Schnapskonsum seiner Arbeiter zu kontrollieren und die Gewerkschaften zu bekämpfen. Er hatte Sympathien für Adolf Hitler. Doch der Autokrat Ford war Mitte der dreißiger Jahre schon nicht mehr auf der Höhe der Zeit.

Überhaupt: Franklin D. Roosevelts »New Deal« brachte Unbill für Milliardäre. Ihr proportionaler Anteil an der Bevölkerung ging zurück, um erst unter Ronald Reagan wieder dramatisch anzusteigen.

Das meiste Geld wurde inzwischen nicht mehr mit Stahl, nicht einmal mehr mit Chemie und Aluminium, sondern mit Produkten aus dem Äther gemacht. David Sarnoff legte mit seinem Radioimperium »Radio Corporation of America« (RCA) die Grundlagen des massenmedialen Goldrauschs. Die neuen Medien brachten den Mythos der »Builders & Titans« direkt in die Wohnzimmer der Massen. Die Reichen und Superreichen waren auf einmal sofa-nah. Die unerreichbare Ferne schien überspielt. Und hochbezahlte Stars aus den Filmfabriken Hollywoods, die selber wie Fließbandarbeiter arbeiten mussten, wurden Identifikationsfiguren für Träume von einem reichen Leben, an dem sie selbst nur tragisch beschränkt – als Mätressen oder Gigolos – teilnahmen.

Nur ein paar Titanennamen noch. Charles Merril predigte auf Messen und in Einkaufszentren die Botschaft vom Aktienbesitz für kleine Leute und machte Amerika zur »Shareholder Nation«. Stephen Bechtel baute in den dreißiger Jahren die Hoover-Talsperre, legte nach dem Zweiten Weltkrieg die Pipelines in Saudi-Arabien und errichtete 1951 das erste Atomkraftwerk. Die Bechtel-Corporation wurde zum Synonym für amerikanische Baustellen überall auf der Welt. Walt Disney schuf nicht nur Dagobert Duck. Lucky Luciano war der erste Gangster-Milliardär. William Levitt erfand die Massenproduktion von billigen Reihenhäusern und machte so die amerikanischen Suburbs möglich. Leo Burnett brachte Werbeindustrie und Fernsehen zusammen. Aus Thomas Watsons Büromaschinenfabrik wurde der erste Computergigant, IBM (International Business Machines Corporation). Und Ray Kroc, der die Würstchenbude der Brüder McDonald in ein Fastfood-Imperium verwandelte, wirft mit seinem Business-Credo noch einmal ein Schlaglicht auf das Motto dieses Textes: Eat the Rich. Was sagte er über die Konkurrenz? »*This is rat eat rat, dog eat dog. I'll kill 'em, and I'm going to kill 'em before they kill me.*«

Über den Reichsten unter den Reichen der Gegenwart, über den virtuellen Räuberbaron der Jahrtausendwende, Bill Gates, kann ich aus Zeitgründen nur wenig sagen. Vielleicht nur, dass auch dieser Titan Ray Krocs Credo beherzigt. »Er ist unermüdlich, ein Darwinist. Erfolg heißt für ihn Plattmachen der Konkurrenz«, schreibt Bob Glaser, ein früherer enger Mitarbeiter von Gates. Da ist es nur eine Fußnote, dass ungefähr ein Viertel der 33 000 Microsoft-Beschäftigten inzwischen Millionäre sind. Was ist heutzutage schon ein Millionär? Oder dass es im Internet eine Seite gibt, Bill Gates' Wealth Watch Clock, auf der abzulesen ist, dass er auf jeden Fall reicher als ganz Mittelamerika bleibt?

Entscheidend sind die ökonomischen, sozialen und politischen Hintergründe solchen Reichtums. Mit dem Ende des Kalten Kriegs wurden die einst den Militärs und Geheimdiensten vorbehaltenen Informations- und Kommunikationstechnologien zum lukrativsten Geschäftsfeld. Dies wiederum ermöglichte die ungehemmte Explosion der globalen Finanzmärkte. Und dadurch wurden nationale

Grenzen irrelevant. Über dieses globale Niemandsland beginnt nun der *E-Commerce* zu rasen.

Zu allem Überfluss reißt die neue elektronische Technologie auch die Grenzen zwischen den Sphären des Privaten und des Öffentlichen nieder. Private E-Mail ist ein Widerspruch in sich. Nichts mehr ist nicht öffentlich, aber zugleich kann auch alles privatisiert werden. Und niemand verdient an diesem in aller Öffentlichkeit stattfindenden allgemeinen Privatisierungsprozess mehr als die letzten Privatmenschen, die Milliardäre.

Der Mythos von den Segnungen der Schaffung *privaten* Reichtums ist durch die Bewusstseinsindustrie zu einer fast unwiderstehlichen materiellen Gewalt geworden. Erliegen wir dieser Obsession inzwischen nicht alle? Höchstens unsere Mitbürger aus den neuen Bundesländern erschrecken noch darüber, dass Geld tatsächlich die Welt regiert.

Von der Nützlichkeit der Milliardäre

Doch gerade den Milliardären war ihr eigener Mythos nie ganz geheuer. So kam die moderne, milliardenschwere Philanthropie in die Welt. Ted Turner, Miteigentümer von CNN und Time Warner, hat 1998 sogar den Vereinten Nationen eine Milliarde Dollar in Gestalt einer Stiftung zukommen lassen. Nicht uneigennützig. Immerhin aber machte Turner, dem seine Frau Jane Fonda[4] vielleicht manches aus der Flower-Power-Zeit zuflüsterte, schon vor einiger Zeit auf Folgendes aufmerksam. Den meisten Milliardären, schrieb er, bedeute die Rangliste der Reichsten auf dieser Welt, die das *Forbes*-Magazin regelmäßig veröffentlicht, sehr viel. Mehr wahrscheinlich als den Tennisspitzenspielern ihre Computerliste. Man tut alles, um oben zu bleiben. Also raffen die Milliardäre und raffen und behalten ihre Eier im Korb. Dieser Listenplatz-Ehrgeiz mindere dann aber auch massiv die Bereitschaft, beklagt Turner, Stiftungen zu gründen oder auf andere Weise zum Gemeinwohl beizutragen. Turner schlug deshalb eine neuartige Rangliste vor, eine Rangliste der freigiebigsten Philanthropen auf dieser Welt. Gäbe es eine solche Liste, fügte Turner hinzu, wäre vielleicht auch Bill Gates schon spendier-freudiger.

Doch die Dinge werden fragwürdig, wenn durch Philanthropie direkte Eingriffe in Politik, Kultur und sogar Religion erfolgen. Dies aber geschieht in wachsendem Umfang. Oskar Lafontaine zitiert in seinem neuen Buch[5] den amerikanischen Soziologen Norman Birnbaum: »Die internationale Elite der multinationalen Konzerne beherrscht nicht nur die Produktionsmittel, sondern inzwischen auch die Mittel zur politischen Willensbildung.«

Milliardäre bestimmen – mittels eines Geflechts von Stiftungen und Organisationen und durch die Informationsindustrie – das Bildungswesen ganzer Länder; ihnen gehören Privatuniversitäten, große Teile des Gesundheitswesens, die wichtigsten Zeitungs-, Fernseh- und Filmkonzerne. Sie verfügen über Privatarmeen. Wissenschaftliche Berater, Kunst- und Kulturstrategen, Politiker werden ohne große Umstände »eingekauft«. Ein amerikanischer Präsident ist wahrscheinlich billiger zu haben als eine ordentliche Siebzig-Meter-Luxusmotoryacht. Unter der Überschrift »Der gekaufte Präsident« schreibt die *Süddeutsche Zeitung*: »Es wäre naiv zu glauben, dass ein Kandidat oder eine Partei Millionen sammelt, um anschließend nur die eigenen Ideale und Programme zu verfechten ... Ein Wahlkampf, der auf Dollar gebaut ist, lässt dem zukünftigen Präsidenten der USA gar keine andere Wahl, als sich letztlich erkenntlich zu zeigen.«[6]

So fragen wir zum Schluss: Wie nützlich sind Milliardäre? Haben sie eine legitime Rolle in der Welt? J. Bradford DeLong, ein amerikanischer Ökonom, der sich sehr nüchtern mit diesen Fragen auseinandergesetzt hat, kommt zu folgendem Schluss: »Wenn wir eine Lehre ziehen können, so diese: Es ist durchaus möglich, dass durch eine vernünftige Politik die Akkumulation exzessiven Reichtums eingedämmt wird. Wir alle haben es im Gefühl, dass eine extrem ungleiche Gesellschaft eine hässliche Gesellschaft ist. Mir persönlich ist zum Beispiel hinsichtlich der Verteilungsstruktur des Reichtums das Amerika des Jahres 1975 viel lieber als das heutige.«[7]

Nun, die Reichen sind – fast wie *Aliens* – seit Jahrtausenden unter uns. Und es waren ja nicht nur Religionsgründer, welche immer wieder die Frage gestellt haben, wie wir mit diesen »Außerirdischen« – die zum Beispiel auf Megayachten mit Namen wie Battered Bull die Weltmeere durchqueren – umgehen sollen. Vielleicht wollen sie, ganz wie ET, auch nur »nach Hause«. Wie können wir ihnen helfen? Kann man wirklich nur *entweder* Geld machen *oder* Mensch sein?

1 Ein weites Feld

>»Trifft es zu, dass die Menschheit insolvent ist, weil sie über
50 000 Milliarden Dollar Schulden hat? Wissen Sie, beim wem
die Menschheit diese Schulden hat?«(*Ferdinand von Schirach*)[1]

Vieles deutet darauf hin, dass die Epoche des Kapitals zu Ende geht.
Dennoch suggeriert unsere individuelle Befindlichkeit noch immer:
diese Produktionsweise wird ewig währen – auch wenn unsere Intelligenz uns sagt, dass dies die unwahrscheinlichste aller Möglichkeiten ist. Es fällt heute noch immer leichter, den Zerfall des Planeten und seiner Natur zu imaginieren als den Zusammenbruch des
Kapitalismus. Da kann doch etwas nicht stimmen. So stellen sich für
die Sozialwissenschaften vor dem Hintergrund der neoliberalisti-
schen Globalisierung, der Gefährdung der Biosphäre und der Gefahren und Versprechen der digitalen Revolution bestimmte Grundfragen neu. Man wird erstens nicht mehr um eine brutale, klare
Fassung des Themas Macht und Herrschaft (mit Namensnennun-
gen) herumkommen. Und will die Soziologie, wie andere Disziplinen auch, nicht nur Spielball gesellschaftlicher Kräfte sein, sondern – zumindest in bescheidenem Umfang – auch Akteur, so muss
sie zweitens die eigene öffentliche Wirksamkeit bedenken und pflegen, was manche »soziologische Erzählkunst« nennen.[2]

Für mich stehen für diese beiden Aspekte – Macht und Narration – die Begriffe »Power Elite« und »Sociological Imagination«.
Sie sind mit dem Namen des 1961 jung verstorbenen amerikanischen Soziologen C. Wright Mills verbunden. Die deutsche Main-
stream-Soziologie hat im Unterschied zur globalen Soziologenge-
meinde von C. Wright Mills nie etwas wissen wollen. Dabei stehen

seine Bücher *The Power Elite* (1956) und *The Sociological Imagination* (1959) weltweit noch immer auf den ersten Plätzen aller Rankinglisten soziologischer Literatur.[3] Auf dem Kongress der Deutschen Gesellschaft für Soziologie des Jahres 2000 in Köln – Thema: »Gute Gesellschaft? Zur Konstruktion sozialer Ordnungen« – organisierte ich eine Ad-hoc-Gruppe ›Zur Aktualität von C. Wright Mills‹. Unsere Podiumsdiskussion war, abgesehen vom Eröffnungsplenum, die bei weitem bestbesuchte Veranstaltung des Kongresses. Ihr Thema lautete: *Elite sind diejenigen, deren Soziologie niemand zu schreiben wagt* (Carl Schmitt). Das Einleitungsreferat hielt Hermann L. Gremliza (*konkret*, Hamburg) unter dem Titel »Meine Freunde, die Milliardäre oder: Die Wirklichkeit ist ziemlich vulgärmarxistisch«. In den Medienberichten über den Soziologiekongress figurierte fast nur diese Podiumsveranstaltung, an der unter anderem die Professoren Heinz Hartmann (Münster), Todd Gitlin (New York), Hermann Korte (Hamburg) und Claus Noé, 1998/1999 Staatssekretär im Finanzministerium von Oskar Lafontaine, beteiligt waren.

Es gab auch eine Parallelveranstaltung zum Elitenproblem. Deren Teilnehmer publizierten später die Ergebnisse ihrer Diskussionen unter dem Titel *Elitenmacht*.[4] Die Frage nach den *Akteuren* der Macht, nach den Herrschenden, war damit elegant hinausgefiltert. Gleichwohl interessierte man sich durchaus für »deutsche Führungsgruppen« (Heinz Bude). Öffentlich aber sprach man nur undeutlich von »Differenzierungsparasiten« (Armin Nassehi), vielleicht noch von »Klüngeln« oder »digitalen Eliten«. Aber schon damalige Bemerkungen des 2009 verstorbenen Nestors der deutschen Soziologie, Lord Dahrendorf, über »globale Eliten«, denen er gelegentlich auf Transatlantikflügen begegnete, wurden nicht ernstgenommen. Was nicht ausschließt, dass unsere Mainstream-Elitenforscher seither einer bestimmten Klientel zuflüstern: Ihr Reichen und Mächtigen dieser neuen Republik, tut es den amerikanischen Geld- und Machteliten gleich, organisiert die »querverbindliche« Kommunikation untereinander, schafft in Berlin ein »Washington-Szenario« der Denkfabriken und politischen Stiftungen! Und vor allem: Verbreitet die Nebel der Philanthropie und Wohltätigkeit, wie eure amerikanischen Freunde es euch vormachen.

Ich habe mich in den letzten Jahren mit dem US-amerikanischen Power Structure Research (PSR) beschäftigt. Dieser Forschungsansatz geht der Tatsache der ungleichen Verteilung jener Ressourcen nach, die Macht verleihen (Reichtum, politische Ämter, Kontrolle der Massenmedien), und fragt nach der Rolle formeller und informeller Netzwerke, durch die Macht konzentriert und institutionalisiert wird. PSR schöpft auf eine undogmatische (heterodoxe) Weise aus den Theorien von Karl Marx und Max Weber. Für Marx war Reichtum die typische Quelle von Macht, für Weber war Macht in der modernen Gesellschaft vornehmlich in bürokratischen Organisationen institutionalisiert. PSR geht empirisch vor und benutzt eine Kombination verschiedener Forschungsmethoden: Netzwerkanalysen, Interviews mit kenntnisreichen »Insidern«, Archivrecherchen und andere Formen der Dokumentenanalyse sowie Fallstudien des politischen Entscheidungsprozesses – und, in unserem Falle besonders spannend, »teilnehmende Beobachtung«. Power Structure Research wird in den USA nicht nur von Sozialwissenschaftlern betrieben, sondern auch von Journalisten, *watchdog groups*, politischen Parteien, Aktivisten in sozialen Bewegungen, Gewerkschaften und sogar Künstlern wie Mark Lombardi (siehe Seite 53 f.).

Das gängige empirische Rüstzeug der Soziologie dagegen ist für die Erforschung der Frage »What Does The Ruling Class Do When It Rules?«[5] noch immer kaum geeignet. Das belegen auch jüngste Untersuchungen einer mit dem Münsteraner Institut für Soziologie verbundenen Forschergruppe um Wolfgang Lauterbach, Thomas Druyen und Matthias Grundmann. Unter dem Titel *Vermögen in Deutschland. Heterogenität und Verantwortung* werden die Ergebnisse empirischer Befragungen »Reicher« und »Vermögender« über ihre »soziale Position in der Gesellschaft und ihre sinnstiftenden Handlungen« ausgebreitet. Die Befragten bewegten sich allerdings fast alle im unteren Bereich der Reichtumszone mit frei verfügbarem Vermögen etwa zwischen 300 000 und zehn Millionen Euro. Das ist alles ganz anregend. Über Machtverhältnisse aber findet sich kein Wort.[6]

Es scheint eben so, als sei der Kanon empirischer Methoden nicht wirklich über die in den industrie- und militärsoziologischen Untersuchungen der dreißiger und vierziger Jahre entwickelten methodischen Ansätze hinausgekommen.[7] In autoritär-hierarchischen Industrie- und Militärorganisationen und entsprechend hierarchisch geschichteten Gesellschaften gibt es eben noch immer nur eine Beobachtungsperspektive: Die Mittelschichten beobachten die Unterschichten im Auftrag der Oberschichten; bestenfalls beobachten verschiedene Mittelschichtenfraktionen noch einander. Man riskiert auch mal einen Blick in den Himmel. Wer aber beobachtet die wirklichen Oberschichten? Und auf welche Weise, mit welchen Methoden?

Insofern sind Ansätze wie die oben erwähnte Reichenstudie zwar ein Schritt voran. Was aber meist fehlt, ist ein Bewusstsein von den globalen Kontexten, in denen sich Geld- und Machteliten heute bewegen. Das ist ein weites Feld. Auch ein Buch wie das vorliegende kann da nur Anregungen bieten, Materialien und Modelle. Aber es gibt ja noch die »soziologische Imagination«. Außerdem haben wir von einer bestimmten Theorietradition, der historisch-materialistischen, wenigstens eines gelernt: Always Historize! (Fredric Jameson)

Wem gehört die Welt?

Nach dem Ende des Kalten Krieges gab es die Hoffnung, dass Globalisierung, ob »von oben« oder »von unten«, die Welt friedlicher machen könnte. Das war die Hoffnung auch vieler Sozialwissenschaftler. Denn der Sinn sozialwissenschaftlicher Forschung besteht im wesentlichen in der Entwicklung friedlicher Formen der Konfliktaustragung. In diese Tradition hat sich auch ein bestimmtes Konzept »postmoderner« Kapitalismuskritik eingefügt. Diese Kritik hält zwar am Primat der Ökonomie (als dem Hauptfeld der Analyse) fest, berücksichtigt aber zugleich, dass in der Postmoderne in gewisser Weise Ökonomie Kultur und Kultur Ökonomie geworden ist. Damit wird eine Friedensidee aktualisiert, die auf Immanuel Kant zurückgeht und die allein einst die bürgerliche Zivilgesellschaft des weltweiten Handels und Wandels vor der Welt legitimierte. Diese Idee beinhaltete, dass ökonomische Interessengegensätze keine kriegerischen Konfliktlösungen mehr rechtfertigen; dass auch ökonomische Gegensätze kulturvoll ausgetragen werden können.

Die Attacken des 11. September 2001 auf World Trade Center und Pentagon – und alles, was daraus folgte – haben diese Hoffnungen zunächst einmal zunichte gemacht. Die Chancen einer Weltkultur der Einheit in Vielfalt wurden auf ein Minimum reduziert. Nicht nur die steinzeitlichen saudi-arabischen Terroristen, auch die Profitinteressen großer transnationaler Konzerne haben den Globalisierungsprozess wieder auf Öl und Geld reduziert. Der terroristische Akt legitimierte einen Schub der Globalisierung »von oben«, der durch immer komplexere Formen militärischer Gewalt gekennzeichnet ist.

Cartoon: Chappatte, 22. September 2001[8]

Gleichwohl ist die Möglichkeit, ökonomische Konflikte friedlich (nicht unbedingt gemütlich) auszutragen, nun einmal in der Welt. Das müssen die mächtigen Global Players – die Klügeren und Stärkeren – zuallererst begreifen. Das ist der Test ihrer Stärke.

Der Spiegel fragte seinerzeit ahnungsvoll, wenige Monate vor dem 11. September 2001, auf einer Titelseite: »Wem gehört die Welt?« und entdeckte im »Kampf um den Global-Kapitalismus eine neue, erstmals wirklich internationale Protestgeneration. Sie heizt Politikern und Konzernchefs ein – und zwar zu Recht. Die globale Weltwirtschaft, mächtig und krisenanfällig zugleich, braucht neue Spielregeln.«[9]

Aber da hatten sich die Spielregeln schon längst geändert. Die soziale Ungleichheit in der entwickelten Welt war dramatisch gewachsen.

Die Reichen waren reicher als jemals zuvor. Und der »Global-Kapitalismus« war von unheimlichen, staatsfernen Herrschaftsstrukturen durchzogen. In den Airport-Buchhandlungen griff Dahrendorfs »globale Elite« nach den entsprechenden Thrillern: »Man stelle sich einen Konzern vor, so groß und mächtig, dass sein Jahresumsatz dem Bruttoinlandsprodukt Chinas entspricht. Ein Konzern also, der in der Lage ist, mit diesem Umsatz nach heutigem Marktwert die drei größten Aktiengesellschaften zu kaufen: General Electric, Royal Dutch Shell und Microsoft. Ein Konzern, der im gleichen Jahr aus seiner Portokasse auch noch Coca-Cola erwerben könnte. Ein Konzern, dessen Zehn-Tage-Umsatz die gesamten Rücklagen der fünfzig größten Banken ausmacht. Einen solchen Konzern gibt es, mit einem jährlichen Umsatz von 500 Milliarden Dollar aus nur drei Produkten: Heroin, Kokain und Marihuana. Dieses Drogenkartell der Kartelle ist ein Faktum. Aber manchmal ist Fiktion der einzige Weg, eine wahre Geschichte zu erzählen.«[10] Man konnte sich in der Business-Class ausstrecken und in einem Meer derartiger Verschwörungsträume versinken: »Gentlemen, I propose that we buy the United States of America.« Die Suche nach den wirklichen Akteuren aber hatte erst begonnen.

Und dann war da noch das Internet: »Wir stecken mitten in einer großen Transformation des Kapitalismus. Nach Hunderten von Jahren, in denen physische Ressourcen in Waren verwandelt wurden, besteht heute die primäre Form der Generierung von Reichtum in der Umwandlung von kulturellen Ressourcen in kostenpflichtige persönliche Erfahrung und Unterhaltung. Es entwickeln sich heute zwei ganz unterschiedliche Zivilisationen: In der einen leben die Menschen innerhalb der elektronischen Gatter des Cyberspace, in der anderen bleiben sie draußen. Die neuen globalen digitalen Kommunikationsnetze schaffen einen neuen, totalisierenden sozialen Raum, eine zweite Sphäre um Mutter Erde. Und die Migration von menschlichem Handel und Wandel in diesen Raum des Cyberspace isoliert einen Teil der Menschheit vom Rest auf eine Weise, die bislang nicht vorstellbar war. Das große Schisma des kommenden Zeitalters ist das zwischen denen, deren Leben zunehmend vom Cyberspace beansprucht wird, und jenen, die nie einen Zugang zu diesem neuen Reich menschlicher Existenz haben werden.« Jeremy Rifkin, der Autor dieser Zeilen, veröffentlichte damals auch ein Buch, *Access* (Zugang), über die Käuflichkeit aller Erfahrung und das »Verschwinden« allen festverbrieften Eigentums.[11]

In der Tat hatte sich mit der Globalisierung eine tiefgreifende Veränderung der Prozesse der Aneignung und Enteignung vollzogen. Das Privateigentum an den Produktionsmitteln hatte sich ausgeweitet zum – um bei den klassischen Formeln zu bleiben – Privateigentum an Produktionsverhältnissen, Produktionsweisen, Überbauten, Gesellschaftsformationen, ja am Weltsystem selbst. Und in diesen Prozessen war das klassische bürgerliche Privateigentum, wie Rifkin meinte, »verschwunden«. Das neue kapitalistische Privateigentum verpflichtete nicht mehr, konnte nicht mehr verpflichten, denn es hatte sich in einem globalen Imperium immaterieller, digitaler Produktivkräfte unangreifbar verteilt. Man konnte diese Welt Finanzkapitalismus nennen, man konnte aber auch, wie Michael Hardt und Antonio Negri in ihrem Weltbestseller, beim Begriff des »Empire« bleiben.[12]

In diesem Kontext konnte auch die Frage, was eigentlich heute Geopolitik bedeutet, neu gestellt werden. Auf der einen Seite blieb Geopolitik der Handlungsraum, in welchem unser Planet als Gegenstand allgemeiner Arbeit erscheint, als der Raum, in dem sich der Stoffwechsel zwischen Natur und Gesellschaft vollzieht. Da geht es um die aufbauenden und zerstörenden Wirkungen menschlicher Arbeit, um Produktion und Destruktion – und vor allem um die Ressourcen unseres Planeten und um die Biosphäre.

Auf der anderen Seite umhüllen unseren Planeten Sphären allgemeiner Kommunikation: neben den Netzen elektromagnetischer Finanztransaktionen also die Sender unendlich vielfältiger kultureller und massenkultureller Emissionen. Hier erscheint Ökonomie nicht mehr allein als Stoffwechselprozess zwischen Gesellschaft und Natur, sondern selbst als eine kulturelle Operation. So konnte der geopolitische Kampf um Ressourcen in ein neues imperiales Projekt integriert werden.

»Es ist eine Tatsache«, schrieb Charles Krauthammer, »dass seit dem Römischen Reich kein Land kulturell, ökonomisch, technologisch und militärisch so dominierend gewesen ist wie die USA heute.«[13] Die Idee eines »American Empire« breitete sich schnell aus. Robert Kaplan[14] schlug vor, dass die führenden Politiker der USA sich mit den antiken Chronisten beschäftigen sollten: Denn historisch habe sich kaum etwas geändert. Die »Empire-Gelehrten« (*New York Times*) konzedierten, dass Amerika heute nicht nur mit roher Gewalt operieren, sondern kulturelle und politische Mittel einsetzen müsse, denn man möchte andere Völker lieber zu Amerikanern machen, als sie mit Krieg zu überziehen. »Das Empire hat eine positive Seite. In gewisser Weise ist es die gutartigste Form einer gesellschaftlichen Ordnung«, meinte Robert Kaplan. Und er lag damit gar nicht so falsch.

Doch dann kam der Angriff auf den Irak, den diese Intellektuellen ideologisch vorbereitet hatten. Schon wenige Monate später schrieb Bob Herbert, Leitartikler der *New York Times*: »Der Krieg gegen den Irak wurde zum klarsten Beispiel für den verbleibenden Einfluss des militärisch-industriellen Komplexes, vor dem Präsident Dwight Eisenhower in seiner Abschiedsrede 1961 so eloquent warnte. Dieses eherne Beziehungsgeflecht zwischen mächtigen Individuen innerhalb und außerhalb der Regierung operiert weitgehend unter Ausschluss der Öffentlichkeit und ist von Interessenkonflikten durchtränkt. Die Ziele dieser Gruppe mögen oder mögen nicht mit den besten Interessen des amerikanischen Volkes zusammenfallen. Denken wir zum Beispiel an die Interessen der einfachen Soldaten, die in diesem Krieg gekämpft, Sand gefressen und ihr Blut in der Wüste vergossen haben, und an die ganz anderen Interessen jener Händler der Macht, die wie verrückt für die Realisierung dieses Krieges kämpften und in jeder Phase an ihm profitieren.«[15]

Im Kriegslager schwadronierte James Woolsey, CIA Direktor unter Clinton, von einem »vierten Weltkrieg«, der auf jeden Fall »erheblich länger als der Erste und Zweite, wenn auch hoffentlich nicht länger als der Kalte Krieg dauern« werde. Der neue Weltkrieg, so Woolsey, richte sich »gegen drei Feinde: die religiösen Herrscher des Iran, die ›Faschisten‹ des Irak und Syriens und die islamistischen Extremisten der al-Qaida.«

Aber auch die Regime in Ägypten und Saudi-Arabien sollen nervös gemacht werden: »Wir wollen, dass sie merken, dass dieses Land zum vierten Mal in hundert Jahren zusammen mit seinen Alliierten auf dem Marsch ist und dass wir auf der Seite derjenigen sind, die ihr – die Mubaraks, die saudische Königsfamilie – am meisten fürchtet. Wir sind auf der Seite eurer eigenen Völker.« Und dann Woolseys wichtigster Spruch: »Der ›vierte Weltkrieg‹ wird die größte ›business opportunity‹ aller Zeiten.«[16]

Und zumindest dies hat sich ja (in Grenzen) bewahrheitet. Auch Thomas P. M. Barnett, Professor für Militäranalyse am U. S. Naval War College, hatte gleich nach den Anschlägen des 11. September ja nicht schiefgelegen, als er forderte, der Dialog zwischen Wall Street und dem Pentagon müsse entschieden intensiviert werden. »Die Mission des amerikanischen Militärs besteht heute darin, die Kluft zwischen den an die internationalen Finanzströme angeschlossenen Ländern und dem Rest zu schließen. Alle Regionen, die nicht mit der von der amerikanischen Wirtschaft dominierten Globalisierung verbunden sind, stellen also ein eindeutiges Sicherheitsrisiko und mithin einen Fall für ›unsere Streitkräfte‹ dar.«[17]

Was damals angerichtet wurde, bestimmt noch immer alle Fragen nach einer neuen Weltordnung. Das zeigt sich an den Vorgängen im Nahen und Mittleren Osten, das zeigt sich an der fortschreitenden Verflechtung von Konzernmacht und Korruption. Insofern ist der Samen der Skandale von damals in der Gegenwart aufgegangen. Was sich damals anbahnte, ist heute schon die Infrastruktur einer »neuen Weltordnung«.

Gibt es eine »globale herrschende Klasse«?

> »Them With The Gold Make The Rules!« (*Ann Richards*, ehemalige
> demokratische Gouverneurin von Texas, über die »goldene Regel«)

Eine schulmäßige Antwort auf die Frage, ob es eine globale herrschende Klasse gibt, hätte bis ungefähr zur letzten Jahrtausendwende so lauten können wie mein entsprechender Artikel im *Historisch-kritischen Wörterbuch des Marxismus*[18], aus dem ich im Folgenden zitiere.

»Der Begriff der herrschenden Klasse, der das Phänomen der Herrschaft an das Schicksal des Klassenbegriffs bindet, ist ein instabiler Begriff. Diese Schwierigkeit begleitet auch die Diskussion um eine global ruling class beziehungsweise um eine ›Transnational Capitalist Class‹ (TCC, vgl. Leslie Sklair). Gerade für das Entstehen einer sozial definierbaren globalen herrschenden Klasse sind empirische Belege intrinsisch schwer zu beschaffen. Außerdem ermöglichen Marktstrukturen die Diffusion der Macht. Autoritative oder gar autoritäre Macht konstituiert sich gegenwärtig in Organisationen wie Weltbank, WTO, IWF und bei ähnlichen Akteuren der Weltwirtschaft sowie in großen privaten – multinationalen oder transnationalen – Konzernen. Besonders schwierig ist es, auf dieser Analyseebene die (globale) Rolle staatlicher Organisationen zu fixieren. Mit dem Konzept einer ›soft geopolitics‹ wird versucht, das ganze Geflecht von Verhandlungen und Absprachen zwischen Staaten einzufangen. Dabei stößt man selbstverständlich auf eine US-amerikanische ›Quasi-Hegemonie‹. Innerhalb der Gruppen, die für eine TCC in Frage kommen, finden heftige ideologische Konflikte zwischen ›freemarket conservatives‹, ›neoliberal structuralists‹, ›neoliberal regulationists‹, ›third way-protagonists‹ und so weiter statt, weiter verkompliziert durch nationale Achsen und andere Allianzen. Dennoch ist die Versuchung groß, eine transnationale Kapitalistenklasse, die von keiner anderen Klasse herausgefordert wird, als den einzigen Herrscher über die Weltökonomie zu betrachten. Doch die Entwicklung zielt eher auf eine flüchtigere Form von Klassenbildungen, wenn man etwa an die Bedeutung von ›Kadern‹ (eigentlich Funktionseliten) denkt, die seit den siebziger Jahren des zwanzigsten Jahrhunderts im transnationalen Raum agieren und eine teils demokratische, teils technokratische und teils ›planetarische‹ Perspektive entwickeln. ›Die cadres sind eine Klasse von Mediatoren, die Leitungsaufgaben für die herrschende Klasse ausführen, aber gleichzeitig, wie Arbeiter, als ein lohnabhängiges Stratum ihre Arbeitskraft verkaufen.‹ (Kees Van Der Pijl) Man kann in diesem Zusammenhang zum Beispiel CEOs transnationaler Konzerne, am Globalisierungsprozess beteiligte Bürokraten, ›globalisierende‹ Politiker und Experten sowie Eliten im Konsumbereich (Handel und Medien) unterscheiden. (Sklair) Einen wichtigen Schritt in Richtung des Begriffs einer sozialen globalen herrschenden Klasse geht eine Forschergruppe um J. V. Beaverstock. Sie setzt nicht bei der Kapitalistenklasse im engeren Sinne, sondern bei den ›Geldmächtigen‹ an und nähert sich damit einem Machtzentrum, das weitaus fluider und ›sozialer‹, aber auch dynamischer ist als rein ökonomische Verwertungsmacht. Es geht um die globale Rolle jener kleinen Gruppe von wenigen tausend ›ultra-high-net-worth individuals‹ (UHNWIs), die zusammen über mehr Geldmittel verfügen als die unteren vier Fünftel der Weltbevölkerung. Beaverstock u. a. argumentieren, dass die globale Klassenscheide nicht zwischen verwertungs- und wissensmächtigen Dienstklassen auf der einen Seite und den diese wiederum bedienenden, unwissenden Arbeitsklassen auf der anderen Seite bestehe, sondern im Gegensatz zwischen einer superreichen Geldelite und dem Rest der Welt. Die Superreichen verkörpern in partikularer, ›privatisierter‹ Form den Globalzusammenhang, indem sie mit Hilfe von Mikronetzwerken oder ›Beziehungsmodulen‹ den ›global space of flows‹ (Manuel Castells) beherrschen. Überhaupt sind ›globale Klassen‹ und erst recht eine globale herrschende Klasse nur zu begreifen, wenn die Verfügungsgewalt über den globalen Raum als neue Dimension der Klassenstrukturierung mitberücksichtigt wird. (Anil Jain) So spielen neben der ›Zonierung‹ des Raums nach privaten Interessen vor allem ›global cities‹ (Saskia Sassen) eine wichtige Rolle bei der Formierung fungibler globaler Herrschaft (und fungiblen Superreichtums). In bestimmter Weise konsumiert in diesem Kontext die Gruppe der Superreichen den Planeten als Ganzen – in der Tradition der ›conspicuous consumption‹ (Thorstein Veblen, 1899) –, auch wenn diese Phänomene bislang nur trivialisierend oder mystifizierend unter Begriffen wie ›Jet Set‹ oder ›Bourgeois Bohemians‹ (David Brooks) beschrieben wurden. Hier tritt – mit der Entfaltung des Cyberspace und seiner Finanznetze – eine bislang nicht denkbare Privatisierung des Universellen ein, die alles, was der Feudalismus zuwege brachte, in den Schatten stellt.«[19]

So schrieb ich um 2003. Und am Rand dieser Passage steht in meinem Belegexemplar die Notiz: »Das letzte Geheimnis des Ultrareichtums ist seine Privatheit.«

Die Diskussion um diese Fragen ist in den letzten Jahren breiter, differenzierter und unübersichtlicher geworden. Hier sei nur auf zwei Autoren verwiesen, die es in die Bestsellerlisten geschafft haben. Ihre Namen werden auch in den nächsten Kapiteln gelegentlich auftauchen.

Parag Khanna[20] ist einer jener jungen Intellektuellen, die im Milieu internationaler Organisationen, Think-Tanks und Stiftungen als »Berater« auf sich aufmerksam gemacht haben. Seine zentrale These ist, dass in der sich entfaltenden neuen Weltordnung traditionelle, staatengebundene Formen der Diplomatie immer unwichtiger werden und durch eine Vielzahl neuer Akteure ergänzt, wenn nicht ersetzt werden: Nichtregierungsorganisationen; Clubs und Netzwerke; Einzelpersonen aus Religion, Medien, Kultur, Wissenschaft und eben auch (und vor allem?) aus der Schicht der globalen Geldelite. Für ihn sieht es fast so aus, als könne in dieser neuen Welt der Diplomatie oder gar Demokratie praktisch jeder zum »global player« werden, und sei es für fünfzehn Sekunden.

So antwortet Khanna in einem Interview: »Ja. Soros und Gates sind es geworden, weil sie viel, sehr viel Geld haben. Aber Amnesty International, Human Rights Watch begannen als kleine Organisationen einzelner, engagierter Menschen. Und das noch vor dem Internetzeitalter. Mit den heutigen Möglichkeiten werden die Karten neu gemischt. Wir befinden uns in einem multipolaren Zeitalter. Und was ein Pol ist und was nicht, verändert sich. Die Welt ist wieder sehr im Fluss. Wir haben es eben nicht nur mit einem strukturellen Wandel zu tun, mit dem Übergang des Supermachtstatus von einem auf den anderen, sondern auch mit einem systemischen Wandel. Das System selbst verändert sich. Es werden nicht nur Positionen ausgetauscht, sondern neue Akteure erzwingen neue Positionen. Die Macht wurde zerstreut.«[21]

Und es ist ja richtig, dass es auf der medialen Oberfläche des Weltgeschehens so scheint, als würden heute »multinationale Konzerne, Philanthropen und Fundamentalisten, Universitäten und Söldner« sozusagen gleichberechtigt nebeneinander wirksame »Diplomatie« betreiben. Aber es ist wenig nützlich für ein Verständnis der Globalisierung, damit auch alle genaueren Fragen nach militärischen, politischen und ökonomischen – und »privatisierten« – Herrschaftsstrukturen und Machtkonzentrationen vom Tisch zu wischen. Dieses Verwirrspiel aber ist eine durchaus bekannte Funktion dieser ganzen inter- beziehungsweise transnationalen Beratergemeinde, der Khanna als Nachwuchskraft angehört.

Da sind die Thesen von David Rothkopf in seinen Büchern *Die Super-Klasse* und *Power Inc.* schon von anderem Gewicht.[22] Auch Rothkopf stammt wie Khanna aus der Welt der Politikberatung. Doch er hat seine Erfahrungen einige Etagen höher gesammelt. In der Clinton-Administration war er Unterstaatssekretär im Handelsministerium, davor und danach in den verschiedensten Stiftungen und Think-Tanks tätig, darunter Carnegie Endowment for International Peace, Henry Kissinger Associates, Council on Foreign Relations. Jetzt betreibt er ein eigenes Beratungsunternehmen: Garten Rothkopf, eine internationale Beratungsfirma für »Trends der globalen Transformation«, insbesondere auf den Gebieten der Energie, Sicherheit und der neuen Märkte.

Seine zentrale These ist, dass sich eine globale Machtelite (ganz in der Tradition von C. Wright Mills) von wenigen tausend Menschen herausgebildet hat, welche sich, das gehört zu ihrer Definition, mehr oder weniger der öffentlichen, demokratischen Kontrolle entzieht. Nicht unbedingt »bewusst« oder gar »geplant«, sondern weil die heutigen Kommunikationsstrukturen und Vernetzungen das Kurzschließen zwischen Spitzenleuten aus allen Bereichen so einfach machen. Und da kommt dann ein buntes Völkchen zusammen. Man sieht sie auch in Davos, bei den Bilderbergern und vielleicht sogar in der Bohemian Grove, jenem kalifornischen jährlichen Camp der Superreichen, wo an Lagerfeuern große Politik gemacht, über Präsidentschaften und globale Strategien entschieden wird.

Das Problem aber ist, dass bei Rothkopf die Begriffe Kapital, Kapitalakkumulation oder Kapitalmacht keine besonderen Rollen spielen, sondern allenfalls als eine von vielen Machtquellen figurieren. Das ist zwar die geradezu notwendige Perspektive aller Berater, die sich selbst an jene Netzwerke verdungen haben. Ohne diese Sichtweise könnten sie in ihrer Profession gar nicht weiterexistieren. Andererseits aber ist Rothkopf gegenüber den Mächtigen und insbesondere auch unseren Superreichen kritisch eingestellt. Das erklärt auch den Erfolg seines Buches *Die Super-Klasse*. Er repräsentiert durchaus jene Kreise der Funktions- und Wissenseliten, die im Laufe der Jahre gerade aufgrund ihrer Insiderkenntnisse immer hellhöriger geworden sind – mehr oder weniger vorsichtige Whistleblower, welche die Gefahr des Abstiegs oder Hinauswurfs in Kauf nehmen, auch weil die Auffangnetze der »Multitude«, des alternativen »Empire der 99 Prozent«, tragfähiger geworden sind.

So ist auch die folgende kleine Anekdote aufschlussreich. In der Danksagung an seine Frau am Ende seines Buchs über die Superklasse beschreibt Rothkopf, wie es bei ihm zu Hause während der Abfassung des Manuskripts zuging: »Es gibt Zeiten, da streife ich durch das Haus, eine Decke über den Kopf gezogen, und murmle zusammenhanglos vor mich hin. Insofern stelle ich mir vor, dass es ganz schön lästig sein kann, mit jemandem zusammenzuleben, der dabei ist, ein Buch zu schreiben – vielleicht sogar ein wenig unheimlich. (Mit einer Decke über den Kopf sehe ich fast wie jemand von diesen Sandleuten aus oder wie eine Kreuzung aus einem Mönch und einem Schneemenschen.)«[23]

Wer nun David Cronenbergs Film *Cosmopolis* nach Don DeLillos gleichnamigem Wall-Street-Roman gesehen hat, wird an dieser Stelle sofort aufmerken. Roman und Film handeln von einem jungen, milliardenschweren Investmentbanker, Eric Packer, der sich in der absoluten Privatheit seiner Stretchlimousine durch die Sinnlosigkeit seines Daseins kutschieren lässt (und damit eine Facette des postmodernen Superreichtums verkörpert). Vom Privatarzt, der ihn im Fahrzeug untersucht, bis zur Geliebten und sogar einer philosophischen Beraterin konsumiert Packer alles Menschliche und tendenziell Unmenschliche – weil es eigentlich nichts gibt, was er nicht konsumieren könnte. Seine Bodyguards warnen davor, dass ihn ein Mörder verfolgt. Dieser potentielle Attentäter weiß scheinbar genau über Packers Bewegungen Bescheid. Packer fühlt sich unter konstanter Beobachtung und Bedrohung. Also will Packer, um die eigene vermeintliche Allmacht zu testen, auch diesen Stalker »konsumieren«. Er spürt seinen Verfolger in einem völlig verwahrlosten Apartment voller Bücher und Abfall auf. Und siehe da, seine Nemesis ist offenbar die exakte Kopie jener Figur, mit Handtuch, mit Murmelei, die David Rothkopf von sich selbst in seinem Nachwort zeichnet.

David Cronenberg muss in der Vorbereitung der Dreharbeiten Rothkopfs Buch sehr genau gelesen haben. Der »Rothkopf« des Films, so stellt sich heraus, ist ein ehemaliger Mitarbeiter der Investmentfirma des Protagonisten. Am Schluss des Films stehen einander der in seinen eigenen Abgründen versinkende Milliardär und seine Nemesis mit gezückten Pistolen gegenüber. Cut. Das Ende ist offen. So steht es zwischen den Milliardären und ihren intellektuellen Beobachtern. Die Zahl der Berichte aber aus diesem Milieu nimmt zu.

Angesichts meines Themas hätte ich mich über viele Buchseiten mit Rothkopf auseinandersetzen können und wäre vom Hundertsten ins Tausendste gekommen. Es muss deshalb ganz klar sein, dass mein Gegenstand einzig und allein die Superreichen sind, die im Kanon der »Superklassen« eine ganz bestimmte Position einnehmen, die sie von allen anderen unterscheidet. Es geht um die Dialektik der absoluten Privatheit des Superreichtums und der aus dieser dunklen Zone heraus möglichen unkontrollierbaren Ausübung von Macht. Dieser Aspekt der Privatheit spielt übrigens in David Rothkopfs neuestem Buch, *Power Inc.*, eine größere Rolle, steht aber auch dort nicht im Zentrum. Fast immer finden wir einen Begriff von Machtelite, der die verschiedenen Funktionen im Macht- und Herrschaftsgefüge allzu eilfertig vermischt. Und wenn man sich erst einmal bei Bill Clinton oder Angela Merkel oder Mario Monti festgebissen und diese Halbmächtigen in die »Superklasse« aufgenommen hat, bleibt beispielsweise für Carlos Rodriguez-Pastor, Alain Taravella oder Günther Fielmann – Milliardäre, die nicht einmal auf den *Forbes*-Listen erscheinen – kaum noch Raum.[24]

Die Konzentration an der Spitze der Reichtumspyramide aber ist es, die interessiert. Die Mechanismen dahinter sind seit langem bekannt. So schrieb Doug Henwood 1997 über das US-amerikanische Finanzsystem, einerseits erfülle es »seine angebliche Aufgabe, die Ersparnisse der Gesellschaft in Richtung der besten Investitionen zu lenken, nur höchst kümmerlich. Das System ist wahnsinnig teuer, gibt eigentlich falsche Signale zur Lenkung der

Kapitalströme und hat überhaupt kaum etwas mit wirklicher Investitionstätigkeit zu tun. Auf der anderen Seite aber macht der Finanzmarkt eines sehr gut: Er bewirkt die Konzentration von Reichtum. Der Mechanismus ist einfach: Mit Hilfe staatlicher Verschuldung werden Einkommen von unten, von den einfachen Steuerzahlern, nach oben zu den reichen Bondholders, verschoben. Statt die Reichen zu besteuern, borgt die Regierung von ihnen und bezahlt für dieses Privileg auch noch Zinsen. Auch die Konsumentenkredite bereichern die Reichen; wer bei stagnierenden Löhnen und Gehältern seine VISA-Karte benutzt, um über die Runden zu kommen, füllt mit jeder Monatsrate die Brieftaschen der Gläubiger im Hintergrund. Unternehmen des produktiven Sektors zahlen ihren Aktionären Milliarden an jährlichen Dividenden, statt ins Geschäft zu investieren. Kein Wunder also, dass der Reichtum sich auf spektakuläre Weise immer mehr ganz oben zusammenballt.«[25]

Und was geschieht nun da ganz oben? Ein einheitliches Machtbewusstsein dieser Nutznießer entwickelt sich erst allmählich. Viele Einflüsterer aus den verschiedenen Diensteliten arbeiten daran. Was dieses eine Prozent im Innersten zusammenhält, ist – wie in DeLillos Roman und Cronenbergs Film – vorerst nur die absolute Sinnlosigkeit dieser privat akkumulierten Kapitalmengen. Diese Formen des Kapitaleigentums sind sozusagen Antimaterie, die in der Welt der Materie an nichts bindet und alles erlaubt. »Eigentum verpflichtet« als rechtliche Norm wird hier zur Lachnummer, auch wenn viele dieser Individuen, die ja nicht aus ihrer sozialen und kulturellen Haut können, »Verpflichtungen« (pledges) aller Art übernehmen. Doch eher entsteht hier ein virtuelles »Imperium der Milliardäre«, das nicht wie bei Rothkopf auf 6 000 Köpfe eingrenzbar ist. Und da geht einem die soziologische Imagination schon mal durch.

»Evolvieren die Reichen zu einer anderen Spezies?«, fragt Robert Frank in seinem *Wall-Street-Journal*-Blog. Futurologen wie Paul Saffo sagten angesichts der schnellen Fortschritte in der Biotechnologie voraus, dass bald selbsterzeugte Ersatzorgane, spezielle Medikamente, Roboter und künstliche Gliedmaßen das Leben erheblich verlängern werden. Aber diese Fortschritte werden sich nur die Superreichen leisten können. Und damit stelle sich die Frage nach einer Zukunft, in der zwischen den Klassen eine biologische Kluft aufbricht und in der sich die Superreichen zu einer völlig neuen Spezies entwickeln, die zwanzig Jahre länger lebt, länger aktiv ist, noch mehr Reichtum akkumulieren kann und diese Vermögen und die damit verbundene Macht noch folgenreicher als bisher auf ihre Nachkommen überträgt.[26]

Eigentumsformen des Kapitals

Über Milliardäre, Imperien, Weltordnungen zu reden nützt aber nichts, wenn wir nicht zugleich auch die bereits erarbeiteten Einsichten in Formen und Strukturen des dahinterstehenden Kapitaleigentums berücksichtigen würden. Die Varianten der Verfügung über die materiellen und ideellen Werte dieser Welt sind ungeheuer vielfältig geworden und verführen dazu, das dahinterstehende »Kapital« aus den Augen zu verlieren. Doch alle diese durch den Globalisierungsprozess noch beschleunigten Verwandlungen von Kapital lassen sich im Kern auf das Privateigentum an den Mitteln, die diese (Welt)Gesellschaft in Gang halten, zurückführen. In allen Kapiteln dieses Buchs verfolgen wir Spielarten, Derivate, Zukunftserwartungen dieses Prozesses. Aber gerade um die dabei zutage tretenden Differenzierungen und Auflösungen zu verstehen, braucht es einen ›ruhigen‹ Ausgangspunkt. Den bietet das nachfolgende Schema (Seite 38/39).[27]

Alle wichtigen Stichworte und Dynamiken dieses Zusammenhangs der Eigentumsformen finden sich in diesem Schema. Zum Verständnis: Hier sind Typen des Reichtums, sich daraus ergebende ganz unterschiedliche Machtmechanismen und schließlich die Wirkungen dieser Eigentumsformen und Machtmechanismen auf die Gesamtgesellschaft zusammengestellt. Hinzu kommt der Hinweis auf verschiedene Akteursgruppen – von den »Superreichen« über die »Funktionseliten« bis zu den übrigen »Klassen«, die das jeweilige Feld »bearbeiten«. Viele der Stichworte wecken sofort Assoziationen, über andere muss man ein wenig nachdenken.

Wie alle Schemata simplifiziert auch dieses die Sachverhalte. Dennoch hält es fest, dass, wenn wir in der Soziologie von »Kapital« sprechen, durchaus unterschiedliche »Kapitalsorten« zur Debatte stehen. Hier sind die klassischen, von Karl Marx erschlossenen Kapitalsorten unter der Überschrift »ökonomisches Kapital« zusammengestellt: also Geldvermögen, Industrievermögen, Grund- und Bodeneigentum und schließlich Konsumvermögen. Hinzugekommen aber sind, unter anderem dank des Soziologen Pierre Bourdieu, weitere Kapitalformen, die zwar mit den ökonomischen Kapitalformen zusammenhängen und durch diese bedingt sind, die aber zugleich eine eigene soziale und kulturelle Gestalt verkörpern und deshalb auch so bezeichnet werden können. Sie deuten aber auf eine durchaus neuartige »Vielfalt in der Einheit«, eine neue gesellschaftliche Totalität, in der es unmöglich geworden ist, alles auf die einfachen Produktionsvorgänge an der »Basis« zu beziehen – oder in der, wie schon gesagt, Basis Überbau und Überbau Basis geworden ist. Und für diese historische Stufe steht der »Finanzkapitalismus«. Der wuchert eben nicht nur mit den Banken, sondern auch mit den Schulen und mit dem gesellschaftlichen Leben.

Ganz anders geht das Schema einer »Ringburg« vor, das meine Überlegungen zu einem »Imperium der Milliardäre« wesentlich bestimmt hat. Dieses Modell versucht die Wege anzudeuten, die von den 99 Prozent zu den 0,1 Prozent und 0,01 Prozent führen, von denen dieses Buch handelt. Die konzentrischen Ringe verweisen auf den Zusammenhang der für das Funktionieren des gegenwärtigen Kapitalismus essentiellen Eliten: der superreichen Geldelite einerseits, der verschiedenen Funktionseliten andererseits. Die mit dem Namen Ringburg verbundenen feudalistischen Konnotationen sind nicht unbeabsichtigt. Im übrigen hat dieses Ringmodell der Eliten inzwischen sogar eine »Protest Rock Opera« angeregt.[28]

Zur Erläuterung: Die *Superreichen* – die ultimativen Kapitaleigentümer – verkörpern im gegenwärtigen Zyklus finanzieller Expansion (siehe Giovanni Arrighi, Seite 62) nichts so sehr wie die Befreiung großer Geldmengen aus der Warenform und deren Umwandlung in die Machtform. Nicht nur also wird Macht monetarisiert, sondern durch die Geldelite werden umgekehrt Geldwerte

Eigentumsformen des Kapitals

Typen des Reichtums	Machtmechanismen	Wirkungen
Superreiche	Funktionseliten	Klassenbeziehungen
Ökonomisches Kapital		
Reichtum in Gestalt von Geldvermögen	Kapitalakkumulation in den Finanzmärkten	Profitmehrung durch Druck auf die Einkommensverteilung und Sozialstandards
	Kreditgebermacht gegenüber verschuldeten Staaten	Umverteilung zugunsten großer Kreditgeber, ›Melken‹ der Steuerzahler
	Verwandlung v. Finanzmacht in soziokulturelles Kapital	Besetzung v. Elitepositionen, Interessendurchsetzung, Definition der Realität
	Lobbyismus	Beeinflussung politischer Entscheidungen u. der Gesetzgebung
	Korruption	Beeinflussung / Zerstörung des demokratischen Prozesses
	Stiftungen	Förderung einseitiger sozio-kultureller Projekte, Erosion d. Sphäre öffentl. Güter
	Kauf privater Sicherheit, Einstellung von Söldnern usw.	Privatisierung der Außenpolitik u.d. inneren Sicherheit
Reichtum in Gestalt von Industrievermögen	Kapitalakkumulation durch Produktion und Dienstleistungen	Kontrolle aller Entwicklungsoptionen
		Soziale Ungleichheit zwischen Eigentümern und Lohnabhängigen
		Ausbeutung
	Globales *outsourcing* von Produktion u. Dienstleistungen	Druck auf Gewerkschaften
	Privatisierung öffentlicher Dienstleistungen	Erpressung öffentl. Dienste im Interesse privater Investoren
		Aushöhlung des Sozialstaats, unkontrollierte Märkte
Immobilienvermögen (Grund und Boden)	Private Immobilienprofitwirtschaft	Stadtplanung abhängig von privaten Eigentümern, Zersiedlung d. Landschaft
		Reichtumsumverteilung durch Mieten, Hypotheken usw.
		Enteignung der Bauern in Entwicklungsländern
Konsumvermögen	Repräsentativer Konsum zwecks Selbstabgrenzung	Erhöhung der sozialen Distanz zwischen oberen und unteren Klassen
		Verstärkung v. Oberschichten-Netzwerken

Eigentumsformen des Kapitals

Typen des Reichtums	Machtmechanismen	Wirkungen
Kulturelles Kapital		
Internalisiertes kulturelles (Bildungs-)Kapital	Elitismus u. Filzokratie	Privatisierung des Wissens
		Reproduktion einer Machtelite durch elitäre Bildung
	Mythologisierung der Meritokratie	Legitimierung v. Kapitalmacht durch Kulturpolitik
Reifiziertes kulturelles Kapital (Kulturgüter)	Definition u. Tradierung des kulturellen Erbes	Selektive Erhaltung des kulturellen Erbes
	Kontrolle d. öffentl. Kulturzugangs durch Repräsentation	Demonstration elitärer Distanz und Macht
Inkorporiertes kulturelles Kapital (Titel etc.)	Symbolisierung des sozialen Status	Kontrolle d. Aufstiegsmobilität
Soziales Kapital		
Ressourcen auf der Basis stabiler sozialer Netzwerke (z.B. ›Dynastien‹)	Wechselseitige Unterstützung beim Erwerb v. Privilegien, Vorteilen etc.	Erhaltung des Elitenstatus
		Ausschluss von Außenseitern
		Informelle Herrschaftsmechanismen, Aushöhlung der Demokratie

auch vermachtet. Das ist im Grunde ein uralter Prozess auf der Grundlage der Tatsache, dass man mit Geld nicht nur mehr Geld, sondern »alles« machen kann. Insofern entsteht mit dem Superreichtum eine »völlig losgelöste und zu allem fähige« soziale Schicht, welcher die Wissens- und Informationsgesellschaft alle Mittel in die Hände legt, um sich als eine neue gesellschaftliche Mitte zu etablieren. Ihre Machtbasis ist der Geldmachtapparat (siehe Kapitel 2). Dieser neuen gesellschaftlichen Mitte lassen sich dann weitere Gruppen und Schichten zuordnen, welche der Geldmacht zuarbeiten beziehungsweise von ihr abhängen.

Der Geldelite am nächsten operieren sicherlich die *Konzern- und Finanzeliten*, die Spitzenmanager der verschiedenen Wirtschaftssektoren und so weiter. Diese Gruppen fungieren als Spezialisten der Kapitalverwertung beziehungsweise der Absicherung und Ex-

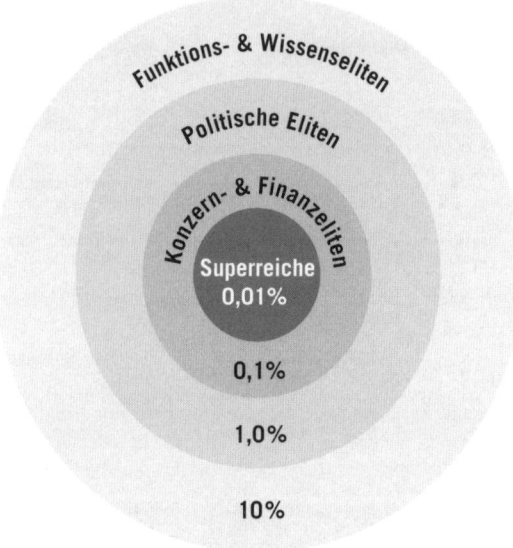

Funktions- & Wissenseliten

Politische Eliten

Konzern- & Finanzeliten

Superreiche
0,01%

0,1%

1,0%

10%

pansion von Akkumulationsmöglichkeiten. Manche von ihnen steigen selbst in die eigentliche Geldelite auf, werden also zu Milliardären – aber erstaunlicherweise gar nicht so viele, obwohl High Tech und High Finance die Mobilität drastisch erhöht haben. Von ihren Vermögensverhältnissen her gehören sie auf jeden Fall zu unseren 0,1 Prozent. Ihr Dienstklassenstatus drückt sich darin aus, dass sie, im Gegensatz zur Geldelite, entlassen werden oder »stürzen« können. Je nach Loyalität gegenüber ihren jeweiligen Herren (den großen Investoren und Anteilseignern) kooperieren oder konkurrieren sie untereinander. Sie haben nicht unbedingt ein einheitliches strategisches Bewusstsein (wie man es traditionellerweise etwa der »Kapitalistenklasse« zuschrieb). Was sie verbindet, ist die Maxime der kurzfristigen Gewinnsteigerung auf der Basis der neoliberalen Ideologie.

Den nächsten Funktionsring bilden die *politischen Eliten*. Man kann sie als die Spezialisten der Verteilung des gesellschaftlichen Reichtums bezeichnen. Alle Parlamente, alle Regierungen haben – zumindest aus der Sicht des Geldelite – die Funktion, für die Verteilung des Reichtums von unten nach oben zu sorgen. Anders ausge drückt: Die Geldmächtigen wirken durch Lobbyismus und Korruption in das gesamte Feld der politischen Eliten hinein, das dadurch hochgradig differenziert und konfliktualisiert wird. Auch viele Spitzenpolitiker und vor allem Expolitiker können sich noch zu dem 0,1 Prozent zählen. Aufstiege in die Geldelite aber sind äußerst selten. Dagegen begeben sich Angehörige der Geldelite immer öfter in die Regionen der Politik und beteiligen sich direkt an den Verteilungskämpfen.

Die bei weitem größte Gruppe allerdings bevölkert den Außenring unserer Festung: die *Funktions- und Wissenseliten* aller Art, von Wissenschaftlern über Techno- und Bürokraten bis zu den Wohlfühleliten der Medien, der Kultur, des Sports. Sie alle sind für den Erhalt des Gesamtsystems unerlässlich. Zugleich sind hier die Übergänge zu den 99 Prozent fließend. In diesem Außenring setzt sich in allen seinen Bereichen ein Rankingsystem durch, das die Angehörigen dieser Gruppen nach ihrer Nützlichkeit für die ökonomischen, sozialen und kulturellen Interessen der Geldelite bemisst. So können auch aus diesen Kreisen einzelne in die Ränge des einen Prozents aufrücken, doch kaum aber höher (Ausnahmen wie die dot.com-Milliardäre bestätigen die Regel).

Was hier so harmlos und spielerisch klingt, hat einen ernsten Hintergrund. Es geht ja letztlich um die Veranschaulichung des Kerns der ganzen Geschichte, der Herrschaft der wenigen über die vielen. Dass hier alles im Fluss ist, spüren, lesen, hören wir jeden Tag. Und da ist es nicht überraschend, wenn im Kernland der Machteliten, in den USA, in der Analyse dieser »Klassenfrage« seltsame Bündnisse entstehen. Die beiden folgenden Kronzeugen schreiben ihre regelmäßigen Kolumnen zwar beide im Stammblatt des Ostküsten-Establishments, der *New York Times*, aber sie verkörpern in diesem Milieu üblicherweise gegensätzliche – einmal konservative, den traditionellen Republikanern nahestehende, einmal linksliberale, keynesianische – Positionen: David Brooks und Paul Krugman. Ihre Beiträge über die Superreichen, am gleichen Tag erschienen, werfen ein ganz aktuelles Licht auf das schwarze Loch in unserer Ringburg.

Da schreibt David Brooks unter dem Titel »Why Our Elites Stink«[29]: »Im neunzehnten und zwanzigsten Jahrhundert nahm das protestantische Establishment die Spitze der amerikanischen Herrschaftsstruktur ein. Ein relativ kleines Netzwerk weißer Protestanten dominierte an der Universitäten, in der Finanzwelt, in den lokalen Country Clubs und in den höheren Etagen des öffentlichen Dienstes. In den letzten fünfzig Jahren aber ist das protestantische Establishment allmählich von einer facettenreicheren, meritokratischen Elite verdrängt worden. Es ist heute eher möglich, aufgrund guter Noten, Testergebnisse und durch Fleiß und Leistung aufzusteigen. Aber diese Meritokratie hat ihr Versprechen nicht eingelöst.«

Brooks zitiert den jungen Publizisten Christopher Hayes[30]: »Um ihren Status zu bewahren, sind sie korrupt geworden. Sie haben extrem ungleiche gesellschaftliche Verhältnisse geschaffen, die verhindern, dass andere nach ihnen die Leitern erklimmen. Meritokratie hat zur Oligarchie geführt. Statt das fairste aller Systeme zu sein, fördert Meritokratie gigantische Ungleichheit und ist von Grund auf dysfunktional.«

Der konservative Brooks sieht das etwas differenzierter und hält dagegen: »Hayes' Argumentation fordert heraus, aber sie ist falsch. Ich würde sagen, dass die heutigen meritokratischen Eliten nicht so sehr korrupt als vielmehr überehrgeizig und höchst dizipliniert sind. Ihre Kinder wachsen in durchorganisierten Familienverhältnissen auf. Sie wenden enorm viel Zeit und Geld für die kulturelle Bereicherung ihres Lebens auf. Die Korruption, die sich in die Welt der Finanzen und in andere Professionen eingeschlichen hat, ist nicht endemisch für Meritokratie als solche, sondern für eine bestimmte Form der Meritokratie. Das Problem ist, dass die heutigen meritokratischen Eliten nicht zu der Tatsache stehen, dass sie eine Elite sind.«

Brooks will also den Teufel mit dem Beelzebub austreiben, die ›neuen Eliten‹ zu ›alten Eliten‹ machen. Denn, so Brooks, »das protestantische Establishment besaß eine Mentalität der Verantwortung, sie wussten, dass sie nur die Wärter von Institutionen waren, welche viele Generationen umspannten. Sie haben auf oft grausame Weise diejenigen geächtet, die sich nicht gentlemanlike verhielten. Die heutigen Eliten mögen talentierter sein, aber ihnen

fehlt ein selbstbewusster Führungskodex. Ihre Sprache der Meritokratie hat die Sprache der Moral verdrängt. Diese Leute sind Gören
(brats).«[31]

»Gibt's einen VIP-Eingang? Wir sind VIPs!« Mit diesem überhör-
ten Satz leitet Paul Krugman seine Vignette über die neuen Reichen
ein und schreibt: »Diese Bemerkung eines Spenders anlässlich einer
Benefizveranstaltung für Mitt Romney resümiert ziemlich genau
die Attitüde der reichen Elite in den USA. Romneys Basis – und wir
reden nicht von dem oberen einen Prozent, sondern von dem 0,01
und weniger Prozent – besteht aus sehr eingebildeten Leuten. Sie
glauben vor allen Dingen, dass sie der Motor der Wirtschaft sind,
dass man sie wertschätzen sollte und dass die Steuern, die sie zahlen (schon jetzt die seit achtzig Jahren niedrigsten), noch weiter gesenkt werden sollten. Dieser ›wir sind die VIPs'-Haufen hat die moderne Republikanische Partei voll im Griff bis zu der Überzeugung,
dass Romneys eigene steuervermeidende Offshore-Transaktionen
in Multimillionenhöhe nicht nur akzeptabel, sondern lobenswert
sind. ›Es ist echt amerikanisch, auf legale Weise keine Steuern zu
zahlen‹, erklärte der republikanische Senator Lindsay Graham aus
South Carolina.«[32]

Krugman fürchtet, dass diese politischen Vorgaben nicht so
schnell verschwinden werden, und argumentiert: »Zunächst muss
man wissen, dass Amerika nicht immer so war. Als John F. Kennedy
gewählt wurde, besaß das oberste 0,01 Prozent im Vergleich zu einer Durchschnittsfamilie etwa ein Viertel des gesamten Reichtums.
Und sie zahlten viel höhere Steuern als heute. Und trotzdem war
das irgendwie eine sehr dynamische, innovative Ökonomie, um die
uns die Welt beneidete. Die Superreichen mögen glauben, ihr
Reichtum sei es, der die Welt bewegt. Aber die Geschichte belehrt
uns eines Besseren. Viele der heutigen Superreichen, einschließlich
Romney, haben ihr Geld im Finanzsektor gemacht, sie haben Vermögenswerte gekauft und verkauft, statt Unternehmen im altmodi-
schen Sinne aufzubauen. Noch vor gar nicht so langer Zeit erzählte
man uns, dass diese ganze Schacherei für uns alle gut sei, dass dadurch die Wirtschaft effizienter und stabiler würde. Stattdessen
stellt sich heraus, dass dieses moderne Finanzwesen Ausgangspunkt

einer schweren ökonomischen Krise mit Folgen für Millionen Amerikaner geworden ist und dass die normalen Steuerzahler den scheinbar so brillanten Bankern aus der Patsche helfen müssen, um noch Schlimmeres zu verhindern. So müssen zumindest einige unter diesen 0,01 Prozent als Jobzerstörer und nicht als Jobbeschaffer gesehen werden.«[33]

Krugman schließt: »Sind also die Superreichen die VIPs? Nein, mitnichten – jedenfalls mit nicht weniger Berechtigung als alle arbeitenden Amerikaner. Und diese normalen Leute werden leiden, bekommen wir eine Regierung von den 0,01 Prozent durch die 0,01 Prozent für die 0,01 Prozent.«[34]

Eine praktische Lehre aus solchen Meinungsäußerungen des Mainstreams, die neu bei Brooks und sogar bei Krugman sind, lautet: Man muss das 0,1 Prozent, das 0,01 Prozent erst einmal *sehen* lernen. Auch bei uns.

Richistan[35]

Wir hören ja in den deutschen Verteilungsdebatten immer wieder, dass Reichtum schon bei Monatseinkommen von über 5 000 Euro und bei Vermögen von über 300 000 Euro beginnt (die Immobilie eingerechnet). Im Reichensteuerkampf lässt sich dann gut Angst schüren ums ererbte Reihenhäuschen und Stimmung machen gegen die »neidvolle« Unterschicht, die nicht arbeiten und trotzdem auch so viel haben will. Interessant wird es natürlich erst bei Jahreseinkommen von 250 000 Euro (Singles) beziehungsweise 500 000 (Verheiratete). Dann kommen die noch besser Verdienenden hinzu, bis hinauf zu den Topmanagern in Industrie und Finanz mit ihren die Millionen- oder auch Zehn-Millionen-Grenze überschreitenden Gehältern.

Auch Spitzenpolitiker, die einige Jahre auf Parlamentsbänken oder Ministersesseln darben mussten, um dann mit lukrativen Vorstandsposten für geleistete Dienste entschädigt zu werden, spielen eine Rolle in dieser verqueren Verteilungsdebatte. Hier wird mehr verschleiert als aufgedeckt. Nicht, dass da nicht vieles aus dem Ruder liefe. Es ist eben so: Der Kampf um pekuniäre Vorteile reicht von ganz unten bis ganz nach oben, zerstört die soziale Solidarität und erzeugt ein Klima der uferlosen Korrumpierbarkeit. Letztendlich entsteht eine Winner-takes-all-Mentalität, eine Ellbogengesellschaft – wobei für viele »winner«, vor allem aus dem halbseidenen Bussi-Milieu der Spekulation und Schaustellerei, selbstverständlich auch der gelegentliche Absturz vorprogrammiert ist.

Aber oberhalb dieser ganz gewöhnlichen Giergesellschaft gibt es noch eine Region, die seit jeher die Frau und den Mann auf der Straße und auch Religionsstifter, Philosophen und sogar Ökonomen und Soziologen fasziniert hat. Robert Frank nennt diese Region Richistan und beschreibt sie ausführlich und amüsant in seinem gleichnamigen Buch. Es ist das Land der Superreichen, vollkommen abgehoben, in einem den ganzen Erdball umspannenden nichteuklidischen Raum schwebend. Die Bewohner des Landes Richistan sind zu reich, als dass sie durch irgendeine Krise ernsthaft gefährdet würden oder gar abstürzten. Die Grenzen von Richistan sind fließend. Und es geht kaum noch um Einkommen, sondern vor allem um Vermögen.

In harten Zahlen liegt die Grenze zwischen reich und superreich bei rund 500 Millionen Dollar frei verfügbarem Vermögen (also abzüglich der selbstgenutzten Immobilien, der zum Lebensstil gehörenden langlebigen Güter wie Autos, Yachten und so weiter). Das bedeutet, dass im Kernland von Richistan weltweit rund 10 000 bis 20 000 Superreiche leben mit einem Vermögen von jeweils über 500 Millionen Dollar. Unter ihnen sind – die Schätzungen gehen weit auseinander – rund 3 000 Milliardäre. Wohlgemerkt: weltweit und unter Einbeziehung der dunklen Ecken, sozusagen der Rotlichtbezirke von Richistan.

Wichtig und interessant – man denke an unsere Ringburg – ist nun aber, dass diesen inneren Zirkel der Multimilliardäre (nach konservativer Schätzung) mindestens 100 000 »ultra-high networth individuals« (UHNWIs) mit Vermögen zwischen dreißig und 500 Millionen Dollar und eine Million »high-net-worth individuals« (HNWIs) mit Vermögen zwischen fünf und dreißig Millionen Dollar umgeben. Hinzu kommen, wiederum sehr konservativ geschätzt, rund zehn Millionen HNWIs mit Vermögen zwischen einer Million und fünf Millionen Dollar. Diese letzteren Gruppen, die HNWIs, drängen selbstverständlich auch ins Land Richistan, ins Land der Superreichen. Doch die meisten werden an den Grenzen abgewiesen. Diejenigen, die eine Aufenthaltsgenehmigung bekommen, müssen dann oft gehobene Dienstleistungen für die Superreichen erbringen. Wir kennen sie als Spitzenkräfte des Investmentbanking, als Topmanager der Industrie, als Medienmogule und so weiter – und sogar einige Spitzenärzte, Unterhaltungsstars, Politiker schaffen es, durch die Mauer zu schlüpfen.

Die Erhaltung der Luftschlösser von Richistan hängt genau an diesem Verhältnis von Superreichtum und Reichtum. Während Superreichtum sozusagen ein absoluter Begriff ist, handelt es sich bei Reichtum um eine relative Größe, die unter anderem auch die Eliten, die dienstbaren Funktionseliten umfasst, die aufgrund ihrer Leistungen zur Erhaltung des Gesamtsystems in diese Regionen aufgestiegen sind. Es ist ja schwer, sich das Leben jener Gruppen und Schichten vorzustellen, welche die alleobersten Ränge der Listen von *Forbes* und so weiter einnehmen. Diese unterschiedlichen Typen von Superreichen haben zunächst einmal kaum gemeinsame Interessen und Kulturen. Vereint aber sind sie durch das gemeinsame Bedürfnis, ihre zentrale und weitgehend abgedunkelte Stellung in praktisch allen Gesellschaften, also quasi ihre planetarische Stellung, zu verteidigen. Und, wie der Name schon sagt, ihren Superreichtum unbegrenzt zu vermehren, vor Umverteilung zu schützen, als das Selbstverständlichste und zugleich Unangreifbarste von der Welt erscheinen zu lassen.

Ein bisschen Marx

Marx bleibt der Wissenschaftler und Philosoph, durch den wir das Ende des Kapitalismus denken können, ohne zugleich die Zerstörung unseres Planeten mitdenken zu müssen. Die menschliche Geschichte bleibt offen. »Nachdem wir lange glaubten, Marx überholt zu haben, beschleicht uns jetzt der Verdacht, dass er schon vor uns dort war.« (Antonio Negri)

Der 2005 verstorbene Peter Glotz schrieb 1990 in einem Brief an den gescheiterten Kanzlerkandidaten der SPD, Oskar Lafontaine: »Als ich kürzlich in Washington war, habe ich lange mit unserem gemeinsamen Freund, [dem Soziologen] Norman Birnbaum, gesprochen, der mir plastisch das Elend der Demokratischen Partei vor Augen geführt hat. Alle vier Jahre ein neuer Kandidat, alle vier Jahre ein dürres Thesenpapierchen, aber kein Halt, keine Parteiorganisation, keine langfristige Linie. Wir waren ja beide immer weit davon entfernt, uns als Marxisten zu bezeichnen. Jetzt aber werden wir den gar nicht so liebenswerten alten Herrn aus Trier gelegentlich verteidigen müssen. Sein Hypothesen-Steinbruch *Das Kapital* ist inzwischen geplündert: Und viele der Steine, die man dort finden konnte, waren nicht recht verwertbar … Mag sein, dass es übertrieben war, die Geschichte als Geschichte von Klassenkämpfen aufzufassen, aber wenn wir sein Analysebesteck ganz zur Seite legen und die ökonomischen Gründe politischer Entwicklungen vormarxistisch vernachlässigen, werden wir schnell ratlos herumstehen. Der Schwung des (Kommunistischen) Manifestes, das Vorwort zu den *Grundrissen*, die Idee der disponiblen Zeit – die Parole müsste sein: Karl Marx und Max Weber in eins denken, aber bitte nicht zurück zu einer imaginären Debatte zwischen Lassalle, Bismarck, Lorenz von Stein und dem Bischof Ketteler.«[36]

Seit jenen Tagen ist das öffentliche Interesse an Marx wieder gewachsen. Man denke nur an das Ranking der »größten Deutschen« 2003 in einer Sendereihe des ZDF, als Marx in allen neuen Bundesländern auf Platz eins und insgesamt hinter Konrad Adenauer und Martin Luther auf Platz drei kam; oder an eine Umfrage der BBC aus dem Jahre 1999, in der Karl Marx zum größten Denker des letzten Jahrtausends gewählt wurde.[37] Und Peter Glotz meinte wahrscheinlich Marxens Vorwort zur *Kritik der Politischen Ökonomie*.

Hier die wichtigste Passage: »In der gesellschaftlichen Produktion ihres Lebens gehen die Menschen bestimmte, notwendige, von ihrem Willen unabhängige Verhältnisse ein, Produktionsverhältnisse, die einer bestimmten Entwicklungsstufe ihrer materiellen Produktivkräfte entsprechen. Die Gesamtheit dieser Produktionsverhältnisse bildet die ökonomische Struktur der Gesellschaft, die reale Basis, worauf sich ein juristischer und politischer Überbau erhebt und welcher bestimmte gesellschaftliche Bewusstseinsformen entsprechen. Die Produktionsweise des materiellen Lebens bedingt den sozialen, politischen und geistigen Lebensprozess überhaupt. Es ist nicht das Bewusstsein der Menschen, das ihr Sein, sondern umgekehrt ihr gesellschaftliches Sein, das ihr Bewusstsein bestimmt. Auf einer gewissen Stufe ihrer Entwicklung geraten die materiellen Produktivkräfte der Gesellschaft in Widerspruch mit den vorhandenen Produktionsverhältnissen oder, was nur ein juristischer Ausdruck dafür ist, mit den Eigentumsverhältnissen, innerhalb deren sie sich bisher bewegt hatten. Aus Entwicklungsformen der Produktivkräfte schlagen diese Verhältnisse in Fesseln derselben um. Es tritt dann eine Epoche sozialer Revolution ein. Mit der Veränderung der ökonomischen Grundlage wälzt sich der ganze ungeheure Überbau langsamer oder rascher um. In der Betrachtung solcher Umwälzungen muss man stets unterscheiden zwischen der materiellen, naturwissenschaftlich treu zu konstatierenden Umwälzung in den ökonomischen Produktionsbedingungen und den juristischen, politischen, religiösen, künstlerischen oder philosophischen, kurz, ideologischen Formen, worin sich die Menschen dieses Konflikts bewusst werden und ihn ausfechten. So wenig man das, was ein Individuum ist, nach dem beurteilt, was es sich selbst dünkt, ebenso wenig kann man eine solche Umwälzungsepoche aus ihrem Bewusstsein beurteilen, sondern muss vielmehr dies Bewusstsein aus den Widersprüchen des materiellen Lebens, aus dem vorhandenen Konflikt zwischen gesellschaftlichen Produktivkräften und Produktionsverhältnissen erklären. Eine Gesellschaftsformation geht nie unter, bevor alle Produktivkräfte entwickelt sind, für die sie weit genug ist, und neue höhere Produktionsverhältnisse treten nie an die Stelle, bevor die materiellen Existenzbedingungen derselben im Schoß der alten Gesellschaft selbst ausgebrütet worden sind. Daher stellt sich die Menschheit immer nur Aufgaben, die sie lösen kann, denn genauer betrachtet wird sich stets finden, dass die Aufgabe selbst nur entspringt, wo die materiellen Bedingungen ihrer Lösung schon vorhanden oder wenigstens im Prozess ihres Werdens begriffen sind. In großen Umrissen können asiatische, antike, feudale und modern bürgerliche Produktionsweisen als progressive Epochen der ökonomischen Gesellschaftsformation bezeichnet werden. Die bürgerlichen Produktionsverhältnisse sind die letzte antagonistische Form des gesellschaftlichen Produktionsprozesses, antagonistisch nicht im Sinn von individuellem Antagonismus, sondern eines aus den gesellschaftlichen Lebensbedingungen der Individuen hervorwachsenden Antagonismus, aber die im Schoß der bürgerlichen Gesellschaft sich entwickelnden Produktivkräfte schaffen zugleich die materiellen Bedingungen zur Lösung dieses Antagonismus. Mit dieser Gesellschaftsformation schließt daher die Vorgeschichte der menschlichen Gesellschaft ab.«[38]

Von *Arbeitskraft* und *Produktionsmitteln*, von *Produktivkräften* und von *Produktionsverhältnissen, Produktionsweisen* und *Überbauten* wird später noch zu reden sein[39] – vor allem vom Begriff der Produktivkräfte. Der Begriff fasst das Wesentliche des Zusammenhangs von Natur, Gesellschaft und Technik besser als jeder andere – und führt im übrigen geradenwegs in das Verständnis der gegenwärtigen informationstechnologischen Revolution. Produktivkraftentwicklung ist als die Dialektik von Produktionsmittel- und Arbeitskraftentwicklung zu begreifen – als die Entwicklung der modernen Maschinerie (bis zu den »Algorithmusmaschinen« der Computernetze) einerseits und von menschlicher Kreativität andererseits. Die Entwicklung der individuellen und gesellschaftlichen Produktivkräfte stößt immer wieder an Grenzen, die durch die Produktionsverhältnisse, Produktionsweisen und Überbauten gesetzt werden. Die menschliche Arbeitskraft, so einst Herbert Marcuse, droht immer wieder »eindimensional« eingeengt zu werden. Heute hängt diese Eindimensionalität an der Fesselung der neuen informationstechnischen Produktivkräfte durch die kulturelle Logik des Spätkapitalismus und eine daraus erwachsende »Simulationskultur« von Parallelwelten im virtuellen Raum.[40]

Durch seine Kritik der politischen Ökonomie des Kapitalismus haben wir Karl Marx bahnbrechende Einsichten in die Gesetzmäßigkeiten des Geschichtsverlaufs zu verdanken. Das Programm des historischen Materialismus wirkt heute – unausgesprochen – in allen gesellschaftswissenschaftlichen Disziplinen weiter, darin ähnlich der Darwinschen Evolutionstheorie. Insofern geht es bis heute – nach und mit Marx – noch immer um die Frage, wie man sich Menschheitsgeschichte (und Naturgeschichte) insgesamt phantasievoll und utopienreich vorstellen kann. Hier lässt sich dann zum Beispiel spielerisch mit vielerlei Modellen und vor allem mit den Möglichkeiten des Internets umgehen, um die menschliche Entwicklung unseres Planeten als Ganzem zu verstehen.[41]

»Marx ist weder aktuell noch veraltet: Er ist klassisch, und die gesamte marxistische und kommunistische Tradition, die ungefähr den gleichen Zeitraum umfasst wie das goldene Zeitalter Athens, stellt in einem ganz präzisen Sinne jenes goldene Zeitalter der europäischen Linken dar, dem es sich wieder und wieder zuzuwenden lohnt – mit verblüffenden, fanatischen, produktiven und widersprüchlichen Resultaten.«[42] Wenn Fredric Jameson mit diesem Satz eine neue Runde der kreativen *Kapital*-Lektüre einläuten will, so schwingt darin auch – und das ist ein entscheidender Punkt – die Möglichkeit, ja die Notwendigkeit einer *digitalen* und in diesem Sinne dialektisch-kybernetischen Repräsentation der Rätselschichten des Kapitalismus mit. Es ist nicht müßig zu imaginieren, wie seine intellektuelle Produktion vor sich gegangen wäre, hätten Marx die Ressourcen des Internets, von Google, Wikipedia und so weiter zur Verfügung gestanden. Die Marxsche Denkweise mit ihrem Spiel der Kategorien erlaubt es, sich etwa bezüglich der Problemkomplexe »Ware und Geld«, »Kapital«, »Arbeit«, »Produktionsmittel« heute ganz andere Formen der Darstellung vorzustellen.[43]

Spielereien?

Im Schaufenster meiner progressiven Buchhandlung waren im Juli 2012 unter anderem folgende Buchtitel zu sehen: *Vergesst die Krise*; *Wie gerecht ist die Macht?*; *Die große Entwertung*; *Business as usual*; *Du sollst. Kapitalismus als Religion*; *Aftermath. The culture of Economic Crisis*; *Das Ende des freien Marktes*; *Die Wachstumslüge*; *Sozialismus des Kapitals*; *Stresstest Deutschland*; *Kapitalismus als Spektakel*; *Macht im 21. Jahrhundert*; *Das Kapitalismus-Komplott*; *ABC der Al-*

ternativen; *Occupy*; *Die Piraten-Partei*; *Das soziale Tier*; *Geldunter-gang*; *Vor dem dritten Staatsbankrott*; *Weltwirtschaftskrise*; *Befreiung vom Überfluss*; *Abgebrannt*; *George Soros*; *Crisis and Control*; *Die Herrschaft der Finanzmärkte*; *The New Industrial Revolution*; *Kapitalismus und dann?*; *Währungskrieg*; *Die Pleiterepublik*; *Die Unfehlbaren*; *Aufstieg des Geldes*; *Wer regiert die Welt?*; *What Money Can't Buy*; *Gemeinsam sind wir reich*; *Pleitiers und Bankrotteure*; *Zerschlagt die Banken* …

Aber das ist nicht alles. Der große Geschichtsprozess wird heute auch durch digitale Strategiespiele angetrieben, in denen die großen Konzerne die Zukunft des Kapitals vorauszudenken versuchen. Auch die diesen Konzernen aufsitzenden Gruppen, Klassen und Eliten, die in letzter Instanz von all dem profitieren, spielen an den Börsen mit »Futures« und zu Hause »Command & Conquer«. Hinzu kommt aber, dass die Verknüpfungen der virtuellen Netze zur Spielwiese von Milliarden Menschen geworden sind. Die historischen, planetarischen Dimensionen, einst Domäne der Herrschenden, werden vor dem Computerbildschirm zu jedermanns Sache. Die Blickrichtungen vervielfältigen sich, kopieren einander. Neue Methoden des Sehens ermöglichen es immer mehr Menschen, sich eigene Vorstellungen von der Welt zu machen. Die eigene Bude wird zum »situation room«.

Konzerne wie Microsoft, Google oder Apple, selbst erst vor kurzem aus Garagen aufgestiegen, starten an den Rändern ihres Hauptgeschäfts interessante Initiativen. Es wird mit Modellen historischer Entwicklung gespielt, Forschungsprojekte versuchen den Gang der Natur- und Gesellschaftsgeschichte auf neue Weise zu erklären. Bei aller Kommerzialität sind Medien wie YouTube voller interessanter Animationen. Herrschaftsstrukturen werden aufgeschlüsselt in Power Maps, aus dem Power Structure Research sind Websites wie »They Rule« hervorgegangen.[44] In der Medienwelt, die sich letztlich ihrer Randzonen nicht entledigen kann, ohne selbst unglaubwürdig zu werden, tauchen immer wieder interessante Aufklärungsprojekte auf, von den »Yes Men« bis zu den »Adbusters« (ohne die die Occupy-Bewegung nicht denkbar wäre).[45] Und die Occupy-Bewegung selbst (wie soziale Bewegungen überhaupt) muss zu eigenen postmodernen Formen politischer Kunst und Kultur finden.

Außerdem hat es noch niemals so viele – oft von unabhängigen Produzenten stammende – gute Filmdokumentationen gegeben über die Zusammenhänge, die uns in diesem Buch interessieren. Ältere Versuche wie Arno Peters' *Synchronoptische Weltgeschichte* werden ausgegraben und seine Zettelkästen digitalisiert – ebenso wie die des Systemtheoretikers Niklas Luhmann oder eben auch die Notizenberge von Marx und Engels.

Es sei hier nur kurz auf zwei Beispiele aus dieser Welt der »Spielereien« eingegangen, welche sich unmittelbar mit dem 0,1 Prozent auf jeweils besondere Weise beschäftigen: zum einen die Dokumentarfilmproduktionen *Born Rich* und *One Percent* aus den Reihen des Milliardärsnachwuchses selbst; zum anderen die Versuche des Künstlers Mark Lombardi, Netzwerke der Macht und Korruption in raffinierten Bildern darzustellen.

Die Dokumentarfilme *Born Rich* und *One Percent*[46] sind Selbstreflexionen einer Schicht, die sich zunehmend selbst um ihr Bild in den Medien kümmert und dabei, wie könnte es anders sein, auch die Frage nach geschichtlicher Veränderung an sich heranlässt und anderen stellt. Das ist vergleichbar mit den Selbstreflexionsschüben der französischen Aristokratie im achtzehnten Jahrhundert. Die beiden Filme thematisieren die seit 2008 immer mehr ins öffentliche Bewusstsein tretende enorme Ungleichheit in den USA, wo ein Prozent der Bevölkerung über fast die Hälfte des gesamten Reichtums verfügt.

Dieser Sachverhalt ist der explizite Ausgangspunkt für den Produzenten und Regisseur Jamie Johnson, der aus einer der reichsten Familien Amerikas, den Eigentümern des Kosmetikkonzerns Johnson & Johnson, stammt. In *Born Rich* geht Johnson zunächst einer Frage nach, die in vielen Rechtfertigungsversuchen der Reichtumsschere eine Rolle spielt: Macht viel Geld glücklicher? Die Antwort nach vielen Interviews und Milieuskizzen bleibt ironisch in der Schwebe, aber Johnson arbeitet auch Denkweisen der Selbsterhaltung heraus, denen wir im Folgenden immer wieder begegnen werden.

One Percent geht einen Schritt weiter: In Interviews mit Kritikern wie dem ehemaligen Arbeitsminister der Clinton-Regierung, Robert Reich, dem Waffenmilliardär Adnan Kashoggi, dem Propheten des

Neoliberalismus, Milton Friedman, Bill Gates und dessen Vater sowie Steve Forbes, dem Herausgeber des gleichnamigen Magazins, testet Johnson seine These, dass so viel Reichtum in so wenigen Händen eine Gefahr für den American Way of Life darstelle. Die Interviews sind zum Teil sehr amüsant. Sie sind garniert mit Einblicken in das Leben der »einen« und der »anderen«. Der eigentliche Erkenntnisgewinn von *One Percent* besteht aber in der Beschreibung der Methoden, mit denen die Superreichen alles unternehmen, um ihre monetäre Dominanz zu sichern. So bekommt Johnson auch Zugang zu einer exklusiven »Reichtumskonferenz«, wo den Superreichen Strategien zur Vermögenssicherung beigebracht werden. Und man erfährt Interessantes über die unterschiedlichen Managementstile der Reichen gegenüber ihren unmittelbaren Helfern und Beratern.

Der amerikanische Maler Mark Lombardi (1951–2000) nahm politische und Finanzskandale zum Anlass, großformatige Diagramme der beteiligten Personen und Personengruppen anzufertigen, die einerseits auf dem Kunstmarkt reüssierten, andererseits aber schmutzige Deals und kriminelle Aktivitäten der oberen Zehntausend festhielten. Lombardi hatte sich eine private Datenbank mit über 12 000 Karteikarten angelegt. Seine Kunst überschritt ständig die Grenze zum investigativen Journalismus und zum Verschwörungsdenken, so dass sich vor seinem mysteriösen Tod – er wurde erhängt in seinem Atelier aufgefunden – auch das FBI für seine Diagramme zu interessieren begann.

Für mich ist Lombardi ein eindrucksvolles Beispiel dafür, dass Power Structure Research auch Graswurzelforschung sein kann.[47] Auf der Documenta 13 gehörte Lombardi zu den wichtigsten präsentierten Künstlern. Gleichzeitig erschien posthum ein Buch mit seinen Texten, *116 Notes, 100 Thoughts*.[48] Seine visuellen Netzwerke und Diagramme, heißt es dort, hätten verborgene Verbindungen zwischen politischen und ökonomischen Prozessen, Konzernen und Personen sichtbar gemacht. Dabei ging es nicht nur um seine delikaten Netzwerkzeichnungen, sondern vor allem um die Art und Weise, wie er sich das Material für seine Recherchen und sein Denken beschaffte. Als ausgebildeter Bibliothekar, bekannt für seine

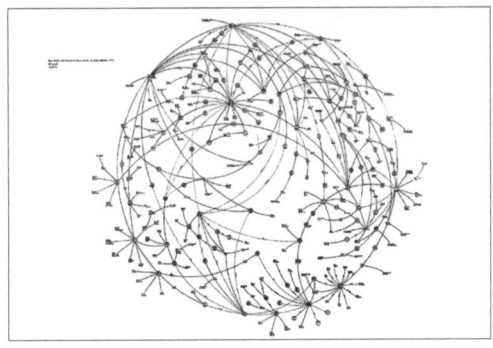

Mark Lombardi[49]

Akribie, sortierte, archivierte und bearbeitete er mit Hilfe eines Index-Kartensystems Material aus öffentlich zugänglichen Medienquellen. Carolyn Christov-Bakargiev, die künstlerische Leiterin der Documenta 13, schreibt in ihrer Einleitung zum Buch, hier werde ein herausragendes künstlerisches Œuvre zugleich von den Fakten über Finanzskandale, Terroranschläge und Wirtschaftskriminalität – und von den Namen dazu – bestimmt.

Im Folgenden werden uns noch Netzwerkanalysen unterschiedlichster Art begegnen, teils mehr der mathematischen Exaktheit, teils mehr der Einbildungskraft zuneigend. Immer aber werden sie so etwas wie eine »kognitive Kartierung« (Fredric Jameson) sein, hinter der das Gebot steht: Du sollst dir ein Bild machen von denen, die beanspruchen, deine Götter zu sein.

2 Die Aneignung Europas[1]

»Ist die europäische Integration zu einem Projekt der intellektuellen Elite verkommen, dem der Großteil der EU-Bürger sowie auch die Politik bestenfalls mit Gleichgültigkeit und Desinteresse begegnen?« Auf diese Interviewfrage des rechtsliberalen Online-Magazins *The European* wusste ich vor einiger Zeit nicht recht zu antworten. Die intellektuelle Elite ist schließlich, wenn wir schon eine brauchen, unter all diesen Geld-, Konzern- und Politikeliten die beste Elite, die wir haben. Selbstverständlich geht von den Jüngeren, Besserverdienenden mit hoher Bildung eine gewisse Europabegeisterung aus. Sie wird auch genährt von der Sorge, dass in einem zerfallenden Europa die technischen und kulturellen Kompetenzen, welche diese intellektuelle Elite erworben hat, nicht mehr so hoch im Kurs stehen könnten.

Aber die interessante Frage ist doch, in welchem Verhältnis diese intellektuelle Elite zur »Politik« und zu den »EU-Bürgern« steht. Letztere sind ja schließlich auch Teil der »Volksmassen«, der »Multitude«, und diese ist nun keineswegs so undifferenziert, wie sie rechtsliberalen Intellektuellen erscheinen mag. Gleichgültigkeit und Desinteresse gegenüber dem europäischen Projekt könnte man eher bei anderen Eliten vermuten. Es gibt sicher spezifische ökonomische und soziale Interessen, denen ein Zerfall der Europäischen Union nicht unliebsam oder zumindest gleichgültig wäre. Ein großes, altes Elitenbündnis – transatlantisch und sogar transsibirisch (wenn man an die imperialen Beziehungen zum alten und neuen Russland denkt) – hat ja seit langem gelernt, sich in einem zerfallenden, von Konflikten zerrissenen Europa wie ein Fisch im Wasser zu bewegen. Teile des Geldadels, Oligarchen und so weiter mit ihrem Tross von Investmentbankern, Konzernmanagern, Lobbyisten, Hausprofessoren und Medienkumpels sind durchaus nicht auf das Projekt Europa, so wie es jetzt steht, angewiesen. Durch Krisen und Katastrophen nicht nur unbeschadet, sondern mit Gewinn hindurchgekommen ist auch ein großer Teil der europäischen Aristokratie. Manchen der oberen Zehntausend also, die ihre existentielle Stabilität aus tieferen Quellen beziehen, muss ein desintegrierendes Europa nicht unrecht sein.

Mit welchen Schichten der Gesellschaft aber kann sich die besagte junge intellektuelle Elite verbünden, um ihren Traum von einem neuen Europa Wirklichkeit werden zu lassen? Die EU-Bürger, die jetzt wieder einmal als Steuerzahler und virtuelles Kanonenfutter in die Krise geschickt werden sollen, sind ja nicht nur eine orientierungslose Schafherde, die mal hierhin, mal dorthin getrieben wird, aber immer im gleichen Pferch bleiben muss. Bislang waren es zwar die Geld- und Machteliten, zu deren Merkmalen es gehörte, hochgradig mobil, international vernetzt und kosmopolitisch zu sein. Die »Massen« dagegen waren an die Orte und Regionen ihrer Arbeitsplätze gefesselt und kamen allenfalls als Soldaten oder Flüchtlinge oder arbeitsuchende Migranten in Bewegung. Heute aber ist »Bewegungssouveränität« für die europäische Multitude konkrete Realität. Sie begann mit dem Massentourismus, sie setzt sich fort in den neuen, netzgestützten Kommunikationsformen und könnte zur selbstbestimmten Jobmobilität führen. Eine solche Aneignung des europäischen Raumes, seiner Sprachen und Kulturen ist also auf der alltäglichen, ganz praktischen Ebene längst im Gange. Hier kann die intellektuelle Elite anknüpfen und sich selbst ein bisschen aus ihren Dienstleistungsfunktionen für die Geld- und Machtelite befreien.

Schamloser Reichtum

Unter dem Titel »Future Strategic Context« stellte das britische Verteidigungsministerium seinem strategischen Militärinstitut im Jahre 2007 die Frage, welche Kriege und Konflikte die Welt in dreißig Jahren bedroht werden. Ein überraschendes Ergebnis war, »dass die Militärs sich vor Neomarxisten in der globalen Mittelklasse fürchten«. In einer düsteren Vision warnen die Autoren der Studie davor, dass sich im Jahre 2037 mehr als sechzig Prozent der Menschen weltweit in verslumten Städten zusammendrängen werden und dass diese Zusammenballung von Not, Arbeitslosigkeit und Unzufriedenheit einen gewaltigen sozialen Sprengsatz darstellt. Während die fortschreitende internationale Integration Kriege zwischen Staaten völlig zum Erliegen bringt, werden an deren Stelle Konflikte innerhalb der Gesellschaften treten – Bürger-, Sippen- und Klassenkriege. Kurz: »Der Krieg der Staaten geht, der Konflikt der Klassen kommt.« In dieser Situation, fahren die britischen Militärstrategen fort, »könnten die Mittelklassen eine revolutionäre Klasse werden und jene Rolle übernehmen, die Marx für das Proletariat vorgesehen hatte«. Aufgerieben zwischen »wachsender sozialer Verelendung einerseits und dem schamlosen Leben der Superreichen andererseits« könnten sich die »Leistungs- und Wissenseliten, die früher einmal Bildungsbürger und Facharbeiter genannt wurden«, zu einem schlagkräftigen Interessenverbund zusammentun. Diese »neue Klasse« würde dann politisch für ihre eigenen grenzüberschreitenden Interessen gegen den Kapitalismus der Superreichen kämpfen.[2]

Wenn im Folgenden von Strukturen und Akteuren des Reichtums, insbesondere in Europa, die Rede ist, sollte man dieses »Rette-sich-wer-kann«-Szenario, von wahrlich kompetenter Seite entwickelt, im Hinterkopf behalten. Reichtum kann aus verschiedenen Perspektiven betrachtet werden. Zunächst einmal geht es um die Frage der Vermögenskonzentrationen. Die Reichen sind immer reicher geworden, auch und gerade in Europa. Dafür gibt es eine Fülle von empirischen und statistischen Indizes, auch wenn sie bislang in keiner Weise zureichend systematisch erschlossen und analysiert worden sind. Und selbst hinsichtlich der Frage, was Eigentum – und sogar Geld – unter den heutigen Bedingungen ist, steht Klärung aus. Zweitens geht es um ein klassentheoretisches Problem, also um die Frage, ob sich eine (neue) herrschende Klasse auf der Grundlage dieser Akkumulationsprozesse herausbildet. Hier gibt es unterschiedliche Erklärungsansätze, aber noch bei weitem keinen Konsensus unter den kapitalismuskritischen Beobachtern. Drittens geht es um eine epochenspezifische Bestimmung dieses historisch einmaligen Akkumulationsprozesses.

Im Zentrum aber steht die zweite Ebene, die klassentheoretische Frage, die Frage nach dem »Wer« beziehungsweise nach dem »Wer – Wen«. Doch muss man gleich vorausschicken, dass die Postulierung einer europäischen herrschenden Klasse verfrüht beziehungsweise auch nach anderthalb Jahrhunderten marxistischer und nichtmarxistischer Klassenanalyse noch den Gefahren der Vereinfachung und Mythologisierung ausgesetzt ist. Man sollte deshalb zunächst einmal versuchen, die Akteure und Profiteure einer möglichen »Refeudalisierung« Europas als ein komplexes Netzwerk teils kooperierender, teils konkurrierender Eliten darzustellen. Und um dieses Netzwerk vorurteilsfrei zu erkunden, tauchen Begriffe wie »Geldmachtapparat« oder »Geldmachtkomplex« auf.

Was nun Elitenherrschaft angeht, gibt es einige sehr nützliche konzeptuelle Exportartikel oder *franchises* aus den USA: erstens den Begriff einer *Power Elite*, die im Gefolge des *New Deal* und des Zweiten Weltkriegs entstand und in welcher der alte Kern plutokratischen Reichtums zunehmend von Verwaltungseliten, Spitzenexperten, Großwissenschaftlern, Gewerkschaftern, Konzernmanagern, politischen Generälen und politischen Direktoraten umringt und zum Teil eingeengt wurde. Zweitens erschien der Begriff eines Militär-Industrie-Komplexes (MIK), der nach dem Zweiten Weltkrieg als Folge der (völlig asymmetrischen) Systemauseinandersetzung entstanden ist. Dieser *Pentagon-Kapitalismus* hat sich nach dem Ende des Kalten Krieges und nicht zuletzt unter dem Einfluss der neuen Informationstechnologien sogar noch enorm ausgeweitet und stabilisiert, so dass er heute noch mächtiger und in gewissem Sinne stabiler ist als der Finanz- oder Wall-Street-Kapitalismus, über den gegenwärtig alle reden. Und diese Konzepte umschreiben allesamt eine Wirklichkeit.

In diesem Netzwerk beginnen sich – und bleiben wir in Europa – verschiedene, per se höchst interessante Gruppen heimisch zu machen. Zum Beispiel: über Generationen vererbter dynastischer

Reichtum; der immer noch potente europäische Adel; mittels technischer, finanzieller und konsumstrategischer Innovationen zusammengeraffter Neureichtum; durch korrupte Privatisierungspraktiken hochgekommene Oligarchen; Mafiamilliardäre. Der Mythos der Meritokratie, also der Leistungsgesellschaft, ist verblasst. Superreichtum wird zu einer Gefahr für die Demokratie. Schon zu Clintons Zeiten konstatierte William Pfaff, der bekannte Leitartikler des *International Herald Tribune*, für die USA: »Der wichtigste Wandel unserer Zeit ist die Aufwertung der Rolle des Geldes bei der Bestimmung der Frage, wie Amerika regiert wird. Diese Rolle war niemals gering, aber sie gewann eine neue Dimension, als der Oberste Gerichtshof entschied, dass Geld, welches für die Wahl von Kandidaten und für die Förderung von privaten und kommerziellen Interessen in Washington ausgegeben wird, eine Form der verfassungsmäßig geschützten Meinungsäußerung darstellt. Dadurch wurde eine repräsentative Republik umgewandelt in eine Plutokratie.«[3]

Und diesen Topos entwickelt zum Beispiel der amerikanische Autor Kevin Phillips, einst Berater der Republikanischen Partei, unermüdlich weiter. Das gegenwärtige Anwachsen des privaten Reichtums sei nur mit dem goldenen Zeitalter der vorletzten Jahrhundertwende und den Zwanzigern zu vergleichen. In jeder dieser Perioden hätten die großen Vermögen die demokratischen Werte und Institutionen unterminiert und schließlich die Wirtschaft ruiniert.[4]

Die Frage, auf welche Weise diese Multimillionäre zu ihrem Reichtum gekommen sind, ist ebenso komplex wie die Antwortmöglichkeiten. Zusammenfassend aber lässt sich eine einfache These formulieren: Unter dem Banner des Neoliberalismus ist ein Geldmachtapparat entstanden, welcher unternehmerische Eigentumsoperationen, die Generierung von Einkommen aus allen möglichen Quellen (insbesondere den Finanzmärkten), die Vererbung und auch den Raub in einen abgestimmten und vermachteten, netzwerkartigen Zusammenhang bringt. In ihm wird vor allem auch das klassische Betriebsvermögen in Gestalt von kleinen und großen Unternehmen immer »flexibler« gehandhabt, hin und her geschoben, kurzfristig veräußert, zusammengelegt, »filetiert« und so weiter, so dass es heute in erster Linie solche Geschäfte mit *verflüssigtem* Betriebsvermögen (und nicht Geschäfte auf der Basis von Betriebsvermögen) sind, welche die großen Revenuen erbringen.

Die sozialstrukturelle und kulturelle Basis dieser Geldvermögen und verflüssigten Betriebsvermögen muss gesichert werden. Dazu gehört, um mit einem oft vernachlässigten, soziologisch aber wichtigen Aspekt zu beginnen, die Bedeutung des *Gebrauchsvermögens im Luxussegment*. Luxuskonsum dient der Sicherung des soziokulturellen Status. Der hier fällige Begriff der *conspicuous consumption*, des demonstrativ auffälligen Konsums, wurde Ende des neunzehnten Jahrhunderts vom amerikanischen Ökonomen und Soziologen Thorstein Veblen eingeführt, um die Macht- und Herrschaftsfunktion eines aufwendigen, durchaus auch müßigen Lebensstils zu erfassen. Indem die Geldelite materielle und immaterielle Güter, Dienstleistungen und so weiter des Luxusmarktes in auffälliger Weise konsumiert, demonstriert sie nicht nur ihre abgehobene Stellung, sondern fixiert auch alle übrigen Schichten auf ganz bestimmte Vorstellungen von »Glück«.

In diesem Sinne waren und sind beispielsweise die Wohnsitze der Vermögenden ein zentraler Raum für *conspicuous consumption*, vom Feudalismus bis heute. Gerade auch für Europa lässt sich die Agglomeration von Luxusimmobilien in bestimmten Stadtteilen, in bestimmten Landstrichen (Küsten, Inseln, Kleinstaaten wie Monaco und so weiter) gut und über historisch lange Strecken illustrieren. Auch Mobilität war schon immer ein Feld demonstrativen Konsums – von Kutschen zu Maybachs und Privatjets.

Zur Illustration: Neben den zahllosen Gulfstreams und so weiter gibt es auf der Welt ungefähr fünfzig *private* Boeing 747er und sogar 777er und etliche Airbus 380 (Flugzeuge, die normalerweise 400 Passagiere befördern) mit Interieurs, entworfen für das Pläsier von höchstens einem Dutzend exklusiver Fluggäste. Megamotoryachten erleben einen nie gekannten Bauboom, ihre Größe steigt rapide, Anschaffungskosten, Verbrauch und Liegegebühren gehen ins Astronomische, ebenso aber auch der Prestigeeffekt und die Möglichkeit der Erzeugung von Netzwerk- und Abhängigkeitseffekten an Bord.

Im übrigen spielt auch der Kunstmarkt eine besondere – und besonders subtile – Rolle im Bereich des demonstrativen Konsums. Wenn, wie jüngst geschehen, ein unscheinbarer, bislang in diesen Kreisen nie gesehener Privatmann (Beobachter vermuteten: ein Russe) auf einer Sotheby-Auktion Picassos »Dora Maar mit Katze« für 95,2 Millionen Dollar, einen Monet für fünf Millionen und noch schnell einen Chagall für 2,5 Millionen Dollar ersteigert und wenn Derartiges immer häufiger in den großen Auktionshäusern geschieht, so steckt dahinter eine »Vermögenskultur« im Umfeld des Geldmachtapparats, die noch kaum erforscht ist.

Auch *kulturelles Kapital* im Sinne Pierre Bourdieus, vor allem Bildungsprivilegien und -titel, wird für den Ausbau des Geldmachtapparats funktionalisiert. Eliteuniversitäten bleiben den Kindern der Reichen vorbehalten – und den sorgfältig ausgelesenen *Best and Brightest* aus den übrigen Schichten, welche eines der dünn gesäten Stipendien ergattern und später gehobene Dienstleistungspositionen einnehmen dürfen. Die übrigen Bildungswilligen müssen sich verschulden. Amerikanische Hochschulabsolventen verlassen inzwischen ihre Universität mit einem durchschnittlichen Schuldenberg von 27 000 Dollar. Und in Großbritannien äußern Politiker die Sorge, »dass das Schuldengespenst die jungen Leute veranlassen könnte, höhere Bildung als ein Luxusgut zu betrachten und aufzugeben – mit negativen Folgen für die Wettbewerbsfähigkeit ihres Landes«.[5]

Letztlich jedoch drücken sich die Bedeutung und Funktion kulturellen Kapitals für die Geldelite nicht in individuellen Bildungskarrieren aus. Wirklich großer Reichtum schafft sich Netzwerke der Kultur und Bildung, welche an die höfische Gesellschaft erinnern. Kulturelles Kapital erscheint heute wieder in Gestalt von ganzen Entouragen gebildeter, kultivierter, wissenschaftlich spezialisierter Berater, Hofschranzen und so weiter. Denn formelle und informelle Bildungsgüter werden erst vermögenswirksam, wenn sie zur Kultivierung des Geldmachtapparats insgesamt führen, zu einer »Vermögenskultur«, die sich in Stiftungen, Think-Tanks und dergleichen institutionalisiert.

Ähnliches gilt für das *soziale Kapital* der Geldeliten. Zweifellos spielt der in familialen und transfamilialen Milieus erworbene *indi-*

viduelle Habitus bei der Selbstorganisation der Geldelite eine wichtige Rolle, ebenso bei der Rekrutierung des engsten Hilfspersonals. »Für die Besetzung von Führungspositionen in der deutschen Wirtschaft«, schreibt Michael Hartmann, »ist nicht, wie von ihren Repräsentanten immer wieder betont wird, die Leistung ausschlaggebend, sondern der klassenspezifische Habitus der Kandidaten ... Es handelt sich dabei um jene Selbstverständlichkeit im Auftreten, die für ›Eingeweihte‹ den entscheidenden Unterschied zwischen denen, die dazugehören, und denen, die nur dazugehören wollen, markiert.«[6] Andererseits aber muss Sozialkompetenz nicht unbedingt direkt in einer Person oder Familie konzentriert sein. Sie ist ein Klassenmerkmal. Wer sich »Sozialtrainer«, Imageberater oder auch nur Bodyguards leisten kann, verfügt über kollektives soziales Kapital, selbst wenn er als Person ein stotternder Autist ist.

Geldmacht und Geldmachtkomplex

Wir leben gegenwärtig, konstatierte der amerikanische Politökonom Giovanni Arrighi, in einer USA-dominierten Phase globaler finanzieller Expansion, in der »sich eine ausgedehnte Menge von Geldkapital aus seiner Warenform« befreit und Akkumulation sich vornehmlich »in Gestalt von Geldgeschäften, financial deals« vollzieht.[7] Diese Phase finanzieller Expansion des Kapitalismus wird durch eine Verwissenschaftlichung beziehungsweise Informatisierung von Macht- und Herrschaftstechniken abgestützt, wie man sie bislang nicht kannte. Extrem billige Rechnerkapazitäten und darauf basierende statistische Techniken erlauben die Verarbeitung großer Mengen ökonomischer und sozialer Daten und damit eine Durchleuchtung der Gesellschaft für wirtschaftliche Interessen. Dies gibt der alten Rede von der Herrschaft der Technokraten neuen Inhalt. Die technisch bedingte Zentralisierung von Macht und die »extreme Verkürzung von Zeithorizonten im Unternehmensmanagement« (Richard Sennett) führen zwar zu einem Anwachsen von Zahl und Bedeutung der Experten, nicht aber, wie Daniel Bell einst meinte, zu ihrer Herrschaft. Im Gegenteil: Die Kommunikations- und Informationsexperten sind zu einer neuen Dienstklasse der Geldelite geworden.

Der 26-jährige Karl Marx hat die Macht des Geldes in seinen *Ökonomisch-philosophischen Manuskripten* von 1844 so umschrieben: »Was durch das *Geld* für mich ist, was ich zahlen, das heißt, was das Geld kaufen kann, das *bin ich*, der Besitzer des Geldes selbst … Die Eigenschaften des Geldes sind meine – seines Besitzers – Eigenschaften und Wesenskräfte. Das, was ich *bin* und *vermag*, ist also keineswegs durch meine Individualität bestimmt. Ich *bin* hässlich, aber ich kann mir die schönste Frau kaufen. Also bin ich nicht *hässlich* … ich bin ein schlechter, unehrlicher, gewissenloser, geistloser Mensch, aber das Geld ist geehrt, also auch sein Besitzer. Das Geld ist das höchste Gut, also ist sein Besitzer gut … ich bin *geistlos*, aber das Geld ist der *wirkliche* Geist aller Dinge, wie sollte sein Besitzer geistlos sein? Zudem kann er sich die geistreichen Leute kaufen, und wer die Macht über die Geistreichen hat, ist der nicht geistreicher als der Geistreiche?«[8]

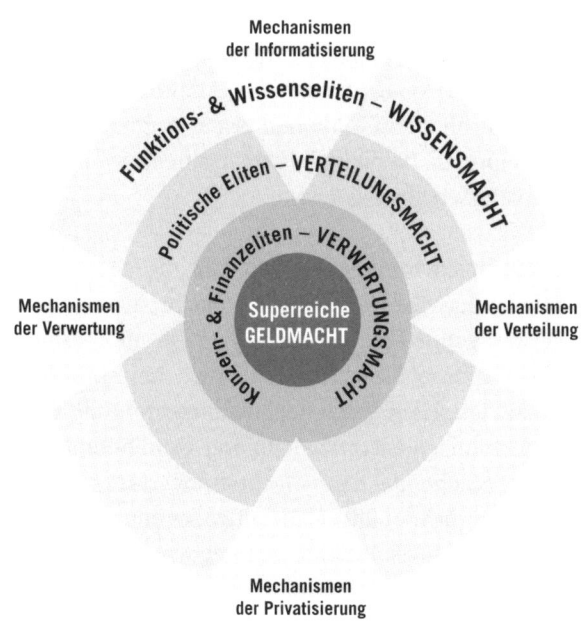

Die Geldeliten, die Eigentümer des großen Geldes, realisieren heute mit Hilfe der neuen Informationstechnologien Geldmacht auf eine für viele immer noch schwer vorstellbare Weise, weltumspannend bis hin zur Möglichkeit eines *financial fascism*.[9] Die alte Regel »Money is what money does« ist die Basis für eine neue Form globaler Souveränität geworden, für die Herrschaft der privatesten der Privaten, übrigens auch in Militärdingen. Umgekehrt ist die kapitalistische Wissens- und Informationsgesellschaft nicht denkbar ohne dieses neue Gravitationszentrum der Geldmacht, den Geldmachtkomplex (GMK). In dessen dunkelster Mitte finden wir eine historisch gewachsene, vernetzte ultrareiche Klientel. Sie ist umgeben von Konzern- und Finanzeliten, die im Dienst und auf Rechnung dieser Klientel ständig neue Möglichkeiten der Kapitalakkumulation erkunden und erfinden – nicht ohne dabei auch kräftig und in ständiger Konkurrenz untereinander an sich selbst zu denken. Ihnen wiederum zur Seite stehen politische Eliten beziehungsweise politische Direktorate beziehungsweise Oligarchien, die gerade in der heutigen Situation mit neuen Umverteilungsmodellen experimentieren, die den gesellschaftlichen Reichtum weiterhin möglichst geräuschlos von unten nach oben transportieren, also ohne den sozialen Konsens allzu sehr zu gefährden. Das alles geht schließlich nicht ohne ein Millionenheer untergeordneter Technokraten und Experten (versiert in analytischen, symbolischen und affektiven Spielarten des Wissens).

Machtelite und Funktionseliten: die Differenz

Wenn heutige gesellschaftliche Macht – Macht, die in der gesamten bisherigen Geschichte Gesellschaft bewegt hat und deshalb immer auch das ganz Andere, die Macht der Utopie, herausforderte – sich tatsächlich zwischen den Polen hochtechnisierter militärischer Gewalt und hochinformatisierter pekuniärer Omnipotenz entlädt, so gibt es nur *eine* Machtelite, denn Macht drängt dazu, sich zu Machtmonopolen zu verdichten und dann entweder alle möglichen Gruppen, die Unterstützungspotential versprechen, zu kooptieren oder eben, zum Beispiel durch Evaluationspraktiken, auszugrenzen. Insofern gibt es durchaus einen Machtkern im Sinne einer herrschenden Klasse, welcher die zentralen Konfigurationen des Militär-Industrie-Komplexes und eben auch des Geldmachtkomplexes bindet und in diesem Sinne vereinheitlicht.

Zugleich aber muss ein solches Kraftfeld, das sich der allgemeinen Arbeitskraft, des Gesamts lebendiger gesellschaftlicher Produktivkräfte bemächtigt, hochgradig differenziert sein und alle möglichen Widersprüche und gegensätzlichen Interessen in sich aufnehmen und austragen. Schon dieses permanente Austarieren und Austragen von Gegensätzen verlangt, dass die Machtelite sich zunächst einmal im Verborgenen organisiert, sozusagen in elitären, privaten Spezialöffentlichkeiten, in denen dann allerdings schon die Gefahr besteht, dass Fach- und Machtidiotentum sich unlösbar miteinander verbinden. Dieser Gefahr des Verkommens sind dann auch die Funktionseliten, jene Mittler zwischen lebendiger allgemeiner Arbeitskraft (die sie auch selbst verkörpern) und exklusiven Machtzonen, ausgesetzt. So vollziehen sich zum Beispiel auch alle Dienstfunktionen der Zuarbeit, der diplomatischen Vermittlung, der direkteren (bis gewaltsamen) Austragung von Konflikten für die Dienstklassen in einer kontaminierten Atmosphäre.

Besonders heikel ist die Situation für die *Funktions*eliten geworden, seit sich der *innere* Kern der Machtelite in der bürgerlichen, in der medialen Öffentlichkeit durch die Intellektualität und Diskurskompetenz der Funktionseliten repräsentieren lassen muss. Denn die Machtelite hat unter den heutigen Bedingungen zunächst einmal alle Hände voll zu tun, ihre eigene Integrität zu organisieren. Während sie sich an den Orten der Wertschöpfung und Wertverteilung nicht in die Karten sehen lassen darf, muss sie an den öffentlichen Orten der Herstellung und Sicherung eines gesellschaftlichen Gesamtkonsenses mit Hilfe der Funktionseliten die Karten so mischen (lassen), dass die Abhängigkeit des Machtkerns vom gesellschaftlichen Gesamtarbeiter nicht zurückverfolgt werden kann und vielmehr im gesellschaftlichen Bewusstsein der umgekehrte Eindruck der Abhängigkeit des Gesamtarbeiters von denjenigen erzeugt wird, welche »die Arbeitsplätze schaffen« oder »gute Taten tun«.

Die Funktionseliten selbst tragen in diesen Machtprozessen eine schwere historische Last: *Privat* sind sie um ihrer sozialen Existenz willen an die Machtelite gefesselt, *öffentlich* sind sie – weil sich in ihren dienenden Funktionen gesellschaftliche, technische, wissenschaftliche, kulturelle und so weiter Arbeitskompetenz entfalten muss – dem gesellschaftlichen Gesamtarbeiter verbunden. So wird auch plausibel, weshalb die berühmten Netzwerke der Macht, wie sie etwa vom Power Structure Research erschlossen werden, ihrerseits brüchig, fluid, also eben historische Gebilde sind.

Verwertungs- und Verteilungseliten

Ein Beispiel für das vernetzte Zusammenwirken von Finanzeliten und politischen Eliten ist die »Rettung« des Versicherungsgiganten American International Group (AIG). Die vom amerikanischen Steuerzahler aufgebrachte Auslösesumme allein für AIG übersteigt 160 Milliarden Dollar. Begründet wurden diese Maßnahmen seitens der US-Zentralbank (Federal Reserve System) und des Finanzministeriums mit dem Argument, dass ein Untätigbleiben der Regierung der gesamten Wirtschaft und den Steuerzahlern noch viel mehr Kosten aufgeladen hätte. In Wirklichkeit waren es aber nur ganz bestimmte Finanzkonzerne und -institutionen, die durch einen Kollaps der AIG real gefährdet worden wären. Wer also genau von den öffentlichen Rettungsaktionen profitierte, bei wem die *Bail-out*-Milliarden landeten, das wurde verschwiegen. Nur einige tief im Wall-Street-Milieu verwurzelte investigative Journalisten wiesen darauf hin, dass hinter der AIG sehr erfahrene Investoren standen, welche die Risiken hätten abschätzen können und die zuvor enorm von ihren Verbindungen zu diesem größten globalen Versicherer profitiert hatten. Diese Investoren hatten überdies im Vorfeld des *Crash* selbst undurchsichtige Rollen gespielt und wären deshalb möglicherweise sogar Schadenersatzklagen ausgesetzt gewesen.

Schon bei der ersten AIG-Rettungsaktion im Herbst 2008 war Goldman Sachs mit zwanzig Milliarden Dollar größter Handelspartner der AIG. Goldman hatte behauptet, dass die bei AIG eingegangenen Risiken durch andere Investitionen ausgeglichen (*hedged*) gewesen seien. »Sicher war aber nur, dass Goldman viele Freunde in der politischen und sonstigen Machthierachie hatte – ein Grund mehr, bei diesem Bail-out so transparent wie möglich vorzuge-hen.«[10] Aber nichts dergleichen geschah. Im Gegenteil, Lloyd Blank-fein, Goldmans CEO, war der einzige Wall-Street-Manager, der sei-nerzeit vom damaligen Chef der New Yorker Federal Reserve, Timothy Geithner, hinzugezogen wurde, um über die ursprüngliche Rettungsaktion zugunsten der AIG zu beraten.

Um das alles zu verstehen, muss man, wie die europäischen Ban-ken selbst, den transatlantischen Blick pflegen: Nächst den Invest-mentbankern kämpfen derzeit die politischen Eliten um ihren Ruf, sofern sie innerhalb des Geldmachtkomplexes (oder in bezug auf ihn) agieren. Präsident Obama war in diesem Sinne eine Hoff-nungsgestalt der politischen Klassen überall auf der Welt. Doch die dunkle, anonyme Seite der Macht hat sich sehr schnell und damit exemplarisch gegen die (illusionären) Hoffnungen auf eine Restitu-ierung der Demokratie durch einen neuen Politikertypus durchge-setzt. »Präsident Obama hat einen enormen Fehler gemacht. Statt die Serienplünderer und ihre Reguliererkomplizen zur Rechen-schaft zu ziehen, möchte er die Obligationen des Finanzsektors durch staatliche Garantien absichern und damit Verbindlichkeiten eingehen, die um ein Mehrfaches größer sind als die US-Wirtschaft insgesamt. Dies ist ein Ponzi-System von Dimensionen weit jenseits der Vorstellungskraft selbst eines Bernie Madoff. Kurz: Die Regie-rung bricht die Marktregeln des Kapitalismus, um die Rücksichtslo-sesten unter den Kapitalisten zu belohnen.«[11]

Wissens- und Informatisierungseliten

Und dann die vielschichtige, differenzierte Gruppe der Experten, Technokraten, Medienleute, Wohlfühlspezialisten: Sie wird künftig das Arsenal der *dirty tricks* ausbauen müssen, schreibt der *Wall-Street-Journal*-Autor Paul B. Farrell. Wenn Wall Street wirklich wie-der an die magischen Honigtöpfe herankommen will, müsse zu-nächst einmal auf Biegen und Brechen die Illusion eines neuen Aufschwungs erzeugt werden. In Washington bestimmen, so Far-rell, rund 40 000 Lobbyisten, nicht etwa die 537 gewählten Abge-ordneten und Senatoren, den Gang der Dinge. Die von diesen Grup-pen und einem Heer von Spezialisten ausgebrüteten »tactics, schemes, scams, hustles, wheelings and dealings« lassen sich aktuell in folgenden Punkten fassen:

1. Blockade aller wirklichen Bewegung und Veränderung
2. keine Wiederbelebung des *Glass-Steagall-Act* (Kontrolle von Spekulationsgeschäften)
3. Aufrechterhaltung der offiziellen Rolle der Rating-Agenturen um jeden Preis
4. Verhinderung beziehungsweise Begrenzung aller Regulierungen den Derivatehandel betreffend
5. die »toxic debts« in einer verstaatlichten »bad bank« abladen
6. öffentliche, aber nur taktische Unterstützung der Begrenzung von Managergehältern
7. Erfindung neuer Schlupflöcher
8. Offenhalten des Personalkarussels zwischen *Securities and Exchange Commission (SEC)* und Wall Street
9. Ausbau (statt Einschränkung) des Lobbysystems
10. vor allem aber Fortsetzung der großen PR-Gehirnwäsche unter der Überschrift: der große Aufschwung steht kurz bevor![12]

Zugleich erhöhen sich bei dem erreichten Professionalisierungsgrad dieser Funktionseliten auch die Möglichkeiten demokratischer Planung sowie die Chancen der Befreiung einer von Machtidioten verhunzten Technik und Wissenschaft und der Bekämpfung sogenannter Innovationen wie der Drohnen-Technologie, welche auf nichts anderes als auf die kommenden Klassenkämpfe in den Metropolen vorbereiten. Man denke an die eingangs erwähnte Studie des Londoner Verteidigungsministeriums.[13]

Jetzt hat im übrigen auch Barack Obama den Zusammenhang von Militär-Industrie-Komplex und Geldmachtkomplex neu definiert: »Im Zuge des Umbaus der Sicherheitsvorkehrungen für die Computernetzwerke der USA hat Präsident Barack Obama eine neue Behörde des Weißen Hauses für *Cyber Security* angekündigt. Diese zivile Behörde ergänzt die Pläne des Pentagon, ein militärisches *Cyberspace-* Kommando zu schaffen. Von regierungsoffizieller Seite hieß es dazu, dass die Vorbereitungen für die offensive und defensive Computerkriegführung beschleunigt würden. Die neue

Behörde des Weißen Hauses ist sowohl dem *National Security Council* [Nationaler Sicherheitsrat der USA] als auch dem *National Economic Council* [Nationaler Wirtschaftsrat der USA] berichtspflichtig. Sie wird ein milliardenschweres Programm koordinieren, dass den Zugang zu Regierungscomputern beschränkt, die Computernetzwerke der Börsen [sic!] und des Bankensystems [sic!] schützt und sich um die Kontrollsysteme der Luftfahrt und viele andere Funktionen kümmert, die modernes Leben erst möglich machen.«[14]

Der französische Soziologe Mattei Dogan, der mit einem ähnlichen Ringmodell arbeitet, hat bezüglich der französischen Elitenkonfiguration die Frage gestellt, ob und wie man diese Gruppen zahlenmäßig fixieren könne. So kann die Zahl der Angehörigen etwa der Wissenseliten je nach Zählperspektive sowohl in bezug auf EU-Europa oder auf ein einzelnes Land jeweils in die Millionen gehen, die Zahl für die politischen Eliten und für die Konzerneliten in die Zehntausende und die Zahl für die Geldelite in die Tausende. Interessant und entscheidend aber ist, dass in einem *Winner-Takes-All*-System das Ranking die entscheidende Rolle spielt und man deshalb zunächst einmal, um diese Gruppen zu analysieren, mit den »obersten Hundert« aus allen Bereichen ganz gut bedient ist.

Für die gegenwärtige europäische Elitenkonfiguration und das Netzwerk der Geldmacht sind einige weitere Fragen von Belang: Wie steht es um die Vererbung von Machtpositionen? Welche Rolle spielt die Bürokratie? Gibt es tatsächlich einen »Eisernen Vorhang« zwischen der Geldelite und den übrigen Eliten? Welche Rolle spielt das Ranking im Geldmachtapparat?

Hinsichtlich der *Vererbungsfrage* kommen alle Untersuchungen zu dem Schluss, dass zwischen Geldmachtpositionen (Kapitaleigentum) einerseits und sonstigen Machtpositionen (Manager, Politiker, Technokraten, Kultureliten) andererseits scharf unterschieden werden muss. Erstere haben ein funktionierendes Regime der Vererbung ihrer Positionen, letztere nicht. Innerhalb der Geldelite spielt dabei sowohl in den USA als auch in Europa »das Phänomen der Verschwägerung eine große Rolle, während eine Verschwägerung zwischen der ökonomischen und der politischen Elite kaum vorkommt«.[15] Diese Tendenz zur Endogamie oder Dynastienbildung nach aristokratischem Vorbild ist ein wesentliches Merkmal des Superreichtums.

In mehreren europäischen Ländern hat eine *bürokratische Elite* die Elitenkonfiguration beeinflusst. In Deutschland war sie maßgeblich am Entstehen des nationalsozialistischen Herrschaftssystems beteiligt, in Frankreich bildet sie in Gestalt der *Enarques* das Rückgrat der Republik. Mattei Dogan spricht sogar von einer »Republik der Mandarine«, da die durch Eliteverwaltungsakademien wie die École nationale d'administration (ENA) geschleusten *Enarques* sich als eine absolute Elite in Macht- und Herrschaftsdingen verstehen. Es ist nicht abwegig zu vermuten, dass ein solches Selbstverständnis auch in den Brüsseler Beamtenapparat transportiert werden könnte.[16]

Entscheidend für ein Verständnis der europäischen Machtelitenkonfiguration aber ist die praktisch unüberbrückbare Mauer zwischen der Geldelite und den übrigen Eliten. Weder Spitzenmanager noch Spitzenbürokraten noch Spitzenpolitiker haben wirklich eine Chance, in diese Kreise integriert zu werden. Denn die Geldelite lebt auf einem anderen Planeten. Dogan: »Unter den hundert reichsten Personen Frankreichs gab es 1987 keinen der Großkapitalisten, den eine politische Karriere in Versuchung geführt hätte, und nur ganz wenige hatten familiale Bindungen zu Politikern. Unter den wichtigen Politikern der neunziger Jahre gibt es einige, die relativ wohlhabend sind, aber keiner gehört zu den 500 reichsten Personen in Frankreich. Und unter den 500 reichsten Unternehmern, die meist auch die reichsten Familien repräsentieren, gibt es nicht mehr als eine Handvoll Absolventen der Ecole Polytechnique. Aus dieser erbarmungslosen Statistik ergibt sich ein tektonischer Bruch, der die kapitalistische Elite von den anderen Elitekategorien trennt.« Das bedeutet aber nicht, dass diese »kapitalistische Elite« nicht »herrscht«. Im Gegenteil: Der Geldadel verwaltet zwar nicht, er treibt keine Politik, und er produziert keine Kultur, aber er lässt verwalten, verteilen, erfinden und denken.[17]

In all dem ist die Rolle des *Ranking* vor allem innerhalb der verschiedenen Dienstklassen von besonderem Interesse. Ranking bestimmt inzwischen ja auch immer mehr die sogenannte Bildungspolitik. Rang drückt sich innerhalb der Elitenringe zunächst einmal in den jeweiligen Vermögens- und Einkommensverhältnissen aus. Das heißt, die ranghöchsten Experten, Politiker und Manager sind auch – cum grano salis und tendenziell – die reichsten. Bemessen aber wird der Rang nach den jeweiligen Funktionen für den Geldmachtapparat. Das Denken in kurzen Fristen der Gewinnmaximierung ist kein neues Phänomen in der Konzernwelt, aber es ist unter dem Konkurrenzdruck der Globalisierung ein entscheidendes Systemmerkmal geworden.

»Ein kompetitiver Markt«, schreibt der Unternehmensberater Eduard García, »erzeugt hinsichtlich der *payoffs* riesige Unterschiede zwischen ›Gewinnern‹ und ›Verlierern‹, ein Winner-takes-all-System entsteht. Wenn so hohe Einsätze vom nächsten Schritt abhängen, werden Unternehmen und Individuen sich schlichtweg auf den Sieg in der nächsten Runde konzentrieren, also kurzfristig denken, was immer an langfristigen Folgen für das Unternehmen dabei herauskommt.«[18]

Genau dieser Mechanismus aber bewirkt, dass diejenigen Individuen oder Gruppen, die erst einmal in die oberen Ränge gelangt sind, immer höhere *payoffs* realisieren, während die übrigen unverhältnismäßig stark zurückfallen. So entstehen in allen Bereichen der Gesellschaft Ranking-Listen, die vom Geldmachtapparat sogar eingefordert werden (siehe Exzellenzwettbewerb der Hochschulen), denn sie deuten auf jeden Fall jeweils auf das beste »Dienstpersonal« in Akkumulationsdingen.

»Man nehme«, so die britische Wirtschaftsjournalistin Diane Coyle, »die Filmindustrie als Beispiel. Zu jedem Zeitpunkt wird es nur ganz wenige Schauspieler geben, die Millionen von Dollars für den Auftritt in einem Film verlangen können. Nur wenige haben einen weltweit bekannten Namen. Schon diejenigen auf dem zweiten Rang verdienen erheblich weniger, und der Rest dieses Berufsstandes findet sich beim Kellnern oder in billigen Werbespots wieder. Die Spannweite der Einkommen ist extrem, die Verteilung gleicht einer außerordentlichen Pyramide mit einer ganz kleinen Spitze und einer ganz breiten Basis.«[19]

Ein neuer Souverän?

Aber auch bei den Superreichen spielt Ranking eine Rolle. Diesem Bedürfnis fühlt sich beispielsweise das *Forbes Magazine* mit seinen bekannten Tabellen verpflichtet und kommt mit immer mediengerechteren Varianten heraus; doch dort geht es immer nur um Geldreichtum. Ted Turners Vorschlag von 1999 (siehe Prolog), neuartige Ranglisten der freigiebigsten Philanthropen einzuführen, hat inzwischen eine gewisse Wirkung entfaltet, etwa in der US-amerikanischen Milliardärsinitiative »The Giving Pledge« von 2010 (siehe Kapitel 4). Aber das alles verblasst noch immer hinter Zahlen wie der, dass es schätzungsweise 25 000 europäische ultra-high-net-worth individuals (UHNWIs) mit einem frei verfügbaren Geldvermögen von mehr als dreißig Millionen Euro gibt. Und weltweit sind es selbst im 26. Jahr der extrem zurückhaltenden Zählungen von *Forbes* nunmehr 1 226 Milliardäre mit einem Gesamtvermögen von 4,6 Billionen Dollar, was zum Beispiel dem Bruttosozialprodukt Deutschlands entspricht.[20] Und das ist nur die Spitze eines formidablen Eisbergs.

Wie diese Personen zusammenwirken, ist weitgehend unerforscht. Die sozialempirische Annäherung an die Geldelite ist schwierig. Die seriöse Forschung – abhängig, wie sie von »Drittmitteln« ist – lässt die Finger davon, so dass es vor allem Journalisten, kleine Teams von Außenseitern oder besessene einzelne sind, die Licht in diese Schicht zu bringen versuchen. Gleichzeitig ist zu beobachten, dass die Vermögenden selbst verstärkt an ihrem öffentlichen Image zu basteln beginnen. So fallen doch ständig Informationen an, die Auskunft über die wirklichen Großverdiener unserer Zeit geben. Besonders einfallsreich und intensiv haben sich – zumindest eine Zeitlang – Rechercheure der britischen Wochenzeitung *Sunday Times* bei der Erforschung der Reichen ihres Landes ins Zeug gelegt. Dabei sind eine Fülle von Ranglisten entstanden: *Die am schnellsten wachsenden Vermögen, Die größten politischen Spender, Die reichsten Frauen, Millionäre aus der Filmbranche, aus Medien und Musikgeschäft, Fußballmillionäre, Goldman-Sachs-Millionäre* und so weiter.

Solche Listen sind inzwischen etwas rarer geworden (was den wachsenden kontrollierenden Einfluss dieser Schichten auf solche

Veröffentlichungen zeigt). Immerhin hat die *Sunday Times* aus ihren Rechercheerfahrungen einige »rules of engagement« formuliert, die selbst schon Licht auf ihren Gegenstand werfen. Hier einige Kernsätze:

1. Der tatsächliche Umfang der Vermögen ist vermutlich viel größer als der ermittelte.
2. Identifizierbares Vermögen umfasst Grund und Boden, Immobilien, Aktieneigentum und auch Rennpferde und Kunst; dagegen kommen Rechercheure an die Bankkonten naturgemäß nicht heran.
3. Manche Reiche machen sich unsichtbar.
4. Viele Individuen wurden reich durch den Verkauf ihrer Unternehmen; hier kann der Wert allenfalls ansatzweise mit Hilfe von Steuerexperten ermittelt werden.
5. Das Gleiche gilt bei Erbschaften.
6. Nicht börsennotierte Privatunternehmen sind in ihrem Wert sehr schwer einzuschätzen.
7. Ähnliches gilt für Stiftungen, die für Familienmitglieder eingerichtet werden.
8. Bei der Einschätzung des Vermögens von Popstars helfen anonym bleibende Experten.
9. Gleiches gilt bei Kunstschätzen.
10. Viele neue, nicht börsennotierte Privatunternehmen lassen sich durch aufwendige Internetrecherchen, die Analyse von Bilanzen und so weiter ausfindig machen.
11. Nützlich ist ein Netzwerk lokaler Korrespondenten, zum Beispiel Verkäufer von Luxusautos.
12. Die Leser der *Sunday Times* sind aufgefordert, Informationen zu liefern.

Auf der *Sunday-Times*-Liste der hundert reichsten Europäer des Jahres 2006 rangierten noch die Gebrüder Karl und Theo Albrecht (Aldi, Deutschland) mit einem Vermögen von 27 Milliarden Euro an der Spitze, gefolgt von Ingvar Kamprad (Ikea, Schweden, 23,5 Milliarden Euro), Lakshmi Mittal (Stahl, Großbritannien, 21,9 Milliarden Euro), Bernard Arnault (Luxusgüter, Frankreich, 18 Milliarden

Euro), Johanna Quandt und Familie (BMW, Deutschland, 17,5 Milliarden Euro) und so weiter. Inzwischen »verlässt« sich wohl auch die *Sunday Times* auf die Listen von *Forbes*, und die eigene Informationsbereitschaft hat erheblich nachgelassen. Unter den zehn reichsten Europäern finden sich 2012 drei russische Oligarchen und ein Ukrainer. Arnault bringt es inzwischen auf ein Vermögen von 31,5 Milliarden Euro, es folgen Amancio Ortega (Zara, Spanien, 27,2 Milliarden Euro), Stefan Persson (H & M, Schweden, 20 Milliarden Euro), Karl Albrecht (Aldi, Deutschland, 19 Milliarden Euro) und so fort. Die meisten Namen aus den alten Listen tauchen in neuer Mischung auf, aber es sind auch neue darunter. Dass bei manchen Verbindungen zum organisierten Verbrechen bestehen, bleibt hochwahrscheinlich.

Vor allem aber das große alte Geld (mit eigenem Vermögensmanagement) bleibt oft ungenannt im dunkeln. Noch immer finden sich außer dem Duke of Westminster und dem Prinzen Hans-Adam von Liechtenstein kaum Aristokraten auf der Hunderter-Liste. Das liegt daran, dass gerade diese tradierten Vermögen sozusagen in den Kellern der Geschichte verborgen werden können. Die britische Regierung begann 2009, den Immobilienbesitz einiger der ältesten und verschwiegensten adligen Familien des Landes unter die Lupe zu nehmen. Angefangen beim Königshaus dürfte es da noch einige Überraschungen geben. Insgesamt aber ist über viele der aufgezählten Personen und Familien – und das wird noch evidenter, wenn man die nächsten 300 oder 400 oder auch tausend hinzunimmt – viel zu wenig bekannt. Sie sind fast unsichtbar, weil das so gewollt wird.

Angesichts solcher enormen auf Individuen und Gruppen zukommenden Geldflüsse interessiert selbstverständlich die neidlose Frage, wie dieses Kapital reinvestiert wird, und zwar nicht nur ökonomisch, sondern eben auch sozial (nicht unbedingt im Sinne von wohltätig), kulturell (nicht unbedingt im Sinne von kulturvoll) und politisch (nicht unbedingt im Sinne von demokratisch). Daraus folgt eine weitere Frage: Wie sind diese superreichen Familiendynastien, Neureichen, Oligarchen, Aristokraten, Mafiosi und so weiter untereinander und mit den Milieus der Verwertung, Verteilung und Informatisierung und auch global vernetzt? Konstituiert sich hier ein neuer Souverän?

Hinsichtlich unserer Region drängt sich hier also doch die Frage auf: Können wir gegenwärtig tatsächlich so etwas wie eine *kapitalismusbasierte High-Tech-Refeudalisierung Europas* beobachten? Think-Tanks, Stiftungen, Business Councils, Eliteuniversitäten und andere Eliteinstitutionen, Clubs und Mikronetzwerke der Macheliten können unter den verschiedensten Gesichtspunkten betrachtet werden (siehe Seite 221 ff.). Ihre ideologieproduzierende Funktion bedarf erheblicher finanzieller Mittel aus dem Geldmachtapparat. Diese Agenturen sortieren, binden und belohnen die intellektuellen Hilfseliten. Außerdem sind sie der Ort, an dem sich die strategisch interessierten Angehörigen der Geldelite direkt und diskret ihre Orientierungen besorgen können. Insofern handelt es sich hier um das Flussnetz des kulturellen und sozialen Kapitals.

Man kann die Geldelite und ihre Höflinge auch durch die Brille von Hofzeitschriften wie *Gala, Patek Philippe Magazine, Credo*[21] und so weiter betrachten. Dabei frappiert die enorme Durchsetzung des europäischen Geldadels mit Aristokraten und Königshäusern. Die Université Tangente (UT)[22], eine kleine Gruppe von Graswurzelforschern oder *watchdogs*, produziert und vertreibt hochkomplexe Grafiken und Karten über globale Herrschafts- und Machtverflechtungen und hat einen spezifischen Blick auf die europäischen Elitennetzwerke und ihr Personal entwickelt. Das Diagramm oder Schaubild ist durchaus idiosynkratisch und kurios, aber es deutet Möglichkeiten der Darstellung von Netzwerken an, die in ständiger Bewegung sind und sich der »normalen« Dingfestmachung entziehen.

Wir haben aus dem abgebildeten Schaubild erstens die von UT für wichtig erachteten Organisationen herausgefiltert und zu einer Liste zusammengestellt. Zu den einzelnen Positionen gibt es kurze Beschreibungen auf einer Website meines Instituts.[23] Zweitens wurden aus diesem Diagramm Personennamen unter dem Stichwort »einflussreiche Europäer« herausgefiltert. Diese Liste ist anderweitig publiziert und erläutert.[24] In beiden Fällen handelt es sich um Informationen aus dem Jahr 2006, die man zum Teil schon wieder unter der Überschrift »sic transit gloria mundi« abheften könnte. Es geht hier aber vor allem ums Darstellungsprinzip, zumal die UT-Gruppe, die sich immer etwas geheimgesellschaftlich verhielt, im Augenblick kaum aktiv ist.

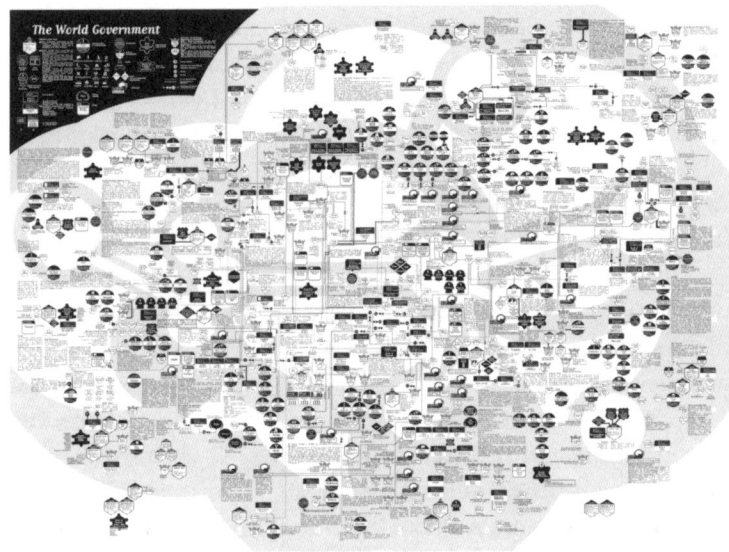

Das Diagramm ist als pdf-Datei im Internet im Detail zu betrachten (siehe Anmerkung 22).

Die europäischen Organisationen, die auf diesem Diagramm auftauchen, sind von den Autoren unterteilt in:

Areas of Free Trade: zum Beispiel Europäischer Wirtschaftsraum (EEA), Euro-mediterrane Partnerschaft (EUROMED), Ostseerat (CBSS), Schwarzmeer-Wirtschaftskooperation (BSEC) und Zentraleuropäische Initiative (CEI).

Clubs/Brotherhoods, Stiftungen: zum Beispiel Club Le Siècle, Legionäre Christi (Legionaries of Christ), Malteserorden (Order of Malta), Opus Dei, Samuel H. Kress Foundation.

Lobbygruppen: zum Beispiel Association Française des Entreprises Privées (AFEP), Royal Commonwealth Society (RCS), Table Ronde des Industriels Européens (ERT), Transatlantic Business Dialogue (TABD), Tüsiad, Union des confédérations de l'industrie et des employeurs d'Europe (UNICE); Mafia.

Research Centers: Adam Smith Institute, British American Project for the Successor Generation (BAP), International Institute of Strategic Studies (IISS), Max-Planck-Gesellschaft (MPG), Mont Pèlerin Society, Royal Institute of International Affairs (RIIA).

Außerdem sind nach Auffassung von UT Banken, Konzerne, Hochschulen und Geheimdienste zu berücksichtigen, wenn man nach den Netzwerken der Macht fahndet.

Rein äußerlich betrachtet ist, wie gesagt, das Besondere am Habitus der europäischen Geldelite und ihres Geldmachtapparats die Renaissance feudaler Muster. Keine andere Region kann in solchem Maße auf derartige *Patterns* zwecks Organisierung elitärer Macht rekurrieren. Diese Muster sind selbstverständlich heute vielfach gebrochen und Teil der virtuellen oder Simulationskultur. Frühmittelalterliche Rollenmodelle und Metaphern beherrschen die Welt der Computerspiele, sie bestimmen aber auch schon seit den Fünfzigern das Selbstbild von Jungmanagern und superreichen Familiendynastien.[25] Es ist beispielsweise der europäische *Hochadel*, welcher der Geldelite und ihren Entouragen die sozial aufgeladenen Tummelplätze verschafft, die für ein »bonding« innerhalb der Oberschicht unerlässlich sind. Schlösser und exklusive Areale sind der Raum für diese Think-Tanks, Stiftungen, Business Councils und andere Eliteinstitutionen, Clubs und Bünde geworden.

Jean Ziegler: »In den letzten Jahrzehnten sind auf der Erde unglaubliche Reichtümer entstanden, der Welthandel hat sich in den letzten zwölf Jahren mehr als verdreifacht, das Welt-Bruttosozialprodukt fast verdoppelt. Zum ersten Mal in der Geschichte der Menschheit ist der objektive Mangel besiegt, und die Utopie des gemeinsamen Glückes wäre materiell möglich. Und gerade jetzt findet eine brutale, massive Refeudalisierung statt. Die neuen Kolonialherren, die multinationalen Konzerne – ich nenne sie Kosmokraten – eignen sich die Reichtümer der Welt an. Diese neue Feudalherrschaft ist tausendmal brutaler als die aristokratische zu Zeiten der Französischen Revolution ... Die Legitimationstheorie der Konzerne ist der Konsensus von Washington. Danach muss weltweit eine vollständige Liberalisierung stattfinden: Alle Güter, alles Kapital und die Dienstleistungsströme in jedem Lebensbereich müssen vollständig privatisiert werden. Nach diesem Konsensus gibt es keine öffentlichen Güter wie Wasser. Auch die Gene der Menschen, der Tiere und Pflanzen werden in Besitz genommen und patentiert. Alles wird dem Prinzip der Profitmaximierung unterworfen. Dabei setzen die Konzerne zwei Massenvernichtungswaffen ein, den Hunger und die Verschuldung. Das Resultat ist absolut fürchterlich ... Diese kannibalische Weltordnung von heute ist das Ende sämtlicher Werte und Institutionen der Aufklärung, unter denen wir bisher gelebt haben, das Ende der Grundwerte, der Menschenrechte. Entweder wird die strukturelle Gewalt der Konzerne gebrochen. Oder die Demokratie, diese Zivilisation, wie sie heute in den 111 Artikeln der UNO-Charta oder im deutschen Grundgesetz fixiert ist, ist vorbei, und der Dschungel kommt.«[26]

Auch der in London lebende amerikanische Soziologe Richard Sennett hat schon vor einigen Jahren in einer grundsätzlichen Kritik gesagt, der moderne Kapitalismus sei in seiner Grundtendenz antidemokratisch. Er führe zu einer weichen Spielart des Faschismus, zu einem *soft fascism*. In modern organisierten Unternehmen werde die Macht von einer immer kleiner werdenden Zahl von Spitzenmanagern ausgeübt. Politische Macht wandere ab in die Finanzsphäre und in die Hände einer neuen Managerklasse, die sehr genau weiß, wie man mit den neuen Strukturen umgeht, und sich in zumeist informellen Netzwerken organisiert. Sennett: »Diese Netze geben Managern heute die Freiheit, Dinge zu tun, die innerhalb der offiziellen Strukturen eines Unternehmens völlig unmöglich wären. Macht entzieht sich in dieser Weise ganz einfach der Wahrnehmung und wird unsichtbar. Die Bürger haben in der politischen Sphäre keinen Platz mehr.«[27]

Zugespitzt formuliert: Die herkömmlichen politischen Systeme als solche werden immer bedeutungsloser. Und auch für die Leistungs- und Wissenseliten und sogar für die Manager wird die Situation immer prekärer. Die Geldeliten verselbständigen sich, sie beginnen im wahrsten Sinne des Wortes, *auf eigene Faust* mit Söldnerarmeen, privaten Polizei- und Geheimdiensten zu operieren. Klimawandel, Ressourcenprobleme und wachsende, unumkehrbare Arbeitslosigkeit deuten auf ein kommendes globales Szenario nackter Überlebenskämpfe. Für eine solche Rette-sich-wer-kann-Welt glauben sich die souveränen, wohlgeschützten Eigner des Besten, was diese Welt zu bieten hat – wie einst die Feudalherren – gut gerüstet. Uns bleibt – wie den britischen Militärstrategen, von denen eingangs die Rede war – im Augenblick nur, die Heraufkunft neuer und neuartiger Klassenkonflikte zu konstatieren. Letztlich aber werden wir nicht umhinkommen, an diesen Konflikten teilzunehmen.

Das europäische Projekt[28]

Es geht im Augenblick nicht nur in den USA, sondern auch bei uns ans Eingemachte des Wirtschaftssystems. Das heißt, es handelt sich nicht um eine politische, sondern um eine ökonomische Krise. Folglich sind nicht nur das Bankensystem, der Blutkreislauf, sondern auch Knochenbau, Muskeln und Organe der Wirtschaft betroffen. In den USA war die Zirkulation des Spezialpersonals – Banker, Manager, Bürokraten, Politiker – schon immer problemloser als bei uns, man denke an den US-amerikanischen Finanzminister Timothy Geithner, der vorher Präsident der Federal Reserve Bank in New York war und sich für die Rettung von AIG einsetzte (siehe Seite 66 f.). Was jetzt in Italien, Griechenland und so weiter an Regierungsumbesetzungen mit Technokraten passiert, ist also an sich nicht überraschend. Es zeigt eben, dass repräsentative Demokratie nur eine der möglichen Herrschaftsformen des Kapitals ist.

Das Spezialpersonal für Geldfragen, die Banker, die jetzt in den Regierungen auftauchen und zentrale öffentliche Funktionen übernehmen, tun im Grunde das Gleiche, was sie immer getan haben: Sie dienen ihren Kunden. Insofern hatte Hilmar Kopper, einst Vorstandsvorsitzender der Deutschen Bank, recht, als er in einer Talkshow sagte, die Banken seien auch nur Opfer statt Täter, denn sie hätten bei ihren Wettgeschäften ja nur im Auftrag ihrer Großkunden gehandelt.

Da muss man nun aber weiterfragen: Wer sind denn eigentlich jene Kunden der Banken, deren Einkommen insbesondere aus Vermögen in den letzten Jahren um das Vielhundertfache gestiegen ist, ganz im Unterschied zu den normalen Einkommensbeziehern und dem Mittelstand? In wessen Auftrag handeln die Banker, wenn's wirklich ans Regieren geht?

Andererseits ist es unwahrscheinlich, dass die Politiker hier und anderswo im Durchschnitt naiv sind. Wer in einer Partei aufsteigt, kommt in Berührung mit den Lobbyisten, den Einflüsterern, passt sich an die Wünsche und Mechanismen der Medien an, die ja bis in den öffentlich-rechtlichen Sektor hinein den ökonomisch Mächtigen gehören oder zumindest genau zuhören. Und in einer Gesellschaft, in der beispielsweise für die maximal fünfzehn Prozent Aktienbesitzer, die wir in Deutschland haben, ständig über Gebühr ausgewalzte Börsennachrichten über den Äther laufen, in der jede politische Entscheidung kaum mit sozialen oder gar ethischen Argumenten begründet wird, sondern nur in Cent, Euro und Prozenten, kann man nicht erwarten, dass Politik letztlich etwas anderes als die diensteifrige Verteilung des Geldkuchens betreibt. Außerdem merkt man auf Schritt und Tritt, wie international vernetzt (trotz aller Konkurrenzkämpfe etwa zwischen Wall Street und Brüssel) das große Kapital ist, wenn schon Deutsche-Bank-Aktien zu fünfzig Prozent in ausländischem Besitz sind und Daimler Benz zu großen Teilen Investoren aus dem Nahen Osten gehört. Also: Mit welchen Karten da gespielt wird, das wissen die entscheidenden Politikerinnen und Politiker genau. Nur können nicht alle genauso gut bluffen wie unsere Kanzlerin.

Die Europäische Union war, wie gesagt, von Anfang an ein ökonomisches Projekt. Natürlich machte man sich bei ihrer Gründung allgemeine politische Stimmungen zunutze. Natürlich wollten die Menschen ungehindert und bequem nach Italien, Spanien, Griechenland reisen. Oder möglichst problemlos bei nördlichen oder westlichen Nachbarn auf Jobsuche gehen. Oder die ungeheure kulturelle Vielfalt

Europas genießen. Und das alles – nach diesen schrecklichen Kriegen – in Frieden. Aber so wie die Technokraten und Bürokraten in Brüssel aufgestellt wurden, so wie die Heere von Lobbyisten es sich dort gemütlich gemacht haben, so wie das Europäische Parlament mit ein paar Machthäppchen abgespeist worden ist, war von vornherein klar, dass Euro-Zone und Europäische Gemeinschaft den ganz großen, längst global vernetzten ökonomischen Interessenten dienen sollten. Und so werden diese großen Vermögen samt deren Mehrern, Beschützern, Rechtfertigern und Minnesängern unter allen möglichen Zukunftsbedingungen – auch bei einem Zerfall der Euro-Zone – ihre Schäfchen ins Trockene bringen.

Revolution, wie jene eingangs zitierte britische Strategiestudie voraussagt, durch Bildungsbürger und Facharbeiter? Die Verhinderer von Revolutionen haben historisch enorm dazugelernt, ihr Arsenal reicht heute von brutaler Waffengewalt, rücksichtslosen Überwachungstechniken bis zu höchst subtilen »weichen« Formen der Machtausübung und Beeinflussungskunst. »Revolutionäre« hinken da aus vielerlei Gründen weit hinterher, nicht zuletzt, was die theoretische Durchdringung dieser Zusammenhänge betrifft. Aber sie beginnen aufzuholen. Da spielt selbstverständlich auch das Internet eine Rolle.

Es ist ein großer Fortschritt, dass sich mit Bewegungen wie Occupy Wall Street und 99 Prozent in den Köpfen von uns allen einige Einsichten festgeschrieben haben, hinter die nicht mehr zurückgefallen werden kann: Erstens die extreme Ungleichheit der Einkommen auf nationaler und dann noch einmal auf globaler Ebene. Zweitens der extreme Einfluss von Geldmacht auf alle Formen der Politik. Drittens der extreme Einfluss, den das Bankensystem, symbolisiert durch Wall Street, im Interesse von einem Prozent der Weltbevölkerung auf alles, was geschieht, ausübt. Eine künftige Revolution wird anders aussehen und anders – hoffentlich friedlicher – enden als alle bisherigen, und sie wird irgendwann tatsächlich ohne Alternative sein, weil kapitalistisches Eigentum sich selbst verschlungen hat und weil niemand mehr hingeht, wenn der Kapitalismus ruft.

3   Das private Imperium

Mit dreißig Billionen Dollar lässt sich schon ein privates Imperium »an sich«, wenn auch noch keines »für sich« errichten. Das heißt, die Möglichkeit eines solchen Imperiums ist objektiv gegeben, seine »Herrscher« aber sind sich dieser Möglichkeit noch nicht vollkommen bewusst. Aber die Dinge spitzen sich zu: »Die Reichen der Welt haben Finanzvermögen von 21 bis 32 Billionen Dollar in Steueroasen gebunkert. Das entspricht mehr als dem gesamten Bruttoinlandsprodukt der USA.«

Der Leiter dieser Studie des »Tax Justice Network«, James Henry, früherer Chefvolkswirt der Unternehmensberatung McKinsey und Experte für Steueroasen, »bezeichnete die dem Fiskus entzogenen Privatvermögen als ›großes schwarzes Loch in der Weltwirtschaft‹ ... Die Studie verwendet Daten der Weltbank, des Internationalen Währungsfonds (IWF), der Vereinten Nationen und der Zentralbanken. Untersucht wurden nur Finanzvermögen. Nicht berücksichtigt wurde Sachvermögen wie Immobilienbesitz im Ausland, Goldbestände oder Luxusyachten, die unter der Flagge von Steueroasen fahren. Längst nicht alle dieser sogenannten Offshore-Vermögen haben mit illegaler Steuerhinterziehung zu tun. In vielen Staaten lassen sich Steuern auch ganz legal vermeiden, indem man sein Vermögen in Steueroasen verschiebt ... In zahlreichen Entwicklungsländern ist das Offshore-Vermögen der Bürger sogar größer als die gesamte Staatsverschuldung ... Insgesamt rund zehn Millionen Menschen halten laut Henry zumindest Teile ihres Vermögens außerhalb ihres Heimatlands. Wirklich relevant ist dabei aber nur eine wesentlich kleinere Gruppe: Henry schätzt, dass rund die Hälfte des in Steueroasen gebunkerten Vermögens rund hunderttausend Superreichen gehört ...

Zu den Nebeneffekten der Steuerflucht gehört auch, dass sie die Vermögenskonzentration in den Staaten, aus denen das Geld stammt, geringer erscheinen lassen, als sie wirklich ist. Denn die außer Landes geschafften Vermögensteile dürften zum Großteil den oberen Zehntausend einer Gesellschaft gehören, fließen aber in die Berechnung der Vermögenskonzentration nicht mit ein. Inklusive Offshore-Vermögen ist der Wohlstand der Welt also noch ungleicher verteilt, als es ohnehin den Anschein hat.«[1]

»An sich« und »für sich«

Wie die Armen leben und wie die Mittelschichten, das wissen die Sozialwissenschaften und wir alle recht gut, denn das ist unsere Welt. Wir meinen auch zu wissen, wie die Reichen leben, und liegen dabei wohl auch gar nicht falsch, denn die unterscheiden sich von uns im wesentlichen nur durch Vermögenshöhen. Seit einiger Zeit liefern »Vermögensforscher« denn auch empirische Ergebnisse über Ansichten, Lebensentwürfe und Verhaltensweisen, die ob ihrer Durchschnittlichkeit keineswegs überraschen.[2] Und was sonst noch über diese Schichten zu wissen wäre, vermittelt uns die Glitzerwelt der einschlägig spezialisierten Medien.

Doch diese Glitzerwelt ist auch eine Nebelwand. Sie verschleiert eine Dimension unserer Weltgesellschaft, die nicht von den Reichen, dem einen (oder auch den zehn) Prozent der Weltbevölkerung, sondern vom letzten Zehntelprozent, von den *Superreichen*, bewohnt ist. Diese Schicht kommt erst seit kurzem wieder gesondert ins Gespräch. In ihrem sozialen Fundus jenseits aller Grenzen konzentriert sich alles, was wir so kennen und haben und haben wollen, auf eine ganz besondere, schwer vorstellbare Weise und in der neuartigen Form einer globalen Reichtumskultur: Richistan. Dieses Schattenreich der Milliardäre ist kein Mysterium. Und doch gibt es vieles, was wir darüber noch nicht wissen. Auch sind sich die Sozialwissenschaftler über die hier anzuwendenden Theorien und Forschungsmethoden nicht einig, so dass eine experimentierende, tastende und spielerische Annäherung an dieses Phänomen gestattet ist.

Die Grundlagen des Lebens in Richistan sind einfach. Nichts anderes passiert dort, als dass alles Geld dieser Welt wie in ein schwarzes Loch gesogen wird – wobei diese gewaltigen quantitativen Vorgänge uns zwingen, verschärft darüber nachzudenken, was Geld eigentlich ist (davon später). Auf jeden Fall bedeutet Geld Macht. Und in einer neuen historischen Qualität setzt sich mit diesen Konzentrationsprozessen ein altes, längst überwunden geglaubtes Prinzip der Evolution durch, das Prinzip »Winner takes all!«. So verwundert es nicht, dass schon von der »Davos-Klasse«, von einer »Superklasse«, von »Kosmokratie« und so weiter geredet wird. Zunächst aber interessieren die Besitzer ultimativer Geldmacht einfach nur als eine diffuse, vielfältige und vielschichtige Gruppe im Zentrum der heutigen Weltgesellschaft. Dabei ist die Selektion, der Aufstieg dieser Gewinner, unserer Milliardäre also, unter den Bedingungen der Globalisierung und der Postmoderne (davon später) ein fast beliebiger Vorgang geworden. Es sind Menschen wie du und ich, die, wenn auch auf ungewöhnlichen Wegen, zu Geldmächtigen wurden und werden. So mag man durchaus zu dem Schluss kommen, dass es da oben zwar ein wenig nebulös, aber allemal ungefährlich zugeht, dass wir schon ungefähr wissen, wie die Bewohner Richistans ticken.

Doch niemand tickt allein so vor sich hin. Auch die Superreichen werden selbstverständlich durch die Strukturen, in denen sie stecken, getaktet. Ultimative Geldmacht, das ist im Folgenden die These, verändert »ganz normale« Ansichten, Lebensentwürfe und Verhaltensweisen zutiefst. Und Geldmacht ist eine imperiale Struktur. So werden Milliardäre, ob wir oder sie es wollen oder nicht, eine Klasse für sich. Die Frage ist also: Was macht unbegrenzter Reichtum aus ihnen, aus uns? Intellektuelle haben zu allen Zeiten dieser Frage nachgespürt, sich für diese Problematik sensibilisiert; sind in die Beratung und Betreuung dieser Kreise eingestiegen; sind dabei eingefangen und korrumpiert worden; sind untergegangen oder haben begonnen, die imperialen Strukturen und die Handlungen der »imperial Strukturierten« zu analysieren und zu bekämpfen. Und schließlich ist in diesen Kämpfen für das heutige (oder vielleicht auch nur für das gestrige) Imperium der Milliardäre eine Kategorie gefunden worden: Kapital.

Zunächst waren es auch hier die »Banker«, die auffielen, vor allem jene, die mit der Verschuldung der Fürsten und des absolutistischen Staates Geschäfte machten, jene eben auch, denen die Aristokraten und die Großbürger keine anderen Betätigungsfelder auf höherer Ebene als die Finanzmärkte zugestanden. Heinrich Heine schrieb um 1840, »das Staatspapierensystem« gewähre Menschen wie den damaligen Herrschern der Finanzwelt, den Rothschilds, »die Freiheit, jeden beliebigen Aufenthalt zu wählen, überall können sie von den Zinsen ihrer Staatspapiere, ihres portativen Vermögens, geschäftslos leben, und sie ziehen sich zusammen und bilden die eigentliche Macht der Hauptstädte«.[3] Und doch waren diese weltläufigen, kosmopolitischen Banker nur eine Hilfselite, eine Vorhut, die sich schützend um die neu entstehende Klasse der Kapitalisten stellen konnte.

Und dann kamen auf einer breiten Woge geographisch und geistig beweglicher Frührevolutionäre Karl Marx und Friedrich Engels und schrieben das *Kommunistische Manifest* und *Das Kapital* und experimentierten mit revolutionär neuartigen Formen der Erforschung von monetär fundierten Macht- und Herrschaftsstrukturen. »Man kann«, schrieb Engels spät in seinem Leben, »ganz gut selbst Börsianer und zu gleicher Zeit Sozialist sein und deshalb die *Klasse* der Börsianer hassen und verachten. Wird es mir je einfallen, mich zu entschuldigen dafür, dass ich einmal Mitinhaber einer Fabrik gewesen bin? Der sollte schön ankommen, der mir das vorwerfen wollte. Und wenn ich sicher wäre, an der Börse morgen eine Million profitieren zu können und damit der Partei in Europa und Amerika Mittel in großem Maß zur Verfügung zu stellen, ich ging sofort an die Börse.«[4]

Die Erforschung von Macht und Herrschaft ist seit der Erfindung des marxistischen Ansatzes eingebunden in das reale, jede und jeden von uns berührende praktische Herrschaftsgeschehen und deshalb den seltsamsten Konjunkturschwankungen unterworfen. Das heißt zum Beispiel: gerade wenn's in der Praxis interessant wird und Kräfteverhältnisse sich ändern, ziehen sich die Sozialwissenschaften in subtilste Reflexionswinkel zurück in der ja nicht falschen Einschätzung, dass in zugespitzten Konfliktsituationen eher

Polizei, Geheimdienste oder das Militär gefragt sind als Soziologen. Aber das Erkenntnisinteresse verschwindet selbstredend nicht einfach, wenn die akademischen Spezialisten das Weite suchen. Die Fragen nach Macht und Geldmacht werden, mehr oder weniger wissenschaftlich, weiter bearbeitet, Graswurzelforschung, investigativer Journalismus und so weiter springen ein. So war es um 1900, in der Zeit eines ersten großen Schubs kapitalistischer Herrschaft. Und so ist es heute wieder.

Neu ist allerdings, dass die Fragen wie: »wer – wen«, »wer mit wem«, »wer ohne wen« im Internet einen Bewegungsraum gefunden haben, der unserer Zeit eigen und angemessen ist. Denn es ist die Zeit der Globalisierung und Postmodernisierung (später mehr). Dumpfes und Helles, Verschwörerisches und Analytisches, Erahntes und Genaues durchwehen die sozialen Netze, die Wissenschaftsnetze, die Finanznetze, die Inter- und Intranets der Konzerne, Regierungen, Think-Tanks und so weiter. Und was in diesen Netzen kommuniziert wird, unterfüttert wiederum Nachrichtensendungen, Talkshows, Dokumentarfilme, fast jede Lektüre, ob Zeitung oder Thriller, fast jedes private Gespräch, das die öffentliche Sphäre berührt ...

Und das alles verdichtet sich zu einem ganz neuen, netzgestützten massenhaften Umgang mit den großen Macht- und Herrschaftsthemen unserer Zeit. Unter dem Druck der Folgen der universalen Dekolonisation (Fredric Jameson) steht dem Imperium der Milliardäre eine zunehmend strukturierte Masse einzelner Subjekte – eine »Multitude« – gegenüber, die ihre Fähigkeiten des Reflektierens und Sprechens über die neuen Formen postkolonialer Unterdrückung und Herrschaft ausbildet und immer klarer den Widerstand probt. Dabei geht es längst nicht mehr um politische Kritik, sondern um den radikalen Umbau des gesamten ökonomischen Systems, um die Transformation des Kapitalismus als solchem. Alte Gegensätze wie die zwischen Sozialismus und Kommunismus, zwischen Träumen der Perfektionierung des Kapitalismus und Visionen des Umschlags in eine radikal andere gesellschaftliche Realität heben einander auf. Das Unerwartete ist schon da. Wobei der eine Aspekt der wichtigste ist: Wir haben heute tatsächlich erstmals in der Geschichte des Macht- und Herrschaftshandelns einen Zustand erreicht, der es

»im Prinzip« allen Menschen ermöglicht, sich die Freiheit zu nehmen.

Damit haben nun auch die Milliardäre (die ihren Superreichtum im Dschungel des Kapitalismus erworben haben) die Freiheit, den Kapitalismus zu überwinden. Aber nicht so eilig. Das wird eine kritische Zeit. Es steht uns einiges bevor, bis die angedeuteten Kräfte wirksam werden können. Doch es lässt sich nicht mehr von der Hand weisen: Kapitalismus als ein System wird selbst für Kapitalisten immer weniger attraktiv.[5]

Empire und Biopolitik

Im Jahre 2000 erschien in den USA ein Buch mit dem schlichten Titel *Empire*[6]. Es verstand sich selbst als ein Kommunistisches Manifest für das 21. Jahrhundert und regte in der Tat unter den linken Intellektuellen weltweit heftige Diskussionen an. Zwar waren die Autoren, der damals 65-jährige Antonio Negri und sein 35 Jahre jüngerer Koautor Michael Hardt, von ihrer wissenschaftlichen Statur nicht mit dem jungen Marx und dem jungen Engels von 1848 zu vergleichen. Doch sie konnten immerhin auf eine 150-jährige Tradition der Entfaltung und Anwendung der marxistischen Theorie zurückgreifen und machten davon intelligenten und originären Gebrauch. So entstand mit *Empire* ein System-Modell unserer »postmodernen« Weltgesellschaft, das für unsere Wanderungen durch die Aktionsfelder globaler Machteliten als Wanderkarte dienen kann.

Empire hob keineswegs allein auf die Dominanz eines US-amerikanischen Imperiums ab, von der damals viele konservative Amerikaner fabulierten. Nein, die beiden Autoren wollten sich ein Bild von einer entstehenden globalen Kommandostruktur höchst widersprüchlicher und konfliktreicher Interessen und Kräfte machen. Diesem Buch über globale Elitenherrschaft folgte ein zweites über die beherrschten globalen Massen – *Multitude* – und ein drittes, *Common Wealth*, das Alternativen zum Privateigentum an Produktionsmitteln erkundet.[7] Vieles in diesen Büchern ist übermäßig abstrakt und schematisch. Aber Antonio Negri konnte einen interessanten, in der italienischen Linken ausgebildeten Diskussionsstrang nutzen, an dem er maßgeblich beteiligt war – den Operaismus (operare = arbeiten). Diese Denktradition hebt die entscheidende Bedeutung der lebendigen menschlichen Arbeitskraft, ihre revolutionäre Dynamik hervor. In diesem Sinne nehmen die Autoren auch das Konzept der »Biopolitik« auf, verstehen es aber nicht nur, wie Michel Foucault[8], als ein »Fine-Tuning« der biologisch-politischen Struktur einer Bevölkerung im Interesse der jeweiligen Machteliten, beispielsweise durch gesundheitspolitische Maßnahmen oder durch die Manipulation des Gesundheitsverhaltens. Letztlich geht es bei Hardt und Negri vielmehr um eine Versöhnung der digitalen Revolution mit der lebendigen Arbeitskraft, um die Freisetzung eines daraus erwachsenden neuen Lebensgefühls und Wissensstils.

Die Erschließung des Cyberspace war eben nicht nur eine »dritte große neuartige und weltweite Expansion des Kapitalismus«[9], sondern hier öffnet sich ein durch menschliche Arbeitskraft geschaffener und eroberter Raum, der diesem »Motor der Geschichte« zugleich neue Entfaltungsmöglichkeiten bietet. Und in diesem Geiste entwarfen Hardt und Negri auch ihr seltsames Modell eines zeit- und raumüberwindenden Imperiums: »Das imperiale Paradigma stellt sich zugleich als ein System und als eine Hierarchie dar, als ein zentralisiertes Normengerüst und als umfassendes Erzeugen von Legitimität, die sich über den globalen Raum legen.«[10] – »Das Empire entsteht heute als Zentrum, das die Globalisierung von Netzwerken der Produktion trägt und ein Netz der Inklusion einsetzt, um möglichst alle Machtbeziehungen innerhalb der neuen Weltordnung einzufassen. Zur gleichen Zeit setzt es Polizeimacht gegen die neuen Barbaren und die rebellischen Sklaven ein, die diese Ordnung bedrohen.«[11] – »Die Konstitution des Empire nimmt weder auf der Grundlage von Verträgen oder Abkommen noch durch irgendwelche föderativen Mechanismen Gestalt an. Der Ursprung der imperialen Normativität ist ein neuer Apparat, ein ökonomisch-industriell-kommunikativer Apparat.«[12]

Wie gesagt, es ging in diesem ersten Buch der Trilogie, *Empire*, um ein Modell einer globalen Herrschaftsstruktur. Die Dynamik der Volksmassen und die Frage nach alternativen Eigentums- und Verteilungsformen wurden später, wenn auch nicht so überzeugend, in

Vereinigtes Global-Kommando
Supermacht USA, ausgewählte Nationalstaaten (G8),
Clubs von London, Paris, Davos etc.,
heterogenes Netz weiterer Organisationen

Netzwerk transnationaler kapitalistischer Konzerne
Kapital-, Technologie- und Bevölkerungsflüsse,
Nationalstaaten allgemein,
lokal und territorial operierende Organisationen

Mechanismen der Repräsentation
Politische Systeme der Nationalstaaten,
UNO & NROs,
das »globale Volk«,
»MULTITUDE«

Multitude und in *Common Wealth* behandelt. Bis heute aber lässt sich an der Grundstruktur dieses *Empire*-Modells, an dieser Pyramide einer globalen Grundstruktur wenig aussetzen: Die oberste Ebene (*unified global command*) konstituieren mehr oder weniger die Supermacht USA und einige weitere mächtige Nationalstaaten, verschiedene »Clubs« wie der Pariser oder Londoner Club, das World Economic Forum sowie weitere globale Steuerungsinstitutionen. Auf der mittleren Ebene – mit wachsender Macht (siehe Seite 100 ff.) – formieren sich die transnationalen Konzerne: Sie organisieren in zunehmendem Maße selbst die Kapitalflüsse, technologischen Entwicklungen und Bevölkerungsbewegungen beziehungsweise »teilen« sich diese Aufgaben mit einer größeren Gruppe von Nationalstaaten sowie vielfältigen lokalen und regionalen Organisationen. Die unterste Ebene dieser »postmodernen« Weltordnung bilden die (weitgehend noch nationalstaatlichen, parlamentarischen) Mechanismen der Repräsentation der Interessen des globalen Volkes, dann aber auch schon transnationale Organisationsformen der Multitude: die Vereinten Nationen, Nichtregierungsorganisationen und vielfältige Basisbewegungen, Initiativen und so weiter.

Auf jene untere Ebene der Repräsentationsmechanismen bezogen, finden sich bei Hardt und Negri dann ansatzweise Hinweise, Spekulationen darüber, wie die lebendige Kraft (*vital force*) der Volksmassen sich mittels Parlamenten, Organisationen und Bewegungen auch in eine Basis für »Biopolitik von unten« verwandeln kann: »Nein, wir sind keine Anarchisten, sondern Kommunisten, die gesehen haben, wie viel Repression und Zerstörung von Humanität von liberalen und sozialistischen allgegenwärtigen Staaten ausging. Und wir haben gesehen, wie all dies Eingang ins *Empire* fand, und zwar gerade in dem Moment, da die Zyklen produktiver Kooperation die *Arbeitskraft* insgesamt in die Lage versetzten, sich selbst an Stelle einer Regierung zu konstituieren.«[13] – »Was Marx für die Zukunft voraussagte, erleben wir heute. Diese radikale Veränderung von Arbeitskraft und die Einbeziehung von Wissenschaft, Kommunikation und Sprache in die *Produktivkräfte* haben die gesamte Phänomenologie der Arbeit und den weltweiten Horizont der Produktion neu definiert.«[14] – »Das *Recht auf Wiederaneignung* meint zuallererst das Recht auf Wiederaneignung der *Produktionsmittel*. Die Menge benutzt nicht nur Maschinen zur Produktion, sondern wird auch selbst zunehmend zu einer Art Maschine, da die Produktionsmittel immer stärker in die Köpfe und Körper der Menge integriert sind. In diesem Zusammenhang bedeutet Wiederaneignung, freien Zugang zu und Kontrolle über Wissen, Information, Kommunikation und Affekte zu haben – denn dies sind einige der wichtigsten biopolitischen Produktionsmittel.«[15]

Doch in dem Imperium, das uns im Folgenden interessiert, herrscht Biopolitik von oben. Und auch hier geht die von den Realitäten angeregte Phantasie längst weit über das hinaus, was bei Foucault erschlossen oder bei Hardt und Negri abstrakt angedacht war. Ein Beispiel: Gleichzeitig mit *Empire* erschien damals die satirische Novelle *Le Rapport Lugano* (*Der Lugano-Report*)[16]. Geschrieben hatte sie die Vizepräsidentin von Attac France, Susan George. Auch dieses Buch schlug hohe Wellen. Es ist im wesentlichen der Bericht einer fiktiven Expertengruppe, die im Auftrag einiger der mächtigsten

Männer der Welt die Frage untersucht, wie sich der Kapitalismus, nachdem seine Vorteile unabweisbar versiegen, im 21. Jahrhundert noch absichern lässt.

Und so geht die Story: Die Finanzmärkte, so die »Experten«, stünden vor dem Zusammenbruch, die Umwelt drohe zu kollabieren. Der globale Kapitalismus sei wohl nur noch zu retten, wenn die Weltbevölkerung auf vier Milliarden Menschen reduziert werde. »Da die Genozidsysteme der Vergangenheit zu primitiv, kostspielig und ineffizient waren, muss eine andere Lösung her. Die moderne Opferselektion soll nach Kriterien wie Inkompetenz, Armut und Faulheit, kurz: Verlierertum erfolgen. Kriege und Seuchen müssen den Vernichtungsprozess beschleunigen.«[17] Das Hungerproblem der Dritten Welt dürfe nicht beseitigt, sondern müsse gefördert werden. »Um die Akzeptanz einer genuinen Bevölkerungskontrolle zu erhöhen, müssen wir ein neues Denk- und Meinungsklima verbreiten. Ein Klima, das nicht mehr vom Dogma grenzenloser individueller Freiheit geprägt ist, das die Menschenrechte als zentrales Anliegen aufgegeben hat. Wir empfehlen unseren Auftraggebern daher dringendst, ein Korps von Theoretikern, Schriftstellern, Lehrern und Kommunikationsexperten zu schaffen und zu finanzieren, das in der Lage ist, Konzepte, Argumente und Bilder zu entwickeln. Wir gehen davon aus, dass unsere Auftraggeber kaum Schwierigkeiten haben dürften, ein solches Korps ›ideologischer Legionäre‹ aufzustellen, da sie ohne Zweifel enge Kontakte zu den Führern der aktuell expandierenden globalen Medienkonglomerate und transnationalen Unternehmen pflegen, die über die nötigen ›geistig-ideologischen Lautsprecher‹ zur Verbreitung der neuen Ideen verfügen. Im Rahmen des ›Kampfs um die Herzen und Köpfe‹ der Menschen können auch gruppen- oder individualpsychologische Ansätze dazu beitragen, ein feindseliges Klima zwischen den verschiedenen Bevölkerungsgruppen zu erzeugen, was dem Ziel einer drastischen Bevölkerungsreduktion nur dienlich sein kann. Vor dem Hintergrund wachsender rassistischer Tendenzen ließen sich der Hass und die schwelenden Konflikte zwischen den einzelnen Gruppen durch gezielte Provokationen weiter verstärken. Dies würde unweigerlich zu erhöhter Gewaltbereitschaft führen, was unserem Projekt nur förderlich sein kann. Führungspersönlichkeiten, die weiterhin am universalistischen Ziel einer gruppenintegrativen Solidargemeinschaft von Staatsbürgern festhalten, müssen als Person um jede Glaubwürdigkeit gebracht werden.«[18]

Das war eine politische Satire, oder? Biopolitik ist im übrigen immer im Spiel, selbst bei jenem viel publizierten *Secret Meeting of Billionaires* in New York im Jahre 2009, das eine Gruppe zusammenbrachte, die sicher zu den »liberalen«, »sozialen«, sogar »progressiven« Vertretern ihres Standes gehören. Auf Einladung von Bill Gates und Warren Buffett hatten sich ein Dutzend der reichsten Leute dieser Welt an der Rockefeller University getroffen. Dabei waren so bekannte Philanthropen wie New Yorks Bürgermeister Michael Bloomberg, George Soros, Eli Broad, Oprah Winfrey, David Rockefeller sen. und Ted Turner. Zwar weigerten sich die Teilnehmer standfest, den Inhalt ihrer Diskussionen preiszugeben. Doch kam immerhin heraus, dass es nicht nur um die globale Rezession und um die Rolle der Philanthropie ging, sondern auch um Möglichkeiten der Verringerung der Weltbevölkerung.[19]

Plutokratie?

Imperien haben eine seltsame Eigenschaft: Je mehr sie sich ausprägen, je komplexer ihre Strukturen werden, um so mehr gärt es auch in ihnen. Und so ist es nicht von der Hand zu weisen, dass die Revolution in diesem postmodernen, ent-temporalisierten und ent-territorialisierten Imperium des Kapitals längst ausgebrochen ist, und zwar als eine Revolution *an sich*, die noch danach sucht, eine Revolution *für sich* zu werden. Was Wunder dann auch, dass sich in der einen herrschenden Klasse des Kapitals, nach dem Bewegungsgesetz aller Imperien, unendlich viele Fraktionen gebildet haben, Fraktionen des *jeder für sich*. Und gerade auch die in jedem einzelnen der wenigen tausend Milliardäre auf diesem Planeten konzentrierte Geldmacht (mit ihrer Megalomanie erzeugenden Wirkung) hat unter ihnen und in ihren Kohorten interessante Differenzierungsprozesse hervorgerufen. Ein Signal, dass so etwas geschieht, ist das Wiederaufleben des Schlagworts von der Plutokratie. Angesichts der Geschichte dieses Begriffs in der deutschen politischen Geschichte mit seinen nicht zuletzt antisemitischen Untertönen wird er hierzulande verständlicherweise gemieden, obgleich er in den USA inzwischen in jedem Diskurs über die Krise der Demokratie als deren dunkler Widerpart mitschwingt.

The American Interest heißt eine amerikanische Vierteljahreszeitschrift, die 2005 von einer Reihe von eher konservativen Intellektuellen wie Francis Fukuyama gegründet wurde, um sich gegen die Außenpolitik der Bush-Regierung zu wenden, in direkter Konkurrenz zum etablierten *The National Interest* des Nixon-Center. Inzwischen ist die Zeitschrift gut vernetzt mit liberalen, den Demokraten nahestehenden Think-Tanks, Stiftungen und individuellen Philanthropen. Die erste Ausgabe des Jahres 2011[20] stand unter dem Titel »Ertränken Plutokraten unsere Republik?« (Are Plutocrats Drowning Our Republic?). Dass in diesen Kreisen überhaupt das Schlagwort von der Plutokratie auftaucht, ist bemerkenswert und deutet auf eine Stimmung, die sich unter vielen Establishment-Intellektuellen weltweit auszubreiten scheint. Dabei spielt die Reflexion auf frühere tiefe Umwälzungsphasen des Kapitalismus, insbesondere die plutokratische Krise um 1900, eine wichtige Rolle. Und oft ähnelt das Herangehen ans Problem dem Erwachen aus einem Traum.

Man müsse selbstredend, schreibt beispielsweise der Chefredakteur von *The American Interest* in seinem Editorial, von dem alten Gegensatz zwischen der in jeder Marktökonomie entstehenden Ungleichheit und dem in der politischen Kultur der USA verankerten Prinzip der Gleichheit ausgehen. Er verweist auf die amerikanische Verfassung, auf Sätze wie den von John Adams: »Geschäfte erzeugen Geld, Geld Luxus, und alle drei passen nicht zu Republikanern.« (Commerce produces money, money Luxury, and all three are incompatible with Republicans.) Erinnert wird an die Kolonialzeit mit ihren ausgeprägten Ungleichheiten zwischen Großgrundbesitzern, armen Immigranten, eingekauften (indentured) Arbeitskräften, Sklaven – ganz zu schweigen von den Ureinwohnern. Mit der Industrialisierung erwuchs aus all dem das Goldene Zeitalter der Räuberbarone, dessen Auswirkungen noch hinter der Finanzkrise der 1920er und 1930er Jahre steckten und schließlich die Gegenmaßnahmen des New Deal herausforderten. Und wie ist es heute?

Schon vor dem Platzen der Blase 2008 erschienen zu unserem Thema Bücher von Kevin Phillips, Robert Reich, Sheldon Wolin, Robert Kaiser und Dutzenden anderen.[21] Der altgediente Leitartikler der *New York Times*, William Pfaff schrieb 2009 einen vielbeachteten Essay mit dem Titel »The United States of Plutocracy«. Heute wird an den Universitäten wieder C. Wright Mills gelesen, der Autor des soziologischen Weltbestsellers *The Power Elite* (1956). Bill Moyers, der bekannte Radio- und Fernsehmoderator (und frühere Pressesprecher von Präsident Lyndon Johnson) produziert Sendungen unter Titeln wie *Plutocracy and Democracy Don't Mix* oder *Meet the Shameless Plutocrats Choking What's Left of Our Democracy* (2012).

Aber die Plutokraten wehren sich. So schlug die Großbank Citigroup mit großem Pomp das Schlagwort *Plutonomie* vor, um dem System, in welchem die Reichen dank einer marktfreundlichen Regierung immer reicher werden dürfen, einen würdigen Namen zu geben. Und seit Bill Gates und Warren Buffett unter gleichgesinnten Milliardären die Aktion einer *Giving Pledge* (später mehr) initiierten, gab es aus den Kreisen der »zornigen Plutokraten« Spott und Hohn. Nicht nur Linke, auch viele von der anderen Seite hielten das Ganze für reine Publicity-Sucht. Das von Gates und seinen Freunden verkündete neue goldene Zeitalter der Philanthropie sei ja nur denkbar, weil man dieser unglaublichen Konzentration von Reichtum überhaupt freien Lauf gelassen habe.

Und dann kommt von den Establishment-Intellektuellen das bemerkenswerte Eingeständnis, dass die amerikanischen Sozialwissenschaften eigentlich bis heute kein gutes Erklärungsmodell für diese Problematik haben. »Es gibt genug Polemik, von trotzkistischen Schreihälsen bis zu beschwichtigenden, aber wenig überzeugenden Beteuerungen, dass freie Märkte und demokratische Politik einander immer gegenseitig stärken. Es gibt Forschungsinseln zu bestimmten Aspekten des Themas, zum Beispiel zur Zirkulation der Eliten und zu sozialer Mobilität im allgemeinen. Es gibt auch Datenberge zur Einkommensungleichheit, ohne dass sich daraus Einsichten oder gar ein Konsens über die Signifikanz dieser Zahlen ergeben. Da eine allgemeine Theorie oder ein Modell der Plutokratie fehlt, besteht noch nicht einmal Konsens darüber, was wir überhaupt wissen wollen.«[22]

Abtrünnige Schüler des neoliberalen Gurus Milton Friedman gehen noch weiter: »Der Fortschritt der ökonomischen Wissenschaften ist ernsthaft beschädigt worden. Man kann nichts von dem mehr glauben, was sie absondern. Nicht ein Wort. Es ist alles Unsinn, den kommende Generationen von Ökonomen immer wieder nachbeten müssen. Das meiste, was in den führenden ökonomischen Zeitschriften erscheint, ist Müll. Ich finde das unglaublich traurig. Alle meine lieben Freunde in den Wirtschaftswissenschaften haben ihre Zeit vergeudet. Dabei ist das, was sie tun, anstrengend, schwierig und verlangt viel Energie wie die Lösung schwieriger Schachprobleme. Aber als Wissenschaft wertlos.«[23]

Und derart von aller Wissenschaft verlassen, verschlingt der Präsidentschaftswahlkampf im Jahre 2012 mehr als zwei Milliarden Dollar und tritt, wie Bill Moyers beklagt, »die Stimmen der Menschen, die nicht reich sind, in den Staub«. Es steht schlimm um die Demokratie: »So wie wir uns heutzutage die Demokratie zurechtlegen, senken wir unsere Toleranzgrenze hinsichtlich der Resultate, welche durch die Logik plutokratischer kollektiver Aktion (collective action) produziert werden, und päppeln zugleich das Umfeld auf, in dem diese Logik aufzublühen vermag. Die plutokratischen Exzesse sind – wie so manches – routinisiert, institutionalisiert und sogar bürokratisiert worden. Zugleich, geblendet vom Zirkus der Berühmtheiten, machen es die Amerikaner den Plutokraten leichter als jemals zuvor, unterhalb des Radars zu fliegen.« Und dann kommt das deprimierende Resümee: »Je mehr man nachdenkt über das Zusammenspiel von Plutokratie und Demokratie, desto verschlagener kommt es einem vor. Ein endloses Meer von Fragen dehnt sich vor uns aus, wo am Anfang nur eine Frage war. Sorry about that.«[24]

Nationalstaaten, Sozialdemokratie und John Galt

Doch die Dinge sind in Bewegung. In den zentralen bürgerlich-konservativen Meinungsmedien erscheinen Kritiken am System, die direkt aus der linken Subkultur stammen. So las man jüngst in der *Frankfurter Allgemeinen Zeitung* unter dem harmlosen Titel »Was sind Schulden?« einen Artikel von Michael Hudson, dessen ursprüngliche amerikanische Überschrift sehr viel deutlicher war: »Using Debt to Crush Democracy: How Financiers Are Waging Warfare Against Nations« (Durch Schulden die Demokratie zerstören: Wie Finanziers Krieg gegen die Nationen führen). Hudson war Reporter des *Wall Street Journal* und arbeitet jetzt für einen linken Think-Tank. Unter der Zwischenüberschrift »Schulden zum Vorteil der Reichen« schreibt er unter anderem: »Weder Banken noch staatliche Stellen (noch auch Mainstream-Akademiker) haben berechnet, wie viel die Wirtschaft realistisch zahlen kann – das heißt, ohne zu schrumpfen. Über ihre Medien und ihre Think-Tanks haben sie den Menschen eingehämmert, am schnellsten könne man reich werden, indem man sich Geld leihe, um Immobilien, Aktien und Anleihen zu kaufen, die – aufgrund der kreditgetriebenen Inflation – im Preis steigen, wobei der Staat die im letzten Jahrhundert eingeführte progressive Besteuerung des Reichtums rückgängig machen müsse […] Das Ergebnis ist eine Ramschökonomie, deren Ziel es ist, staatliche Kontrolle unmöglich zu machen und die Planungsgewalt in die Hände der Hochfinanz zu legen, weil das angeblich effizienter sei als eine staatliche Regulierung. Es wird behauptet, staatliche Planung und Besteuerung seien ›der Weg in die Knechtschaft‹, als wären ›freie Märkte‹ unter der Kontrolle rücksichtslos agierender Banker nicht geplant, und zwar im Blick auf Sonderinteressen oligarchischer statt demokratischer Art.« Die Lösungen des Problems werden allerdings auf der nationalstaatlichen Ebene und bestenfalls in der sozialdemokratischen Tradition gesucht: »Neue Regierungen werden vielleicht auf demokratischem Wege dafür sorgen, dass Banken und Finanzsektor wieder der Wirtschaft dienen statt umgekehrt […] Mit einer erneuten Regulierung des Bankwesens und der Schaffung eines öffentlichen Bankensektors würde man an das sozialdemokratische Programm anknüpfen, das vor einem Jahrhundert auf einem so guten Wege zu sein schien.«[25]

Aber hier hakt es auch schon. Weder Nationalstaat noch Sozialdemokratie sind der Boden für eine Aufhebung der Widersprüche des Kapitals. Sozialdemokratismus setzt letztlich auf politische Lösungen wie parlamentarische Kontrolle – und nicht auf fundamentale ökonomische Umstrukturierungen, für die auch die nationalstaatliche Dimension viel zu eng wäre. Doch gibt es genug Akteure auf allen Seiten, die längst jenseits dieser Horizonte operieren. Sie alle bewegen sich und werden bewegt unter dem ehernen Gesetz unserer Epoche, dem Gesetz des simultanen Wachstums von Reichtum und Produktivität auf der einen und von Arbeits-, Erwerbs-, Beschäftigungslosigkeit auf der anderen Seite – global und jenseits aller Institutionen, Ordnungen, Gewissheiten, welche die sogenannte zweite Moderne aufgerichtet zu haben glaubte.

Aber die Suche nach den Helden der neuen Epoche hat begonnen. Da sind die Medien des Wealth-Managements wie *Forbes Magazin*, *Sunday Times*, *Manager Magazin* oder Merrill Lynch/Capgemini mit ihren Ranglisten des Reichtums. Und da sind die Blätter fürs allgemeine Publikum: Das *Spiegel*-Titelbild »Die Retter der Welt. Der Feldzug der Reichen gegen Armut, Aids und Klimawandel« (2007) mit den Superman-gleich den Erdball umkreisenden Superreichen samt Hilfspersonal – Bill Clinton, Bill Gates, Warren Buffett, Angelina Jolie, Richard Branson; das Magazin *Newsweek* mit dem Titelblatt »Die Superklasse in Aktion. Wie eine neue globale Elite die Kreditkrise bekämpft und unsere Welt umformt« (April 2008) und *The Economist* mit einem lakonischen »The Rich and the Rest« (Januar 2011).

Der Zoom auf diese neue Gestalt der Geldeliten wird präziser. »In unserer ›The-Winner-Takes-Most-Ökonmie‹«, schreibt Chrystia Freeland (die gewiefte »globale Korrespondentin« von Reuters), sei der Aufstieg der neuen Plutokratie »unauflöslich mit zwei Phänomenen verbunden: der informationstechnologischen Revolution und der Liberalisierung des Welthandels.« Und sie fügt hinzu: »Sucht man nach einem Stichtag, an dem die amerikanische Plutokratie ihre Coming-out-Party hatte, könnte man es schlechter treffen als mit dem 21. Juni 2007. Damals legte der Private-Equity-Gigant Blackstone das größte initial public offering (IPO; erstes öffentliches Zeichnungsangebot) in den Vereinigten Staaten seit 2002 auf, sammelte vier Milliarden Dollar ein und kreierte so eine Aktiengesellschaft mit einem seinerzeitigen Wert von 31 Milliarden Dollar. Stephen Schwarzman, einer der beiden Gründer der Firma, kam aus diesem Geschäft mit einem persönlichen Aktienpaket von acht Milliarden Dollar und dazu noch 677 Millionen Dollar in bar heraus, der andere, Peter Peterson, löste einen Scheck über 1,8 Milliarden Dollar ein und zog sich ins Privatleben zurück.«[26]

Auf der Straße nach Davos rollen sie in ihren Luxusautos (inzwischen mit Elektroantrieb) dahin. Nicht mehr Debütantinnenbälle und gemeinsame Jagden, so Chrystia Freeland, bestimmten das Bild. Das gesellschaftliche Leben der Plutokraten des 21. Jahrhunderts vollziehe sich eher auf internationalen Konferenzen. »Und diese ›andere‹ Business-Elite Amerikas hat sich weit entfernt von den Mühen der US-amerikanischen Arbeitnehmerschaft und Wirtschaft. Der anderen, globalen ›Nation‹, in der sie leben und arbeiten, geht es dagegen gut, sie blüht.« Genau wegen dieser Abgehobenheit nehme die Zahl der falschen Töne aus dieser Schicht zu, etwa wenn der Chef von Goldman Sachs, Lloyd Blankfein, die öffentliche Empörung über das Verhalten der Banken mit der Bemerkung wegwischt: »We're doing God's work.« Oder wenn der russische Oligarch und Ölmilliardär Michail Chodorkowski der Reporterin Freeland einst, in der Zeit vor seiner Verhaftung, sagte: »Wenn heute ein Mann kein Oligarch ist, stimmt etwas nicht mit ihm. Hier hatte jedermann die gleichen Startbedingungen, jeder hätte es schaffen können.«[27]

Es ist faszinierend, welche Rolle im Ego-Narrativ der heutigen Milliardäre die Schriften der russischen Emigrantin Ayn Rand spielen, insbesondere der Roman *Atlas Shrugged* (1957) über den plutokratischen Helden John Galt. Genervt von den parasitären, neidischen und weniger talentierten Unterklassen revolieren Galt und seine kapitalistischen Freunde und ziehen sich nach »Galt's Gulch« zurück, einen Zufluchtsort in den Rocky Mountains. Dort verbringen sie ihre Tage in den Schönheiten der Natur, während der Rest der Welt zusammenbricht, des Genius und der Schaffenskraft dieser Elite beraubt. Es wird berichtet, dass der Kongressabgeordnete Paul Ryan, Chairman des Haushaltskomitees des Kongresses (und jetzt Mitt Romneys Kandidat für die Vizepräsidentschaft), von allen seinen Mitarbeitern die Lektüre des Romans von Ayn Rand verlangt.

Und Chrystia Freeland schreibt: »Dies ist selbstverständlich nur ein plutokratisches Phantasieprodukt. Denn wie immer smart und innovativ und fleißig die Superelite auch sein mag, sie kann nicht existieren ohne das größere Gemeinwesen um sie herum. Und so zerfasern die kulturellen Bande zwischen den Superreichen und allen übrigen an beiden Enden gleichzeitig.« Die Supereliten müssen deshalb, resümiert Freeland, auf Dauer zwischen zwei Überlebensstrategien wählen: Unterdrückung des Widerstands oder Teilung des Reichtums: »Es ist offensichtlich, welcher der beiden Wege für Amerika und die Welt der bessere wäre. Hoffen wir, dass die Plutokraten nicht schon zu isoliert sind, um das einzusehen. Denn es wird niemals einen Ort geben wie Galt's Gulch.«[28]

»There is nobody in this country who got rich on his own. Nobody«, sagte Elisabeth Warren, eine Harvard-Juraprofessorin, die Beraterin Obamas war und sich um einen Senatssitz in Washington bewirbt, in einem YouTube-Video, das hunderttausendfach angeklickt wurde. »Wenn du eine Fabrik aufbaust und daraus was wirklich Großartiges machst oder einfach nur eine tolle Geschäftsidee hast – God bless you. Behalte einen großen Brocken davon. Aber Teil des Gesellschaftsvertrags ist es auch, dass ein paar ordentliche Brocken übrigbleiben für die Kids, die dann kommen.«[29]

Zur Welt der Milliardäre gehören also auch die sie einhüllenden Infrastrukturen und Bedürfnisse des Gemeinwesens. Und zu diesen Infrastrukturen gehört als Pufferzone und Vorfeld zuallererst auch jenes eine Prozent der Bevölkerung, das sich in Gestalt von funktionalen Eliten um unser 0,1 Prozent kümmert – und eben leider oft viel zu schnell mit jenem innersten Zirkel in einen Topf geworfen wird.

Die *New York Times* hat in aufwendigen interaktiven Grafiken die Zusammensetzung dieses einen Prozents aufgedröselt[30] und kommt unter anderem zu folgenden Impressionen bezüglich derjenigen Personen, die in Haushalten mit einem Einkommen (statistisch zuverlässig lässt sich eben nur Erwerbseinkommen feststellen) im obersten Ein-Prozent-Bereich leben. Die größte Gruppe mit 376 076 Mitgliedern bilden diejenigen, die als Beruf »Manager« angegeben haben. Dann kommen Rechtsanwälte, vor allem solche, die »on Wall Street« arbeiten. Eine dritte große Gruppe sind Ärzte, die einschlägige Praxen haben oder in bestimmten Privatkliniken tätig sind. Erstaunlicherweise tauchen auch Lehrerinnen unter den Spitzenverdienern auf, aber nur, weil sie in solche Tophaushalte eingeheiratet haben. Mit anderen Worten, dieses eine Prozent der Bevölkerung ist durch eine Vielfalt von Berufen und Funktionen charakterisiert, die im wesentlichen das darstellen, was man einen Domestikenring um »Galt's Gulch« nennen kann. Doch insgesamt hat dieses oberste eine Prozent der Einkommenspyramide, in welchem sich ja auch unsere 0,1 und 0,01 Prozent verbergen, selbstverständlich ein enormes ökonomisches, soziales und politisches Gewicht.

Corporate Power und die Davos-Klasse

Die Musik aber spielt, wie gesagt, noch ein wenig tiefer in des Pudels Kern. Und Susan George, die Autorin des *Lugano-Reports*, ist bei der Erforschung dieser letzten Geheimnisse dabei: Das Transnational Institute[31], ein »weltweiter Verbund von Wissenschaftsaktivisten«, hat jüngst seine Untersuchungen über den »Stand der globalen Konzernherrschaft 2012« unter dem Titel »Exposing the Davos Class« veröffentlicht. »Wer gehört zum globalen einen Prozent? Welche Unternehmen leiten sie? Auf welche Weise entziehen sie sich der Rechenschaft? Die ökonomischen, sozialen und ökologischen Krisen, denen die Menschheit gegenübersteht, sind kein Unfall, sondern das Resultat der politischen Maßnahmen einer kleinen Konzernelite – bekannt als Davos-Klasse –, die weltweit die ökonomischen und politischen Strategien gekapert hat.«[32]

Die Akteure der Davos-Klasse kontrollieren unsere wichtigsten Institutionen und wissen genau, was sie wollen. Zugleich stecken sie in einer gewaltigen Legitimitätskrise, denn ihre Ideologie funktioniert nicht mehr, und sie haben weder Ideen noch genug Phantasie, um aus dieser Krise herauszukommen. So in etwa beschreibt Susan George die Situation. Sie erinnert an die Worte von Adam Smith, dass »alles für uns und nichts für die anderen« schon immer die üble Maxime der »Masters of Mankind« gewesen sei. Und diese Schlussfolgerung aus der ersten umfassenden Untersuchung des Kapitalismus gelte noch immer. Heute spiele die Davos-Klasse diese Rolle. Wer sich dort jedes Jahr in Davos treffe, sei nomadisch, mächtig und austauschbar. Einige verfügen über ökonomische Macht und beträchtliche Privatvermögen, andere haben administrative und politische Macht, die sie vornehmlich im Dienste der ersteren einsetzen, die sich wiederum auf ihre Weise dankbar zeigen. Sicherlich gebe es Gegensätze innerhalb der Davos-Klasse – der CEO eines Industrieunternehmens hat gelegentlich andere Interessen als seine Banker –, aber bei wirklich wichtigen gesellschaftlichen Entscheidungen werden sie einer Meinung sein.

Susan George fährt fort: »Ich bestreite hier nicht irgend jemandes individuelle Moral – es gibt sicher jede Menge gutherzige Banker, großzügige Händler und sozial verantwortliche CEOs. Ich sage nur, dass sie als Klasse zuverlässig auf eine bestimmte Weise agieren, weil sie einem einzigen System verpflichtet sind. Die Davos-Klasse ist trotz der guten Manieren und Maßanzüge ihrer Mitglieder räuberisch. Man kann von diesen Leuten nicht erwarten, dass sie logisch handeln, denn sie denken nicht in langfristigen Interessen, noch nicht einmal ihren eigenen, sondern denken nur ans Fressen, gleich.« – »Man findet die Davos-Klasse in jedem Land – ihre Mitglieder gehören ja keiner Verschwörung an und ihr Modus Operandi kann ohne größere Schwierigkeiten beobachtet und identifiziert werden. Die Davos-Klasse ist in Relation zur sie umgebenden Gesellschaft extrem klein, und ihre Mitglieder verfügen selbstverständlich über viel Geld, ob nun ererbt oder selbst erworben. Wichtiger ist, dass sie ihr eigenes soziales, institutionelles Umfeld haben: Clubs, Eliteschulen für ihre Kinder, Nachbarschaften, Direktorien (Konzerne, Wohltätigkeit), Urlaubsziele, Mitgliedschaften, exklusive Events und so weiter. All diese Milieus verstärken den sozialen Zusammenhalt und ihre kollektive Macht.«

»Aber diese herrschende Klasse hat auch Schwächen [...] Ihr Programm seit den 1970ern, das man üblicherweise ›Neoliberalismus‹ nennt, basiert auf ungehinderter Innovation in Finanzmarktdingen, auf Privatisierung, Deregulierung, unbegrenztem Wachstum, auf angeblich freien, selbstregulierenden Märkten und Freihandel – also dem, was erst zur Casino-Ökonomie geführt hat. Diese Ökonomie ist spektakulär gescheitert und zumindest im öffentlichen Bewusstsein gründlich diskreditiert.« – »Die meisten Menschen brauchen keine weiteren Beweise dafür, dass das System weder für sie, ihre Familien und Freunde noch für ihr Land funktioniert. Viele erkennen auch, dass es schlecht für die immense Mehrzahl der Menschen auf diesem Planeten und für den Planeten selbst ist. Die einzige Reaktion der Davos-Klasse darauf ist der Versuch, die alte Weltordnung noch ein Weilchen ticken zu lassen, mit einem Gratisticket für alle Institutionen, die diese Krise überhaupt erst geschaffen haben.«[33]

Wie sich Susan George und ihre investigativen Freunde dem Phänomen nähern, sich um eine zeitgemäße Darstellung dieser eben auch personellen Krise des Kapitals bemühen, ist angesichts der vergleichsweise geringen Forschungsressourcen bewundernswert. Wobei das Problem der Darstellung, der Repräsentation der Zusammenhänge gerade auch in der Epoche des Internets immer wichtiger wird. Und in diesem Punkt, der angewandten soziologischen Imagination, sind all diese Bewegungen, die Occupy-Wall-Street-Bewegung, die Indignados in Spanien und zahllose andere Initiativen den Think-Tanks und »Experten« der anderen Seite überlegen. Selbst der Koloss Google, der diese Energien in seine Konzernaktivitäten integrieren will, wird von genau diesen Innovationen in der Erschließung und Darstellung von Zusammenhängen immer wieder auch in die andere, die alternative Richtung gezogen.

Insofern sind auch die interaktiven Grafiken des Transnational Institute ein beachtenswerter Versuch der Repräsentation von Totalität oder Wirklichkeit. Sie sollen hier die Startplattform für die weiteren Explorationen sein. Die erste der folgenden drei Grafiken (Planet Erde. Eine von Konzernen gesteuerte Welt) bietet Listen der größten transnationalen Konzerne nach Umsatz und Gewinn, nach Eignerstatus und Kontrolle und vergleicht die Macht der Großkon-

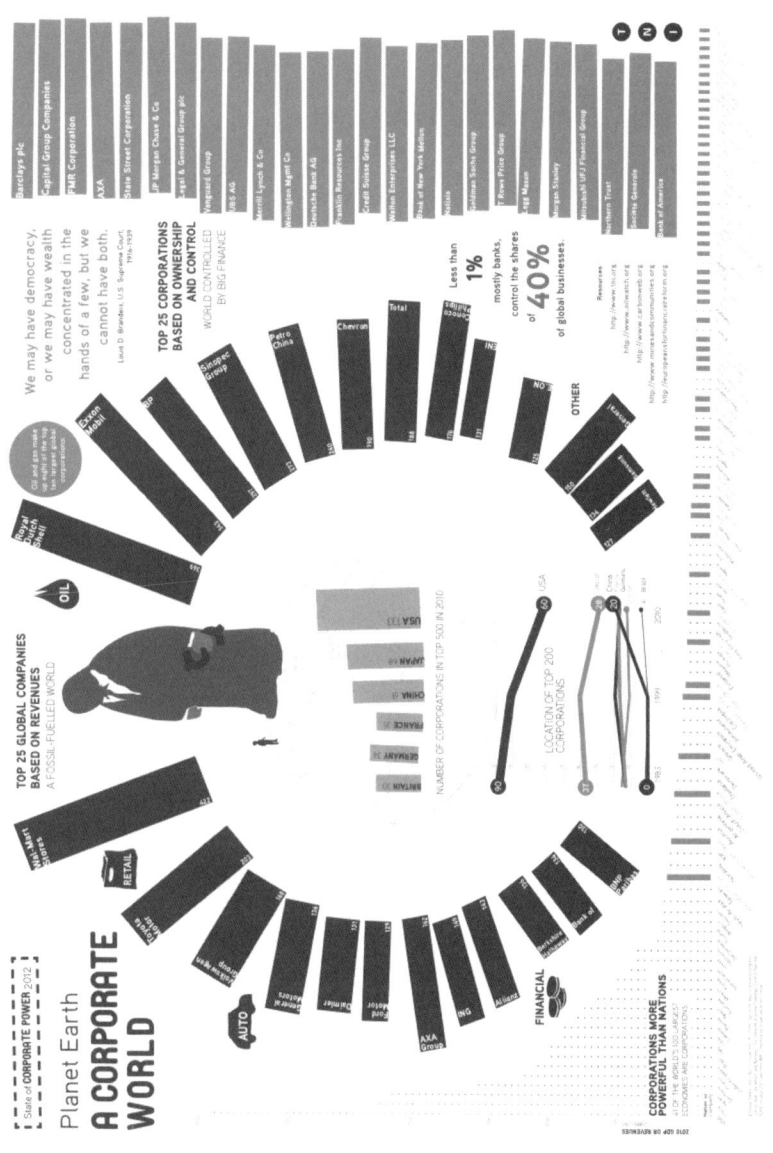

Grafik 1: Planet Erde – eine von Konzernen gesteuerte Welt
Die größten Unternehmen, die mächtigsten Konzerne und wie groß ihre Macht
im Vergleich zu Staaten ist[34]

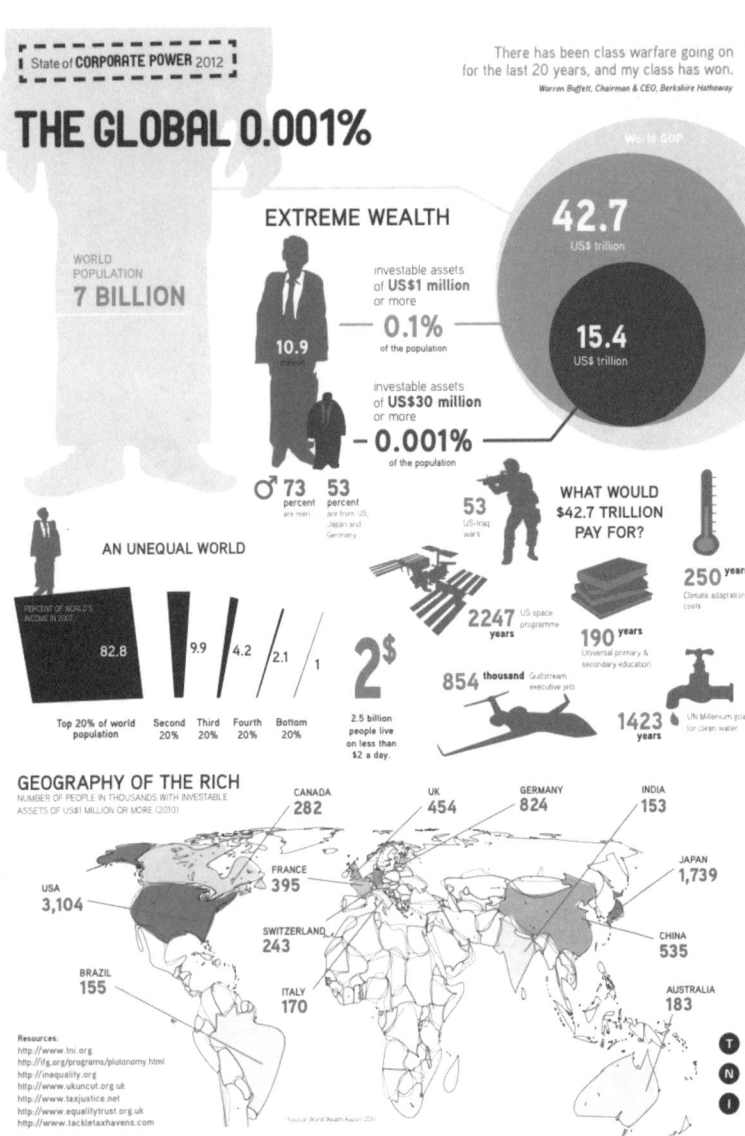

Grafik 2: Die globalen 0,001 Prozent

10,9 Millionen Individuen oder 0,15 Prozent kontrollieren 42,7 Billionen Dollar oder zwei Drittel des gesamten Bruttoinlandsprodukt der Welt. Wo leben sie, was kann man mit diesem Geld alles machen?[35]

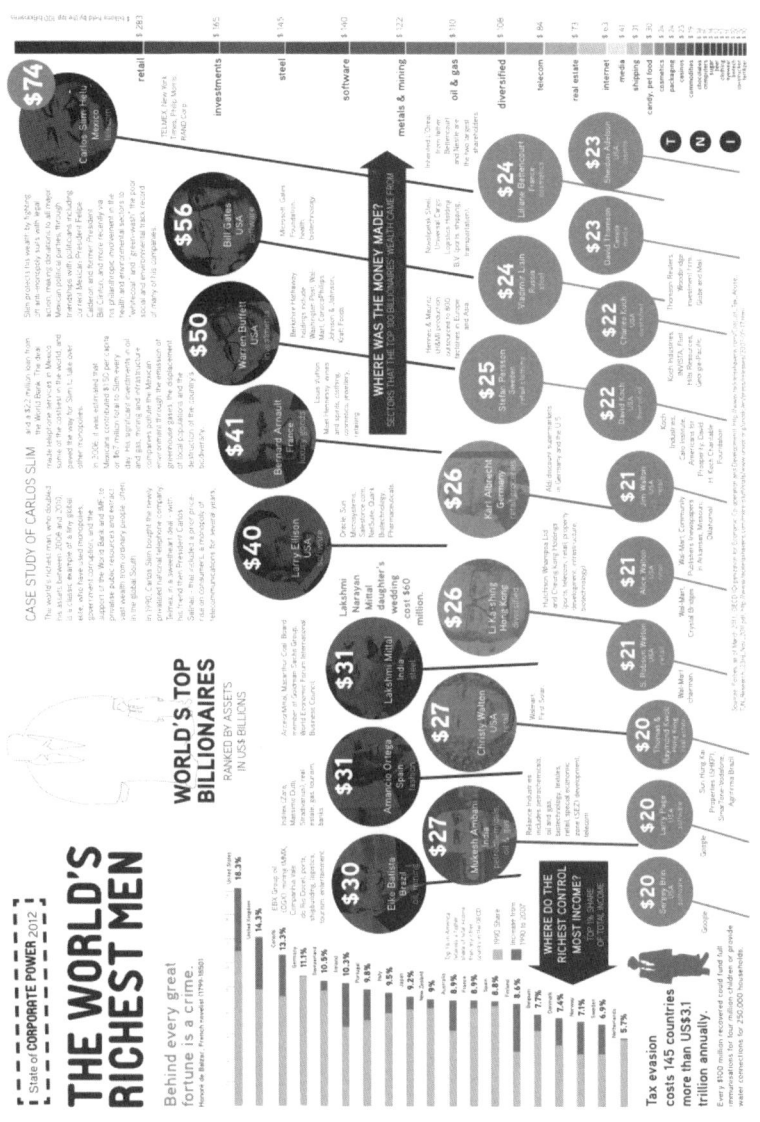

Grafik 3: Die reichsten Männer der Welt
Wer sind sie, und wie haben sie ihr Vermögen erworben? In welchen Ländern
lebt es sich am besten für Superreiche?[36]

zerne mit der Macht von Nationalstaaten. Die zweite Grafik (Die globalen 0,001 %) zielt auf die Gruppe der Superreichen (und bezieht sich dabei recht zurückhaltend auf die Schätzungen großer Wealth-Management-Firmen wie Merrill Lynch). Auch wird die geographische Verteilung der Superreichen dargestellt, und es wird eine Vorstellung vom Gewicht der fast fünfzig Billionen Dollar vermittelt, die das Vermögen dieser Gruppe ausmachen. Die dritte Grafik (Die reichsten Männer der Welt) beschäftigt sich mit den allerreichsten Milliardären und liefert Details aus ihrer Biographie. Alle Grafiken liegen als interaktive Angebote im Internet und geben ihre Informationen bei entsprechender Nutzung frei. Die Abbildungen (Seiten 103–105) bieten einen ersten Eindruck.

4 Milliardäre

»Stell dir vor, die Körpergröße der Menschen wäre abhängig von ihrem Einkommen. Ein durchschnittliches Einkommen entspräche also durchschnittlicher Größe. Und nun stell dir weiter vor, dass die gesamte erwachsene Bevölkerung der USA innerhalb einer einzigen Stunde an dir vorbei wandert, und zwar in der Reihenfolge der Einkommenshöhe. Die ersten Vorbeikommenden, die Verluste und Schulden haben, sind unsichtbar, denn ihre Köpfe befinden sich unterhalb der Oberfläche. Dann kommen die Arbeitslosen und schlecht bezahlten Jobber – das wären winzige Wichte. Und noch nach einer halben Stunde würden die Vorüberziehenden dir nur bis zur Hüfte reichen. Erst nach 45 Minuten kämen die ersten Normalgroßen. Aber dann, in den letzten Minuten, donnern Giganten vorüber. Und wenn in den letzten Sekunden die Topverdiener dahin schreiten, ragt jeder von ihnen mehr als zwei Meilen in den Himmel.«[1]

Berater

Wie gesagt: Fast alle Angaben über die Zahl der Milliardäre und ihre Verteilung über die Metropolen der Welt stammen aus dem Wealth-Management und bezeichnen sozusagen das Rohstoffvorkommen beziehungsweise die Kundenstämme der Investment-Banking-Industrie. Dabei sollte man von vornherein berücksichtigen, dass das Spiel mit der Zahl und den gesellschaftlichen Rollen der Superreichen nur einen Sinn macht, wenn man die um diese Individuen entstehenden höfischen Mininetzwerke[2] mit rechnet. Ginge man hier versuchsweise jeweils von einem Kranz von etwa hundert Personen aus – »Milliardärsflüsterer«, Berater, Vermögensverwerter, Unterhalter aller Art und so weiter –, so wären das zum Beispiel bezogen auf die 500 reichsten Deutschen (vgl. *Manager Magazin*) noch einmal rund 50 000 Personen, die in eine soziologische Analyse miteinbezogen werden müssten. Solche sozialstrukturellen Differenzierungen werden im Folgenden zumindest angetippt.

Die *Spiegel*-Serie »Deutschland, deine Reichen. Wer sie sind – und warum so viele?«[3] zeigte auf dem Titelbild des ersten Heftes zwölf vermögende Deutsche, wie sie unterschiedlicher kaum hätten ausgesucht werden können. Da gab es einige mehr oder minder tüchtige Multimillionen-Euro-Menschen, von der sendungsbewussten jungen Unternehmerin über den freakigen Spediteur, den schamlosen Versicherungshai, die eine oder andere kunstsinnige oder wohltätigkeitsfanatische Erbin bis zum populären Fußballer und rührigen Internetpionier – und es gab zwei wirklich zur Spitzengruppe gehörende Multimilliardäre mit den klangvollen Namen Otto und Oetker.

In der *Spiegel*-Titelstory wurde unter anderem »einer der renommiertesten Vermögensforscher Europas« vorgestellt, Professor Thomas Druyen[4], Inhaber des Lehrstuhls für Vermögensforschung an der privaten Sigmund-Freud-Universität in Wien und damit im Zentrum unserer Problematik, sozusagen im Spannungsfeld zwischen Seele und Safe. Druyen war früher unter anderem als Investmentberater bei der Deutschen Bank tätig, zuständig für ultra-high-networth individuals (UHNWIs) und für verschiedene private Stiftungen. Von 2003 bis 2007 war er Direktor und wissenschaftlicher Berater bei der Privatbank der Fürstenfamilie von Liechtenstein und Chefredakteur von *Credo*, dem LGT-Journal für Vermögenskultur. Von Druyen wird im erwähnten *Spiegel*-Artikel berichtet, dass er mittlerweile weltweit sechzig Milliardäre interviewt habe, deren Namen er aber selbst vor seinen Hilfskräften geheimhalte. Selbstverständlich interessiere ihn bei seinen Forschungen der jeweilige konkrete Gebrauch des Vermögens dieser Geldmächtigen. »Die verrückteste Geschichte« habe ihm ein amerikanischer Milliardär erzählt, »der sich mehrmals mit dem damaligen russischen Präsidenten Boris Jelzin traf, weil er Sibirien kaufen wollte«.[5]

Diese Story aber hat einen interessanten Hintergrund. Ich habe 1993 für *Spiegel-TV* einen Dokumentarfilm gemacht – »Der Amerikaner, der Sibirien kaufen wollte« –, dessen Entstehen Druyen seinerzeit miterlebte.[6] Aber er muss damals etwas falsch verstanden haben, denn die Summen für einen Sibirien-Kauf durch die USA, die tatsächlich im Spiel waren, übertrafen bei weitem die Kaufkraft selbst des reichsten Milliardärs. Es handelte sich um zwei bis drei Billionen, also 2000 bis 3000 Milliarden Dollar. Dies hatte ein aufstrebender junger Politikberater, Walter Russell Mead, kurz zuvor in sorgfältigen Studien ermittelt. Überhaupt: Die ganze Idee einer Umwandlung des rohstoffreichen Sibiriens in mehrere US-Bundesstaaten stammte von Mead. Er hatte in der Tat superreiche Kreise für diese Idee begeistern können.

Walter Russell Mead, den ich dann mit dem *Spiegel-TV*-Kamerateam auf einer einschlägigen Erkundungsreise von Wladiwostok bis Irkutsk begleitete, stand am Anfang einer bemerkenswerten Karriere im außenpolitischen Beratungswesen und brachte es unter anderem bis zum Henry A. Kissinger Senior Fellow des Council on Foreign Relations (CFR). Mead beschrieb seine Tätigkeit im CFR später als ein Leben »in der Gemeinschaft von Gelehrten, politischen Machern und brillanten Laienlesern und Laiendenkern«.[7] »Laienleser und -denker« aber sind die eigentliche Klientel all dieser großen, enorm gut dotierten Beratungsinstitutionen, Think-Tanks und so weiter: die Personen nämlich, die zum Establishment des großen Geldes gehören und daran gewöhnt sind, alles kaufen zu können, insbesondere auch Stäbe von klugen, begabten Menschen, von Wissenschaftlern, Künstlern, Intellektuellen – und die zugleich ein feines Gespür, ja Verachtung für käufliche Charaktere entwickelt haben. So schrieb einst Robert Scheer in einem *Playboy*-Interview über Nelson Rockefeller: »Rockefeller sagt von Henry [Kissinger], er sei klug, so wie man von einer Frau sagt, sie habe einen hübschen Hintern – es ist ein nützliches Attribut, es regt einen sogar an, aber es ist käuflich.«[8]

Insofern besteht die Kunst einer Beraterkarriere, die Kunst des Aufstiegs an die Höfe der Geldmacht in der feinen Balance zwischen dem Wissen um die mäzenatischen Netzwerke und einer gewissen inneren Unabhängigkeit. Wie man in diesem Raum der »elite media« Ratschläge formuliert und platziert, verstand Mead wie kaum ein anderer. Auf diese Weise wurde Mead auch – neben Francis Fukuyama – zu einem der wichtigsten Mitarbeiter von *The American Interest* (siehe Kapitel 3), nämlich einer der Chefredakteure und Direktor der Online-Ausgabe mit einem eigenen Blog, *Via Meadia*. Und schließlich ist Mead heute in einem besonders sicheren Hafen gelandet, als Professor in einem der exklusivsten – und zugleich »linksliberalsten« – Privatcolleges der USA, dem Bard College im Staat New York, wo die Jahresstudiengebühren pro Studierendem bei 50 000 Dollar anfangen.[9]

Am wichtigsten im Gefolge der Milliardäre aber sind nicht solche interessanten Berater, sondern zweifellos die – inzwischen zum Teil phantastisch hoch dotierten – Hilfseliten im Finanzsektor. Und es ist nicht von ungefähr, dass aus diesen Kreisen auch Insider-Informationen über Konflikte zwischen Diensteliten und den großen Geldgebern fließen, dass sich Whistleblower finden, ja dass im Nachwirken dieser Konflikte zwischen Reichen und Superreichen der eine oder andere Milliardär sich inkognito unter die Aktivisten der Occupy-Wall-Street-Bewegung mischt. Und man sollte wissen, dass eine der besonders spannenden Quellen für Informationen aus dieser Welt ihre literarische Verarbeitung ist, von Émile Zolas Börsenroman *Das Geld* (1891) über Tom Wolfes *Fegefeuer der Eitelkeiten* (1987), Don DeLillos *Cosmopolis* (2003) bis zu Robert Harris' *Angst* (2011). Schon früh hatte auch der marxistische Theoretiker Ernest Mandel auf die Erkenntnisfunktion solcher Fiktionalisierungen hingewiesen.[10] Das Gleiche gilt für die Filmproduktion, man denke nur an die

Cartoon: Chappatte[11]

»Wall Street«-Filme und jetzt vor allem an die Verfilmung von *Cosmopolis* durch David Cronenberg (siehe Kapitel 1). Fredric Jameson hat diese Rolle von »Weltfilmen« gründlich analysiert.[12]

Auch die Diskussionen des World Economic Forum in Davos werden in diesen Krisenzeiten durchaus von zum Teil pittoresken und drehbuchreifen Gegensätzen innerhalb der Davos-Klasse geprägt. Und es ist die Zeit der Insider als Aussteiger, der Whistleblower, der »Klassenverräter«. »Kritische Erfahrungsberichte erschließen oft unverstellt, was sich an den Märkten tatsächlich abspielt und welche Deutungen die Akteure ihren Handlungen zuschreiben«, sagt Helge Peukert.[13]

Für Dramatik ist fast immer gesorgt, denn nirgendwo anders als in der Finanzwelt wird so schnell so viel Geld verdient. »Ähnliche Profitraten und Einkommen können ansonsten in aller Regel nur in illegalen Gewerben (zum Beispiel Prostitution, Waffen- und Rauschgifthandel) realisiert werden.«[14] Die CEOs in diesem Milieu, schreibt Laurence Kotlikoff, sind unglaublich arrogant und auf eine irrationale Weise selbstbewusst. »Sie sind bis an die Kiemen mit Testosteron aufgeladen, kümmern sich kaum um Analysen und lassen es auf Wetten ankommen, nur um zu beweisen, dass ihrer der größte ist.«[15] Und ein anderer Aussteiger, Jonathan Knee, der in den 1990er Jahren unter anderem für Goldman Sachs und Morgan Stanley arbeitete, beschreibt den Wandel der Firmenphilosophie: »Galt es früher, die Reputation des Unternehmens zu wahren, so entstand nun eine Kultur der Kontingenz, des ›alles ist möglich‹. Nicht nur könnte jeder Tag dein letzter sein, sondern dein Wert wird ausschließlich daran gemessen, wie viel Gewinn du am jeweiligen Tag der Firma eingebracht hast – ohne Rücksicht auf die Quellen.«[16] Und die Investoren zahlten die Zeche.

Ein weiterer Gewährsmann ist Geraint Anderson, der in *Cityboy* (2009) über seine Tätigkeit in einer Londoner Investmentbank (er nennt sie »Banque Inutile«) Folgendes schreibt: »It still amazes me to this day that an off-hand decision by the head of research would dictate the nonsense I babbled for almost twelve years.«[17] In dieser *seelenzerstörenden Industrie* gehe es den *geldbessenen Zynikern* beim Nullsummenspiel des *kurzfristigen Spielens* inklusive Insiderhandel, Steuerbetrug und Gerüchtestreuung und so weiter nur um *Ideen zum Geldmachen.* Dieser unbestimmt-abstrakt-volatile Charakter moderner Finanzmarktverhältnisse, so Peukert, habe ganz bestimmte Auswirkungen auf die Psyche der Akteure. Viele Finanzmarktakteure seien interessante androgyne Erscheinungen,[18] die einerseits einem aggressiven Machocode huldigten, aber andererseits eine feminine Schattenseite hätten, die der (sozial)psychologischen Analyse harre. Dieser seltsame Intellektuellentypus, schreibt eine andere Insiderin, basiere auf einem Personal, »dass nicht einmal BWL oder Finanzmathematik studiert haben musste, um im Handelsraum einen Job zu bekommen. Juristen, Historiker, Philosophen agierten hier«. Statt einer rationalen Informationsermittlung und -verarbeitung erinnere das alles »eher an einen Kirchgang, bei dem morgendlich die Aktienanalysten als Gurus mit Pokerface die Broker wissen ließen, wohin die Reise geht [...] Lagen keine beeindruckenden Informationen vor, die zum Handel motivierten, dachte man sich *non-events* aus, mit denen man telefonisch hausieren ging.«[19] Exkanzler Helmut Schmidts Tochter, Susanne Schmidt, die viele Jahre in der Londoner City und später bei *Bloomberg* als Journalistin arbeitete, schreibt in ihrem Buch *Markt ohne Moral. Das Versagen der internationalen Finanzelite* (unter Stichworten wie »Kasinomentalität« und »Herdenverhalten«): »Wenn ich abends nach Hause kam, musste ich erst mal die Messer aus meinem Rücken ziehen, die mir einige freundliche Kollegen tagsüber reingerammt hatten [...] Das Arbeiten im Bankwesen ist härter, aggressiver und egoistischer geworden. Das Verständnis, Dienstleister für die Realwirtschaft zu sein, hat sich verflüchtigt.«[20]

Und so lautet das Resümee eines weisen Insiders nach fast einem halben Jahrhundert Erfahrungen auf den Kapitalmärkten, es sei grundlegend problematisch zu glauben, »dass man Risiken erkennen kann, dass sie auf der Grundlage historischer Daten präzise kalkuliert werden können und dass sie diversifizierbar sind«. Folglich sei auch das Konzept einer umfassenden Deregulierung unpraktisch. »Die tatsächlichen Konsequenzen der Deregulierung sind selbst für Regierungen untragbar, welche für die Segnungen des freien Marktes eintreten.« Und diese Botschaft spricht sich auch bei den großen Geldgebern und Investoren herum. Investmentbanking und traditionelles Wealth-Management befinden sich insgesamt in einer Krise. Die großen Vermögen werden zunehmend auf innovative Weise verwaltet, Familienagenturen entstehen, die Netze ermöglichen es auch den Superreichen, sich der Fremdbestimmung durch Wall-Street-Gurus und deren Partner in den Konzernen zu entziehen.

Auf den Punkt gebracht hat diese Widersprüche ein Agent reicher Investoren und Shareholder aus der arabischen Welt, Youssef M. Ibrahim, schon vor einigen Jahren.[21] Er geht mit den Finanzeliten und den (mit ihnen unter einer Decke steckenden) Managereliten der westlichen Welt ins Gericht. Diese Schicht würde sich Hunderte von Millionen Dollar in die Taschen stecken, während der Wert von vielen Konzernen und Investitionen durch Unehrlichkeit und Inkompetenz in den Keller sänken. »Diese Lenker gigantischer Konzerne sind Mitglieder eines winzigen Clubs, welcher die gewöhnlichen Investoren am ausgestreckten Arm verhungern lässt. Schlimmer noch, die großen Banken und Investmentfirmen helfen jenen Bossen dabei, die Spuren zu verwischen. Sie fliegen Privatjets, bezahlt von den Shareholdern, sie genehmigen sich Privatlogen bei großen Sportereignissen und Shows. Sie sind Freunde, die zusammen tafeln, während sie von Aufsichtsratssitzung zu Aufsichtsratssitzung ziehen. Ein fauler Gestank breitet sich aus in den Führungsetagen der größten Konzerne. Und am Horizont zeichnet sich eine gewaltige Revolte der Shareholder ab. Die Praktiken der Konzerneliten bedrohen die globale Ökonomie. Es ist an der Zeit für die Reichen, die, wie beispielsweise die Araber, Hunderte von Milliarden ihres Vermögens in diese großen Konzerne investiert haben, ihren Bankiers ein paar harte Fragen zu stellen: Wo ist mein Geld, und was macht ihr damit?«[22]

Bei dieser Fokussierung auf die Hilfskräfte des Superreichtums sollte man im übrigen auch eine bestimmte Schicht von Rechtsanwälten nicht vergessen. »Als ich kürzlich auf einer Konferenz in den Diskussionen von Duzenden der namhaftesten juristischen *consiglieri* Berichte hörte über das unverschämte Verhalten von Spitzenmanagern, Direktoren und Wall-Street-Investmentbankern, über ihr In-die-eigene-Tasche-Wirtschaften, über skandalöse Interessenkonflikte und andere Tricksereien, stellte sich mir eine Frage: Warum eigentlich ziehen wir nicht auch die scheinheiligen juristischen Berater, die Rechtsanwälte, zur Rechenschaft? CEOs und Banker sind zwar wohlfeile Prügelknaben, aber für jede schlechte Entscheidung, die sie treffen, findet sich ja meist auch ein Rechtsberater, der sie absegnet – und dafür wahrscheinlich mehr als tausend Dollar pro Stunde kassiert.«[23]

Die wachsende Unruhe vor allem in den mittleren Etagen von Wall Steet ist erst vor kurzem wieder deutlich geworden, als ein langjähriger Goldman-Sachs-Investmentbanker in der *New York Times* die Gründe für seinen Rücktritt erläuterte. »Die Atmosphäre in der Bank ist so vergiftet und zerstörerisch, wie ich es noch nie erlebt habe«, schreibt er. »Es macht mich krank, wie abgestumpft Mitarbeiter davon erzählen, wie sie ihre Kunden abzocken.«[24] Die »Wall-Street-Kultur« »schlägt so sehr nach der kurzfristigen Seite des Pendels aus, dass die Kunden nicht mehr an erster, aber auch nicht an zweiter Stelle stehen, sondern ganz am Ende«.[25]

Doch bei all diesen Enthüllungen darf eines nicht vergessen werden: Diese »Kultur« übervorteilt vor allem die mittleren und kleinen Investoren. Die großen Kunden stecken in vielfältigen Kombinationen unter der gleichen Decke. Unsere Milliardäre jeglicher Couleur, auch so progressive wie Soros, Buffett oder Gates, verfügen über weitaus mehr Geldmacht als alle Wall-Street-Haie wie etwa Jamie Dimon, der 2011 mehr als 23 Millionen Euro bei JP Morgan einstrich (zumal diese Banker, das ist nun einmal so unter Höflingen, untereinander in härtester Konkurrenz stehen).[26]

Und doch: Ist nicht alles ein wenig wie im Frankreich der Jahre vor 1789? »Diese Lakaien waren im übrigen gescheite Burschen, frech und gewitzt. Wenn ihre Herren nicht aus noch ein wussten, wandten sie sich an sie; sie, die Lakaien, waren vertraut mit ihnen und erledigten ihnen viele geheime politische, finanzielle und amouröse Geschäfte. Sie wussten genau Bescheid in der großen und kleinen Politik und in Finanzdingen, sie spekulierten selber, liehen ihren Herren Geld und hatten gute Einnahmen.«[27]

Aber im unmittelbaren Gefolge der Milliardäre finden sich ja noch ganz andere Personengruppen. Schauen wir uns doch daraufhin einmal den reichsten Saudi an, Prinz Al-Walid ibn Talal Al Saud

(Al-Waleed bin Talal), der mit einem Vermögen von rund zwanzig Milliarden Dollar laut *Forbes* weltweit auf dem 26. Rang der Superreichen steht (März 2011). Vor einiger Zeit ging durch die Medien, dass dieser Mittfünfziger von der spanischen Justiz beschuldigt werde, Anfang August 2008 ein zwanzigjähriges Model auf einer gemieteten Luxusjacht in spanischen Gewässern vergewaltigt zu haben. Darauf veröffentlichte Al-Walid eine ausführliche Stellungnahme, er habe sich zur fraglichen Zeit fernab spanischer Gewässer auf seiner eigenen Yacht vor der französischen Küste bei St. Tropez befunden. Zum Beweis legte er Zeugenaussagen seines Yacht-Kapitäns und seiner Bodyguards sowie Passstempel, Hotelbelege und Restaurantquittungen vor.

Das war nun eine der typischen Geschichten, wie sie fast täglich in Robert Franks informativem Blog »Wealth Report« (*Wall Street Journal*) zu lesen sind. Der Autor des Buchs *Richistan* berichtet, dass zu den trivialen, aber aufschlussreichen Dokumenten Al-Walids eine Liste der Mitglieder seiner Entourage gehörte, die seinen Aufenthaltsort in der fraglichen Zeit bezeugen sollten. Neben seiner Gattin wurden 26 Personen genannt: »*A private physician, Assistant manager of his palaces, Private Assistant, Executive Assistant, Personal Affairs Manager, two Personal Affairs Assistants, Manager of Protocol Department, Manager Travel and External Affairs, Assistant Manager Telecommunications, Private Affairs for the Princess, Princess Beautician, Athletic Trainer, two private security details, one French security detail and one security detail for the Princess, Assistant head of the Audio Visual Department, Al Waleed's Personal Hairdresser, two guys listed as companions*«.[28] Diese Entourage folgte Al-Walid offensichtlich an Bord seiner Yacht ebenso wie an Land, leistete ihm in St. Tropez bei gemeinsamen Dinners und bei Shopping-Trips Gesellschaft.

Abschließend vermutet Robert Frank, dass dieser große Tross wohl auch der Grund für Al-Walids Kauf eines neuen Privatflugzeugs war, und zwar des größten der Welt, eines Airbus 380. Und nun stelle man sich noch vor, welche Scharen zusätzlich mit der Verwaltung seiner Besitztümer, mit seinen Kunstsammlungen und mit der Wahrnehmung seiner politischen Interessen beschäftigt sind. Da muss dann schon eine ganze Jet-Flotte her.

Sozialgeographisches

>»Für den absoluten Bewegungscharakter der Welt gibt es sicher
kein deutlicheres Symbol als das Geld.«(*Georg Simmel*)[30]

Die meisten Megayachten der Milliardäre pendeln noch immer zwischen Mittelmeer und Karibik. Doch die Bewegungsplattform der
Geldmächtigen ist der Planet als Ganzes geworden. Das heißt, aus
dieser Sicht ist Globalisierung nichts anderes als Monetarisierung.
Dieses neue Nomadentum hängt nicht nur an der Mobilität der Finanzmärkte, es hat auch die Suche nach realen Oasen auf eine neue
Stufe gehoben.

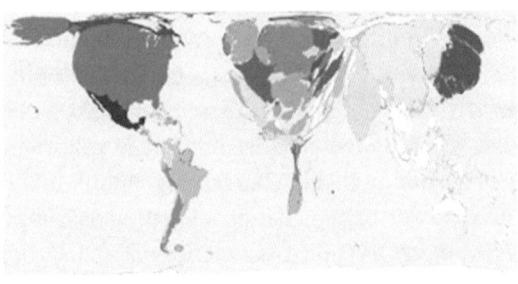

*Die Verteilung der Milliardäre im Raum ist ein beliebtes Spiel unter Geogra-
phen geworden. Die britische Royal Geographical Society hat dieses Spiel sogar
in ihr Bildungsangebot für Schulen aufgenommen. Auf dem Weg über die
Frage, wo eigentlich die meisten Milliardäre leben, sind Weltkarten entstanden,
welche die globalen Muster der Ungleichheit sehr anschaulich machen. Dieses
Kartogramm beispielsweise bildet die Verteilung von Reichtum durch das Ver-
größern beziehungsweise Schrumpfen der verschiedenen Weltregionen ab, in
denen sich die Superreichen zusammenballen oder verflüchtigen.*[30]

Unsere Milliardäre träumen nicht mehr Ayn Rands Utopie eines »Galt's
Gulch«, sie haben die Megacities: »Die Superreichen dieser Erde ballen
sich in einigen wenigen Metropolen. Wer Geld hat, haust dort, wo die
Welt am schönsten ist. So weit das Klischee. Doch in Wahrheit tum-
meln sich die Superreichen vor allem in Megametropolen mit oft zwei-
felhafter Lebensqualität. Moskau statt Marbella, Mumbai statt Mauri-

tius. Jene acht Städte, die mindestens 20 Dollar-Milliardäre zu ihren Bewohnern zählen, beherbergen zusammen mehr als ein Viertel der globalen, rund 1 200-köpfigen Milliardärspopulation (nach *Forbes*). Die meisten Reichen wollen eben dort sein, wo das Geld verdient wird – nicht dort, wo es sich angenehm ausgeben lässt.«[31]

Die politische Geographie hat sich in den letzten Jahren verstärkt um die Veranschaulichung solcher Zusammenhänge bemüht und wartet mit zahlreichen Versuchen auf, etwa seitens einer französischen Forschergruppe »Geolocalise les milliardaires«, deren interaktive Karte immer wieder einmal vom Netz verschwindet oder, wie gesagt, seitens der Royal Geographical Society.[32]

Das politgeographische Dingfestmachen solcher Machtbewegungen aber ist schwieriger geworden. Das liegt unter anderem an der Tatsache, so Thomas Friedman in der *New York Times*, dass das Weltsystem gegenwärtig von zwei neuen Kräften in die Zange genommen wird, »einer aufsteigenden Supermacht namens China und einer wachsenden Zahl von supermächtigen Individuen. Durch Globalisierung, technologische Vernetzung und eine allgemeine Vereinheitlichung der Welt ist diese kleine Gruppe so mächtig geworden, dass sie als ›Privatpersonen‹ in der Lage sind, jede Hierarchie – vom Bankensystem bis zu ganzen Nationalstaaten – individuell herauszufordern.«[33] Beide Phänomene – sowohl die äußerst geschickten geopolitischen »Landnahmen« durch den chinesischen Kapitalismus als auch das Entstehen und Wirken von personalen Mikronetzwerken – lassen sich nicht so einfach »kartographieren«.

Vor allem das vermehrte Auftreten von »super-empowered individuals« (Parag Khanna) hat die unterschiedlichsten Auswirkungen auf die politische Geographie, auf Geopolitik. Denn aus der Sicht dieser Individuen und ihrer Netzwerke erscheint unser Planet nicht mehr als der allgemeine Gegenstand der Arbeit von Milliarden von Menschen, also als ein Raum, in dem sich ein realer Stoffwechsel zwischen Natur und Gesellschaft vollzieht. Im Gegenteil: Die aufbauenden (und zerstörenden) Wirkungen menschlicher Arbeit sowie die Ressourcen unseres Planeten erscheinen nur noch als eine Sphäre kommunikativer Einflussnahmen, weltumspannender virtueller Finanztransaktionen, als Terrain eines kulturellen und massenkulturellen Kampfes um Deutungshoheit. Und wo und wie will man da noch die wenigen Medienmonopole und Software-Riesen, bei denen alle Operationen im Geld enden, geographisch verorten? Diese neue »Raumordnung« der Geopolitik hat längst bewirkt, dass auch Ökonomie – obgleich Ökonomie etwas völlig anderes, Grundlegenderes ist – als eine kulturelle beziehungsweise politische Operation erscheint. Genau das meint beispielsweise auch Joseph Vogl mit seiner Formel vom »Gespenst des Kapitals«.[34]

Auch die Sozialgeographie, so politisch progressiv (weitaus mehr jedenfalls als die Soziologie) sie geworden ist, kommt an dieser Stelle nicht weiter, wenn sie das Problem der Darstellung, der Repräsentation nicht neu stellt. (Darüber mehr in den folgenden Kapiteln.) Hinzu kommt, dass auch das Aufgabenfeld einer traditionellen Geopolitik, die sich mit dem direkten physischen Kampf um territoriale Einflusszonen, um Ressourcen und so weiter befasst, sich tiefgreifend verändert hat. All das erzeugt ständig neue Mobilitätsmuster unserer »Titanen« über alle nationalen und physischen Grenzen hinweg. Man denke nur daran, wie frustrierte nationale Steuerbehörden von transnationalen Superreichen an der Nase herumgeführt werden.

Damit ist etwa das folgende Beispiel, die Geschichte der »Moveable Islands for the Rich« (bewegliche Inseln für Reiche), nur noch zum Teil als Satire zu verstehen: »In einer Zeit, in welcher der Ruf nach höherer Besteuerung für die Reichen immer lauter wird, in der die Staaten sich immer mehr verschulden, die Armen immer ärmer werden und die Mittelklassen endlich versuchen, das Prinzip freier Wahlen für sich zu nutzen, beginnen die Superreichen nach Auswegen zu suchen. Eine Lösung: bewegliche Inseln.«[35]

Nachdem Privatyachten sich immer häufiger der Länge von 200 Metern nähern, lasse sich unschwer vorstellen, wie ein paar reiche Kerle so etwas wie »schwimmende Festungen der Furchteinflößung« bauen, auf denen totale Steuerfreiheit herrscht. Da draußen auf See könne man solche Gebilde zu souveränen Staaten erklären und mit anderen künstlichen Inseln Allianzen formen. Und schon taucht da dieses Projekt einer schwimmenden Stadt mit dem originellen Namen *Utopia* auf. Das Projekt hat dreizehn Stockwerke und ragt fast siebzig Meter hoch aus dem Wasser. Es gibt vier Hubschrauberlandeplätze, ein eigenes Dock, mehrere Schwimmbäder und so viel Platz wie auf dem größten Kreuzfahrtschiff. Für eine stabile Beweglichkeit auf dem Meer ruht es auf vier Plattformen mit jeweils eigenem Antrieb und beweglichen Säulen, die als Ankersystem auf den Meeresboden abgesenkt werden können. Unter Deck gibt es genügend Platz für Shops, Bars, Restaurants unter beweglichen Schiebedächern. Ein solches Furcht und Eindruck erweckendes schwimmendes Gebilde, bemerkt Frank, »wäre sicherlich sein Geld wert, erhöhte der Kongess die Steuern für Reiche«.

Es ist also insgesamt interessant und erforschenswert, welche physischen Blüten die Versuche zur Rettung von Privilegien im sinkenden Schiff Kapitalismus treiben. Überall hört man von »Katastrophen-Portefeuilles«. Die neue Investmentphilosophie lautet: statt großer Gewinne Besitzstandswahrung. Einem Bericht von *Reuters* zufolge sind es vor allem »paranoide« superreiche Europäer, die sich aufs Schlimmste gefasst machen, denn sie erinnern sich besonders gut an frühere Perioden des sozialen und finanziellen Zusammenbruchs.[36]

Doch diese Sorgen um Sicherheit können auch in ihr Gegenteil umschlagen. Was hat sich wohl der reichste Mann Indiens gedacht, als er mitten in die Slums der Fünfzehn-Millionen-Metropole Mumbai ein 26-stöckiges Privathaus für über eine Milliarde Dollar setzte? Standen hier die Burgen des Mittelalters, die Geschlechtertürme der Toskana Modell, mit denen sich das Ende des Feudalismus ankündigte? Mukesh Ambani samt Frau und drei Kindern haben sich dieses neue Wohnhaus gewünscht, das nach einem indischen mythischen Eiland Antillia heißt. Es gibt Fitness- und Gymnastikräume, ein Tanzstudio, ein Multimediastudio, Ballsaal, zahlreiche Gästezimmer und Lounges sowie ein Kino mit fünfzig Plätzen. Die 26 Stockwerke umfassen schwebende Gärten mit Platz genug für Bäume, das Dach hat drei Hubschrauberlandeplätze, und die ersten Etagen sind für eine Sammlung von 160 Automobilen reserviert. Der Blick vom 173 Meter hohen Gebäude auf Mumbai und das Arabische Meer ist phantastisch. Für die problemlosen Abläufe sorgt ein Stab von 600 Angestellten. In einer Zeit also, in der es nach dem Rat des indischen Ministerpräsidenten Manmohan Singh den Wirtschaftseliten seines Landes anstünde, »role models of moderation« abzugeben, senden bestimmte »super-empowered individuals« ganz andere Signale aus.[37]

Insgesamt aber hat die Sozialgeographie durchaus begonnen, mit neuen Forschungs- und Darstellungsmethoden die metropolitanen Funktionszusammenhänge der verschiedenen Macht- und Elitenstrukturen zu untersuchen. Und auch wenn New York unter den Megacities nach Zahl der Milliardäre zur Zeit hinter Moskau nur den zweiten Platz einnimmt, ist diese Stadt noch immer das Zentrum des Superreichtums mit einer Population von fast 8 000 Personen – meist Banker, Hedge-Fond-Manager und private equity chiefs – mit jeweiligem Nettovermögen von mehr als dreißig Millionen Dollar. Hier kann, im Unterschied zu »neureichen« Metropolen wie Moskau, der extreme Gegensatz zwischen Reich und Arm zudem auf eine lange Geschichte des kulturellen und politischen Disparitätsmanagements zurückgreifen.

Wie sehr alles im Fluss ist, zeigt sich andererseits an der wachsenden Zahl von kaum genutzten, in den Landschaften herumstehenden Luxusimmobilien, ob in Florida, an der Côte d'Azur oder in Dubai. Robert Frank: »Anfang dieses Jahres fügte Larry Ellison seinem riesigen Bestand an Domizilen ›Porcupine Creek‹ hinzu – ein circa hundert Hektar großes Anwesen mit eigenem Golfkurs. Er zahlte 43 Millionen Dollar dafür. Doch die Leute, die dort arbeiten, sagen, er käme nur gelegentlich vorbei für irgendwelche Wohltätigkeitsveranstaltungen oder Geschäftsevents. Wie ist es möglich, dass jemand für 43 Millionen ein Haus kauft und dann nicht darin wohnt?« Und selbst die Ambani-Familie ist noch immer nicht in den neuen 26-stöckigen, eine Milliarde Dollar teuren Palast eingezogen, sondern schläft nach wie vor in ihrem alten vierzehnstöckigen Wohnhaus in der Nähe. »Freunde sind sich nicht sicher, warum die Familie noch nicht dort wohnt. Es könnte etwas mit dem schwachen Bezug des Gebäudes zum ›Vastu Shastra Prinzip‹ zu tun haben, einer Art indischem Fen Shui.«[38]

»Die Metropolen der Superreichen«
So viele Milliardäre leben in diesen Städten:

1.	Moskau:	77 Milliardäre
2.	New York	58 Milliardäre
3.	Hongkong	40 Milliardäre
4.	London	35 Milliardäre
5.	Istanbul	34 Milliardäre
6.	Los Angelos	25 Milliardäre
7.	Mumbai	20 Milliardäre
7.	São Paulo	20 Milliardäre

Quelle: nach Spiegel *12/2012 von HJK*

Ohne Frage bilden sich in den Grundplänen und Silhouetten der Städte auch immer Macht- und Herrschaftsverhältnisse ab. Doch selbst vor unserer Haustür ist das nicht immer ganz so einfach. Man denke nur einmal an Frankfurt und Hamburg. Von den erlaubten Geschosshöhen her scheint Frankfurt mit seinen Wolkenkratzerchen durchaus den symbolischen Preis für Zeitgemäßheit zu gewinnen. Doch in Wirklichkeit sind Diskretion und Understatement eher das Gebot der Stunde. Und so verzeichnet Hamburg mit seiner Geschosshöhenbescheidenheit proportional zu seinem Territorium zwar nicht die meisten Reichen, aber die meisten Milliardäre.

Es ist zu viel Geld vorhanden, und die Geldbesitzer fressen sich überall hinein in Grund und Boden. Sie setzen sich fest. Deshalb ist es auch am interessantesten, der Frage nachzugehen, wo und wie das große Geld weltweit seine Zweit-, Dritt-, Viertdomizile, seine Fluchtburgen und Ländereien angelegt hat. Eine um solche Informationen erweiterte Grafik sähe dann wohl aus wie ein über die Erde ausgeworfenes Spinnengewebe – mit zunehmend orientierungslosen Spinnen darin.

Kapitalisten?

Wenn man von Milliardären redet, muss selbstverständlich auch das Wort Kapitalist fallen. Wir können in den Gesellschaftswissenschaften ebenso wenig hinter Karl Marx zurückgehen wie in den Naturwissenschaften hinter Charles Darwin. Wir können aber auch nicht bei Marx stehenbleiben. Er hat den Grundmechanismus des Kapitalismus aufgedeckt, der im »unmittelbaren Verhältnis der Eigentümer der Produktionsbedingungen zu den unmittelbaren Produzenten« seine Wirkung tut. Dort sind »das innerste Geheimnis, die verborgne Grundlage der ganzen gesellschaftlichen Konstruktion und daher auch der politischen Form des Souveränitäts- und Abhängigkeitsverhältnisses, kurz, der jedesmaligen spezifischen Staatsform« zu finden.[39]

Doch in den Jahrhunderten der Entfaltung dieses Verhältnisses zwischen Kapital und Arbeit ist ungeheuer viel geschehen. Beide Seiten haben sich, immer im Widerspruch zueinander, fast bis zur Unkenntlichkeit ausdifferenziert und sind, um es einmal zuzuspitzen, auf der Kapitalseite bei Al-Walid ibn Talal Al Saud und auf der Seite der Arbeit beim Online-Hacker gelandet. Marx konnte nicht ahnen (und manche Marxisten ahnen es heute noch nicht), was es hieß, als er schrieb, »dass dieselbe ökonomische Basis – dieselbe den Hauptbedingungen nach – durch zahllos verschiedne empirische Umstände, Naturbedingungen, Rassenverhältnisse, von außen wirkende geschichtliche Einflüsse und so weiter, unendliche Variationen und Abstufungen in der Erscheinung zeigen kann, die nur durch die Analyse dieser empirisch gegebnen Umstände zu begreifen sind«.[40] Denn diese Ausdifferenzierungen des Grundverhältnisses zwischen Kapital und Arbeit enden heute im dialektischen Gegensatz zwischen obzönstem (auch nichtkapitalistischem) Reichtum und globaler (auch transkapitalistischer) Dauerarbeitslosigkeit. Und das führt in unserem Fall, in der Fixierung auf das oberste 0,1 Prozent, zu der Frage, welche Kapitalistentypen eigentlich in unserer Epoche identifiziert werden können.

Die Kapitalistenklasse – die Eigentümer der Produktionsmittel und der Produktionsbedingungen – hat sich in einem unglaublichen

Maße veruneinheitlicht. Deshalb ist Kapitalist längst nicht mehr gleich Kapitalist und eben Milliardär längst nicht mehr gleich Milliardär. Wo man früher von »Kapitalfraktionen« sprach und bestenfalls die Ausdifferenzierung der Produktion in verschiedene Produktionstypen (Bergbau, Stahl, Chemie, Elektrik, Elektronik und so weiter) oder nationale und transnational operierende Markttypen wie Produktionsgüterindustrie, Konsumgüterindustrie und schließlich verschiedene Zweige der Dienstleistungsgesellschaft zur Grundlage für Typenbildungen machte, müssen heute noch ganz andere Kriterien berücksichtigt werden. Die traditionellen Produktions- und Dienstleistungsbereiche sind durch die neuen Informations- und Kommunikationstechnologien völlig umgemodelt worden. Der immer schon schillernde Geld- und Kapitalkomplex, die finanzkapitalistische Dimension der Wirtschaft, hat sich im Bündnis mit der »Kulturindustrie« vom produktiven Wirtschaftsgeschehen weitgehend abgelöst und versucht, eigene Identitäten und Selbstbilder zu schmieden. Erstaunlicherweise jedoch haben diese ganzen Ausdifferenzierungsprozesse weder, soweit ich das sehe, in der politischen Ökonomie noch etwa in der Soziologie zu einer adäquaten Erfassung und Typisierung der diesen Prozessen aufsitzenden Akteure geführt. Und schon gar nicht zur Beantwortung der Frage nach einem neuen »gemeinsamen Nenner«.

Auf der anderen Seite, bei den »Arbeitskräften«, sah das schon etwas anders aus. Hier war die Erfassung, Typisierung, Kategorisierung der Berufsgruppen und Tätigkeitsfelder der abhängig Beschäftigten, also des weitaus größten Teils der Bevölkerung, immer ein entscheidendes Element in der Entwicklung des Gesamtsystems. Was als betriebssoziologische Fliegenbeinzählerei in den Fabriken und Büros (Taylorismus) und als unternehmerische Fließbandbeschleunigung (Fordismus) begann, hat sich zu einer ausgeklügelten Klassifizierungspraxis verdichtet, an der von der Berufsausbildung bis zur Verrentung alles hängt. Die Liste der International Standard Qualification of Occupations der International Labour Organisation der UNO umfasst mehr als 300 Seiten. Unter den verschiedenen Wirtschaftssektoren (Rohstoffe und Landwirtschaft, produzierende Industrie, Dienstleistungssektor und Informationssektor) bieten die beiden letzteren inzwischen den größten (und scheinbar profitträchtigsten) Anteil der Arbeitsplätze, wobei innerhalb des Informationssektors der sogenannten kreativen Klasse immer mehr Aufmerksamkeit gewidmet wird.[41]

Hinter all diesen Klassifizierungsanstrengungen stehen eine sich verwissenschaftlichende Ausbeutungspraxis und in zunehmendem Maße auch eine perfide Ausgrenzungspraxis. Die Kritik am dergestalten Umgang mit der Ware Arbeitskraft ist selbstverständlich ein Kern der marxistischen Klassenanalyse. Aber der Blick auch der Marxisten auf die Spitze der Machtpyramide ist, hat man den Eindruck, trüber geworden. Die »herrschenden Klassen« verschwinden hinter abstrakten Konstruktionen einer Herrschaft der »Monopole«, »Staatsapparate« und »Finanzmärkte«. Die Rede ist von »Hegemonie«, »Gouvernanz«, »Machtblöcken« und so weiter. Insbesondere die Notwendigkeit einer Kategorisierung beziehungsweise Typisierung der Superreichen, also der »privaten« Geldnehmer und Geldgeber am Ende der Kapitalakkumulationskette wird kaum gesehen. Jedenfalls hat hier auch die ab und zu aufblühende Soziologie der Eliten nicht viel geholfen. Anders ist nicht zu erklären, weshalb in der öffentlichen Diskussion noch immer mit ausgesprochen hilflosen Typologien hantiert wird, wie beispielsweise in der im Detail gut recherchierten *Spiegel*-Artikelserie »Deutschland, deine Reichen« oder im Reichen-Bericht des *Manager Magazins*.

So heißt es in der ersten Folge der *Spiegel*-Serie etwa: »Das Image der deutschen Geldelite wird von drei Reichentypen dominiert: den Wohltätern, den bösen Jungs und den Neureichen-Karikaturen.«[42] Man wendet sich dann zwar gegen das mediale Bild des Boulevards: glamouröse Süßwarenhersteller und Proll-Pärchen hier, politisch progressive Hamburger Reeder und 68-angehauchte Speditionsgründer dort und dann noch die »Raffzähne, Trickser und Abzocker in der Realwirtschaft«.[43] Man konzediert, dass hier nicht wirklich die Realität des Superreichtums wiedergegeben wird. Aber was dann kommt und in weiteren Folgen detailverliebt ausgeführt wird, sind bunte Geschichten, einen Tick aufschlussreicher als in *Gala* oder *Bunte*, aber hinsichtlich der eigentlichen Funktionen des Superreichtums in Wirtschaft und Gesellschaft wenig ergiebig. Was sich herausstellt, ist bestenfalls die Einsicht, dass es unter den »Reichen« enorme Unterschiede, ja tatsächlich auch eine Unter- und eine Oberschicht gibt. Auch liest man mit Interesse, dass Konzernchefs etwas anderes sind als Selfmade-Milliardäre. Aber letztlich läuft auch dieser ganze aufwendige *Spiegel*-Bericht auf das Übliche hinaus: dass die Superreichen so sind wie du und ich und doch ganz anders und dass ihre besonderen Freiheitsgrade ihnen ein besonderes Verantwortungsbewusstsein abverlangen.

So könnte sich auch der neue Bundespräsident, Joachim Gauck, ohne weiter nachzudenken, jenen »Gipfelpunkten« des deutschen Reichtums zuwenden, »wo die Vermögen jedes Jahr ohne große Anstrengungen um dreistellige Millionensummen wachsen … Wo Family Offices oder gleich die eigene Bank das Geld verwalten«, wo Clans wie die Quandts, von denen es doch »viele« in Deutschland gibt, sich »allein aufgrund ihres BMW-Pakets über eine Dividende von 650 Millionen Euro freuen«. Das Argument von der Neidgesellschaft scheint auf; auf die Gefahr, dass »die oben sich abschotten«, wird richtigerweise hingewiesen. Aber das alles mündet in die typischen haushofmeisterlichen Versöhnungsgeste: »Man sollte die Reichen weniger beschimpfen als beteiligen, zum Mitmachen animieren. Man sollte ihnen erklären, welch wichtige Bedeutung sie haben. Auch welche Verantwortung. Und welche Vorbildfunktion.« Nur ran, Herr Bundespräsident!

Doch haben die Superreichen (international vernetzt, wie sie sind) selbstverständlich längst ihre eigenen »vermögenskulturellen« Berater, ihre Einflüsterer, ihre Philosophen und so weiter engagiert. So werden die Klugen unter ihnen gütig über *Spiegel*-Weisheiten wie diese lächeln: »Geld ist etwas Blasses. Es sagt nichts, aber es kann vieles. Wer Reichtum generell unmöglich machen will, beraubt sich zugleich der Möglichkeit, ihn gerecht zu verteilen.« Ein »nachdenkenswerter« Satz des *Spiegel*, der allerdings durch die Schlusswarnung übertroffen wird: »Eine Kapitalismuskritik, die sich auf Finanzforderungen beschränkt«, reduziere unbilligerweise »alles aufs Geld.«[44] Als wenn das alles nicht längst, und zwar nicht durch Kritik, sondern durch Taten geschehen ist.

Trotz alledem spricht selbstverständlich nichts dagegen, sich mit allen möglichen populärwissenschaftlichen, bildhaften Typologien an unseren Gegenstand heranzutasten. Milliardäre sind sichtbar und unsichtbar zugleich. Das macht die Beschäftigung mit ihnen spannend. Und es blitzen ja ständig neue und unterscheidende Eigenschaften und Merkmale dieser Schicht auf. So standen in den ersten Notizen zu diesem Buch Kategorien wie Weltbürger, Regionalisten, altes Geld, Mafiosi, Oligarchen, Usurpatoren; und an anderer Stelle: die Bösen, die Guten, die Klugen, die Unbekannten und sogar die Linken. Und diese Typen werden an verschiedenen Stellen tatsächlich auftauchen.

Auch das Internet quillt über mit entsprechenden Blog-Einträgen. Da wird zum Beispiel gefragt, welche Art von Milliardär man denn eigentlich selbst sein möchte, und fünf Typen stehen zur Auswahl: The Investor Billionaire, The Philanthropist Billionaire, The Idealist Billionaire, The Mastermind Billionaire, The Megalomaniac Billionaire.[45] Man kann, ohne selbst Milliardär zu sein, einem von der amerikanischen Ultrarechten lancierten »Leftwing Millionaires Club« beitreten.[46] Oder man spielt gleich mit in den satirischen Straßentheater-Organisationen wie »Billionaires for Bush«[47] oder »Billionaires for Wealth Care«[48], die jetzt, in den Wahlkämpfen 2012, wieder besonders aktiv geworden sind. Solche spielerischen Initiativen zeigen, wie groß das Interesse am Transparentmachen dieser weitgehend abgeschirmten Dimension unserer Gesellschaft ist.

Den klarsten Kopf in dieser Beziehung hat ohne Frage das Wealth-Management in all seinen vielfältigen Ausprägungen weltweit. Hier spielen Ranglisten, wie schon mehrfach betont, eine wichtige und zumindest in der (deutschen) Soziologie noch nicht zureichend reflektierte Rolle. Betrachten wir uns unter diesem Gesichtspunkt noch einmal die Liste der 500 reichsten Deutschen des *Manager Magazins*.[49]

»Bei allen Vermögensangaben handelt es sich um Schätzungen. Bewertungsgrundlage sind Recherchen in Archiven und Registern sowie bei Vermögensverwaltern, Anwälten, Bankmanagern und Vertretern der Rangliste selbst. Die Vermögen wurden konservativ bewertet, Aktienkapital nach den Kursen von Anfang September

Die reichsten Deutschen	Mrd. Euro
1	Familie Karl Albrecht	17,20
2	Familie Berthold u. Theo Albrecht jr.	16,00
3	Dieter Schwarz	11,50
4	Familie Otto	9,00
5	Susanne Klatten	8,90
6	Familie Reimann	8,00
7	Familie Reinhold Würth	7,20
8	Günter und Daniela Herz	7,00
9	Familie Oetker	7,00
10	Familie Rethmann	6,00
11	Familie Braun	5,60
12	Johanna Quandt	5,20
13	Dietmar Hopp	5,10
14	Hasso Plattner	5.05
15	Stefan Quandt	4,90
16	Familie Jacobs	4.60
17	Familie August von Finck	4.50
18	Familie Ingeburg Herz	4,50
19	Flick-Erben	4,25
20	Familie Knauf	4,20

2011, nicht börsennotierte Unternehmen nach Umsatz, Profitabili-
tät und Marktstellung. Als Vermögen gelten unter anderem Beteili-
gungen, Grund- und Immobilienbesitz, Aktien, Kunstsammlungen,

aber auch Stiftungen, sofern es sich um gemeinnützige Stiftungen handelt.« (*Manager Magazin*)

Die Vignetten über die Personen, Familien, Clans und Gefolgschaften, welche die Wirtschaftsjournalisten dort anbieten, vermitteln den Gesamteindruck, als handele es sich hier um ein harmloses, teils spießiges, teils irgendwelchen Luxushobbys wie Pferdesport oder Oldtimer-Sammeln frönendes Völkchen. Aber es wird auch deutlich, welches ungeheure gesellschaftliche und ökonomische Gewicht diese Leute verkörpern. »Im Schnitt besitzt jeder Deutsche 57 000 Euro. Die Bundesbürger verfügen über knapp zehn Billionen Euro Vermögen in Geld und Immobilien, hat der Bankenverband jüngst berechnet. Europas Schulden ließen sich damit auf einen Schlag komplett bezahlen, auch wenn das nur eine theoretische Größe ist.«[50] Berechnungen gehen davon aus, dass sich rund 3,3 Billionen Euro dieses Gesamtvermögens in den Händen des obersten 0,1 Prozent der Bevölkerung befinden. Die meisten dieser Vermögen sind noch in der Realwirtschaft verankert, basieren also auf Kapitalakkumulation aus Produktions-, Dienst- und Informationsleistungen.

Aber es ist schon interessant, dass sich, laut *Manager Magazin*, zwischen diesen Bestandskern an Milliardären aus Industrie, Handel und so weiter zwei andere, ganz unterschiedliche Typen von Milliardären schieben. Die einen sind die Finanzjongleure, die anderen diejenigen (meist Erben oder »Aussteiger«), die ihre Vermögen zum Teil ganz bewusst in die Beeinflussung und Gestaltung von Kultur, Gesellschaft und damit auch von Politik investieren. Abgesehen von der Tatsache, dass die Trennlinien zwischen diesen Gruppen nicht scharf sind und dass erstere kräftig bei den zweiten und dritten mitmischen, sind die Finanzjongleure und »Gesellschaftsgestalter« empirisch oder gar statistisch schwerer zu fassen. Industrielle und Dienstleister müssen auf den Radarschirmen der Finanzämter zumindest einige Spuren hinterlassen, bei den anderen milliardenschweren Akteuren aber verwischen sich die Abdrücke. Das liegt zum einen an der – inzwischen für alle Welt zutage tretenden – Eigenart der Finanzmärkte, am liebsten und ganz systematisch in eigens der Politik abgeluchsten Grauzonen zu operieren, Stichwort Hedge-Fonds.

Zum anderen kommt man hier einem Problem näher, das auch uns beschäftigt. Es ist die Erkenntnis, dass sich in der Entfaltung dieser Weltgesellschaft zwar scheinbar mit Geld alles und alles mit Geld machen lässt, dass sich folglich alle nur denkbaren sozialen Schichten und Gruppen auf diesen zugleich alten und neuen Machertyp hin orientieren müssen, dass aber andererseits alle wesentlichen sozialen Erscheinungen, auch das Kapital, sich ständig weiter dialektisch ausdifferenzieren und damit immer auch das eigene Gegenteil produzieren. Deshalb bilden sich auch an der Spitze der Pyramide, im Kreise der Geldmächtigsten, Alternativen, »Gegentypen« heraus. So werden alle Ranglisten brüchig, so können alle *Bloomberg-*, *Forbes-*, *Sunday-Times-* oder *Giving-Pledge*-Listen nicht beanspruchen, die Wirklichkeit dieser Kreise wiederzugeben.

Es bleibt ein Problem der Darstellung, sich wirklich eine Vorstellung von unseren Milliardären zu machen, welche nicht in Zahlen und Proportionen steckenbleibt, auch nicht in das Labyrinth von Anekdoten führt und dennoch die »Lebenswelten« dieser Schicht so anschaulich macht, dass man sie sich als Akteure im Kern, im unsichtbaren Kern unserer Gesellschaft vorstellen kann. Am soziologischen Institut der Universität Münster haben wir das einmal für die hundert einflussreichsten Europärer in Gestalt einer kleinen Online-Datenbank versucht[51] – und zweifellos könnten und vielleicht sogar müssten Publikationen wie das *Manager Magazin* die sich um ihre Reichenpanoramen rankenden Informationen auf die eine oder andere Weise öffentlich zugänglich machen. Denn eines ist klar: Den 500 reichsten Deutschen des *Manager Magazins*, den hundert reichsten Europärern der *Sunday Times*, den auf *Forbes*-Listen oder in den Berichten von Merrill Lynch/Capgemini Aufgeführten kommt man als Sozialwissenschaftler nicht mit den Methoden der »normalen« empirischen Sozialforschung auf die Spur, die auf ganz andere Zahlen und Strukturen geeicht sind.

Als weiteres Darstellungs- und Forschungsproblem kommt hinzu, dass ja viele über riesige Geldmittel verfügende und in unsere Gesellschaften hineinwirkende Personengruppen im kriminellen oder halbkriminellen Untergrund operieren. Und nicht zuletzt geht es um die zahlreichen Diktatoren, Usurpatoren und schlichtweg korrupten Figuren aus den verschiedensten gesellschaftlichen Bereichen, die sich ebenfalls am Kapitalismus bereichern und zugleich beteiligt sind am großen Geschäft, den Kapitalismus zu zerstören – und vielleicht sogar zu überwinden.

Der *Wall-Street-Journal*-Autor Robert Frank ist mit seinem Weblog »Wealth Report« ein Musterbeispiel der »teilnehmenden Beobachtung« (einer etablierten soziologischen Forschungsmethode) im Reich der Superreichen. Einer seiner typischen Einträge beschäftigte sich auf dem Höhepunkt der Occupy-Bewegung in New York mit dem Inkognito-Besuch eines Milliardärs im Zuccotti Park. »Jeff Greene ist bekanntlich jener Florida-Milliardär, der sein Glück auf dem Immobilienmarkt machte und sich anschließend ohne Erfolg bei den Demokraten um eine Kandidatur für den US-Senat bewarb. Während des Vorwahlkampfs sah er sich oft einer Menschenmenge gegenüber, die ihn zwar nach seinem Reichtum, seinen Yachten, seiner Freundschaft mit Lindsay Lohan fragte, aber kaum etwas über die eigentlichen Wahlthemen oder seine politischen Ideen wissen wollte.« Dieser Greene entschloss sich kürzlich zu einem Spaziergang durch *The Billionaire's Heart of Darkness,* auch bekannt als das Occupy-Wall-Street-Feldlager am Zuccotti Park. Laut *Forbes* sympathisiert Greene ganz generell mit dem Argument, dass die extreme Ungleichheit überwunden werden müsse. Aber statt einer entstehenden Klassenkampfarmee traf er dort nur fünfzig bis hundert Leute, die meisten Touristen. Greene beschrieb diese Ansammlung wie folgt: »Für mich sah es wie ein Straßenfest aus. Leute, die Cookies kaufen, Straßenmusiker, die singen, Leute, die essen. Ich redete mit den Leuten und wollte wissen, wogegen sie protestieren, aber sie konnten es nicht sagen. Nach meiner Schätzung waren da zehn Prozent Protestler, zehn Prozent Journalisten, zehn Prozent Musiker und siebzig Prozent Touristen.«

Zum Glück für Greene schien niemand ihn als Milliardär zu identifizieren, denn er trug ein einfaches Rugbyhemd. Und die Leute, die er zur Seite zog, um mit ihnen über den Protest zu diskutieren, konnten keine Gründe nennen oder gar vernünftige Argumente gegen Ungleichheit artikulieren: »Der Kerl, der sich als Pressesprecher von Occupy Wall Street vorstellte, redete davon, mehr Farmen zu gründen.«

Doch Robert Frank hat das letzte Wort: »Vielleicht wäre es besser gewesen, Greene hätte sich als Milliardär zu erkennen gegeben (oder als Mitglied der 0,004 Prozent) und es den Protestierenden überlassen, die Fragen zu stellen. *Das* hätte vielleicht was gebracht.«[52]

Forbes versus *Bloomberg*

Aber es geht bei Robert Frank nicht nur um solche Randerscheinungen. So berichtet er darüber, wie Bloomberg jüngst »Eight Billionaires You've Never Heard Of« (acht Milliardäre, von denen Sie noch nie gehört haben) ausfindig machte[53]: Trotz all der überbelichteten Individuen auf den *Forbes*-Listen gibt es genug Superreiche, von denen die Welt noch nichts gehört hat. Ein früherer Mitarbeiter von *Forbes Magazine* hat nun ausgerechnet bei *Bloomberg* eine Liste von acht Milliardären veröffentlicht, denen es bislang – während sie ihre Imperien aufbauten – gelungen ist, in den Rankings unsichtbar zu bleiben. Die auf keiner internationalen Reichenliste Aufgeführten sind:

Carlos Rodriguez-Pastor (Peru, drei Milliarden Dollar)
Siegfried Meister (Deutschland, 2,2 Milliarden Dollar)
Elisabeth Badinter (Frankreich, 1,1 Milliarden Dollar)
Alain Taravella (Frankreich, 1,1 Milliarden Dollar)
Günther Fielmann (Deutschland, 3,4 Milliarden Dollar)
Rubens Menin (Brasilien, 1,6 Milliarden Dollar)
Anas Sefrioui (Marokko, 2,7 Milliarden Dollar)
Eric Sprott (Kanada, 1,3 Milliarden Dollar)

Selbstverständlich sind einige von ihnen in anderer Form in den Medien aufgetaucht. Das Internet ist voller Informationen über den Silberhändler Eric Sprott. Über den Peruaner Carlos Rodriguez-Pastor wurde ausführlich im *Time Magazine* berichtet und Anas Sefrioui figurierte zumindest in der heimatlichen Presse als der reichste Mann Marokkos. Und die Familie Fielmann fehlt nicht auf den Listen des *Manager Magazins*. Der springende Punkt aber ist, dass keiner aus dieser »Achterbande« jemals auf einer der *Forbes*-Listen aufgetaucht ist. Und da müsse man, so Frank, sich doch fragen: »Warum nicht?« Denn das Interessante sei, dass die meisten aus dieser Gruppe aus großen, entwickelten, mediengesättigten Ökonomien wie Deutschland und Frankreich stammen. So markierte diese *Bloomberg*-Veröffentlichung denn auch die erste Salve im Krieg der Reichenlisten zwischen *Bloomberg* und *Forbes*.

Dieses Spiel, immer einen Tick besser als der andere zu sein, tobt also nicht nur zwischen den Geldbaronen selbst, sondern auch zwischen denjenigen, die sie zählen. Und so verkündete *Bloomberg* vor kurzem die Einrichtung eines eigenen Milliardärsindexes. Er werde täglich um 15:30 Uhr aktualisiert, die Liste werde den Spuren der zwanzig reichsten Individuen der Welt folgen. Mit dieser Ankündigung versuchte *Bloomberg* anscheinend *Forbes* ein wenig den Wind aus den Segeln zu nehmen, denn dort werde gerade die Publikation der Listen für 2012 vorbereitet. Daraufhin reagierte *Forbes* mit der Ankündigung, zusätzlich zur großen jährlichen Liste eine tägliche Aufstellung der Gewinne und Verluste der fünfzig Spitzenmilliardäre herauszubringen, die alle fünfzehn Minuten aktualisiert werde.

Im übrigen sind die *Bloomberg*- und *Forbes*-Listen einander ziemlich ähnlich und unterscheiden sich im wesentlichen nur, wie sie die verschiedenen Vermögensbestandteile einschätzen. *Bloomberg* beispielsweise kommt beim IKEA-Gründer Ingvar Kamprad durch Berücksichtigung seiner Familienstiftung auf ein Vermögen von 42 Milliarden Dollar, *Forbes* lässt das unberücksichtigt und kommt so auf sechs Milliarden Dollar Nettovermögen. Manche haben kritisiert, dass solche Listen ohnehin nur der Glorifizierung der Superreichen dienen, dass man sie, nachdem soziale Ungleichheit im Brennpunkt steht, wie Rennpferde zur Schau stellt und dass diese Schicht durch solche Selbstdarstellung nur zeigt, wie stocktaub gegenüber der sozialen Realität sie ist.

Trotzdem bleibt es, gerade angesichts der Konkurrenz zwischen den Reichenberatern *Bloomberg* und *Forbes*, eine wichtige Frage, wie akkurat diese Listen sind. Kevin Rose in der *New York Times*: »Die Quantifizierung extremen Reichtums ist bekanntermaßen ein enorm verzwicktes Geschäft, da viele Milliardäre ihre riesigen, komplexen Vermögen teils in börsennotierten Unternehmen, teils aber auch ganz woanders investiert haben.«[54] Sowohl *Bloomberg* als auch *Forbes* haben versucht, ihre Methodologie zu erklären. *Bloomberg* stützt sich danach auf eine Mischung von öffentlich zugänglichen und privaten Daten, wobei beispielsweise der Wert von Privatunternehmen durch Vergleich mit konkurrierenden Aktiengesellschaften ermittelt wird und verschiedene Methoden der »Liquiditätseinschätzung« zum Tragen kommen. *Forbes* stützt sich auf Interviews mit Wirtschaftsprüfern, Beratern und Anwälten und berücksichtigt Eigentums- und Aktienanteile sowie Immobilien, Yachten, Kunstbesitz und Barkonten sowie persönliche Schulden (die *Bloomberg* nicht einrechnet). Dennoch spiegeln die Listen nur den »Papierreichtum«, also all das, was man aufgrund veröffentlichter Informationen mit Hilfe von mathematischen Modellen per Computer ermitteln kann. So kommt es bei den Zahlen täglich zu heftigen Fluktuationen.

Kevin Rose gibt ein Beispiel: »Angenommen, man würde den Nettowert des Gründers von Zynga, Mark Pincus (Nummer 719 auf der diesjährigen *Forbes*-Liste), kalkulieren wollen. Man könnte Pincus' Anteil an Zynga (ungefähr 112 Millionen Aktien) am Stichtag für das jährliche *Forbes*-Ranking, dem 14. Februar 2012, mit dem Börsenkurs (ungefähr vierzehn Dollar per Aktie) multiplizieren. Dann füge man Schätzungen zum übrigen Vermögen von Pincus hinzu – Häuser, Autos, sonstige Aktien, Anteile an nicht börsennotierten Firmen. So käme die Summe von ungefähr 1,8 Milliarden Dollar zusammen, die *Forbes* als Nettowert für den Techno-Mogul angibt. Wäre der Stichtag für das Ranking aber der 15. Februar gewesen, an dem Zynga seine Gewinnzahlen veröffentlichte und der Aktienkurs auf elf Dollar sank, wäre Pincus nur noch 1,5 Milliarden Dollar wert, hätte also über Nacht einen Verlust von etwa siebzehn Prozent seines Nettowerts verzeichnet. Diese Schwankungen machen die Beobachtung der *Bloomberg*- und *Forbes*-Listen so faszinierend. Und natürlich hat das alles nichts mit dem jeweils tatsächlich flüssigen Kapital zu tun.«

Sowohl *Forbes* als auch *Bloomberg* versuchen, schreibt Robert Frank, die Genauigkeit ihrer Listen dadurch zu erhöhen, dass sie direkt mit »ihren« Milliardären reden. Aber das birgt neue Risiken, etwa der Unehrlichkeit. Und Randall Lane von *Forbes* sagt: »Wir gehen nicht davon aus, dass uns irgendjemand die exakte Wahrheit sagt. Manche stapeln hoch, manche tief. *That's part of the fun.*« Bei allem Streben nach Exaktheit wüssten die meisten Superreichen selbst nicht, was sie wert sind – es sei denn, ihr gesamtes Vermögen bestünde in Aktienbesitz. Und letztlich, fährt Lane fort, ginge es gar nicht immer darum, die genauen Zahlen herauszufinden. »Es geht gar nicht um die Zahlen per se. Das ist einfach eine *scorecard* (Wertungsliste) dafür, wer die wichtigsten Leute sind.« Das findet auch Robert Frank: »Der Grund für diese Milliardärslisten hat weniger mit der Quantifizierung von Reichtum zu tun als mit der Möglichkeit, Außenseitern etwas Geordnetes, etwas in Reih und Glied zum Bestaunen zu liefern.«[55]

The Giving Pledge

In den USA, der Musterwerkstatt des privaten Imperiums der Milliardäre, ist der philanthropische Wirtschaftssektor im letzten Vierteljahrhundert gewaltig gewachsen. In den sogenannten Non-Profit-Organisationen arbeiten inzwischen mehr Menschen als in den Behörden Washingtons und der Bundesstaaten.[56] Damit hat sich auch der Einfluss auf die Politik (public policy) enorm verstärkt. Aus den privaten Initiativen fließen jährlich mehr als 300 Milliarden Dollar, 2,1 Prozent des Bruttoinlandsprodukts der USA, in den öffentlichen Sektor. Auch wenn Bill Gates und Warren Buffett in aller Munde sind, stammen aus Stiftungen wie den ihren nur rund dreizehn Prozent aller Spenden, 83 Prozent oder mehr als 250 Milliarden Dollar kommen aus anderen privaten Quellen, Schenkungen und Vermächtnissen. Doch immerhin stammen rund siebzig Prozent der Gesamtsumme von den drei Prozent der Bevölkerung, die über ein Jahreseinkommen von über 300 000 Dollar und/oder Vermögen von über eine Million verfügen.

Wohin aber fließt dieses Geld? *The Nation* schreibt: Ein wenig davon landet tatsächlich bei der Katastrophenhilfe und bei der Versorgung der Armen – »*but not very much.*«[57] Robert Reich, Arbeitsminister in den Jahren 1993–1997 in der Regierung Bill Clinton, schätzt, dass nur rund zehn Prozent aller Wohltätigkeitsspenden den wirklich Bedürftigen und Armen zugutekommen. Ein Drittel geht an religiöse Organisationen, dreizehn Prozent an Bildungseinrichtungen, sieben Prozent an Krankenhäuser, Gesundheitsorganisation und einschlägige Forschung, drei Prozent an internationale Friedens- und Hilfsaktivitäten, zwei Prozent an Umwelt- und Tierschutzinitiativen. Vor allem linksliberale Kräfte, schreibt Reich, würden dafür plädieren, dass nur noch Spenden, welche direkt den Armen zugutekämen, in den Genuss von Steuererleichterungen kommen.[58]

Trotz dieser Relationen hat die im Jahre 2010 gestartete Initiative von Bill Gates und Warren Buffett, »The Giving Pledge«, den meisten Staub aufgewirbelt. In ihr verpflichten sich Milliardäre, mindestens fünfzig Prozent ihres Vermögens zu Lebzeiten oder nach ihrem Tode für wohltätige Zwecke zu spenden. Die Idee dahinter war, den Superreichen durch eine solche Verstetigung ihres Spendenverhaltens ein »Durchdenken ihrer philanthropischen Pläne« zu ermöglichen. Das Nettovermögen der 400 Milliardäre auf der Forbes-Liste 2009 betrug rund 1,2 Billionen Dollar. So hätte diese Gruppe nach den Vorstellungen von Gates und Buffett rund 600 Milliarden Dollar zur Verfügung stellen können. Ende 2010 waren 57 Familien dieser Initiative beigetreten, darunter Mark Zuckerberg (Facebook), Jeff Greene und Carl Icahn. Im April 2012 war diese Zahl auf 81 gestiegen. »Offensichtlich gibt es noch viele Leute, die wir rekrutieren können, und wir werden sicher noch viel mehr Unterschriften zusammen bekommen,« sagte Buffett zu diesem Zeitpunkt.[59]

Diese Selbstverpflichtungen sind jedoch juristisch nicht bindend. Und so groß, wie die Summe von 600 Milliarden Dollar auch erscheinen mag: Sie beschreibt eine Gesamtmenge, die dennoch lediglich das Doppelte dessen beträgt, was die USA, bescheiden genug, in einem Jahr an Hilfsgeldern international zur Verfügung stellt. Entscheidend bei der Giving Pledge ist also die Steuerungsfunktion: Der Schwanz möchte mit dem Hund wedeln. Das wird noch deutlicher, wenn man die genannten Zahlen mit dem nationalen Sozialbudget vergleicht.

Aber da gibt es nun einmal diese Website der Giving Pledge, und auf ihr steht: »The Giving Pledge is an effort to invite the wealthiest individuals and families in America to commit to giving the majority of their wealth to philanthropy.«[60] Diese Bereitschaft wird unterstrichen und begründet durch Briefe der Spenderfamilien, in denen sie versuchen, ihre Motivationen klarzulegen. Analysiert man den Inhalt dieser Briefe, treten interessante Argumentationsmuster zutage.

Fortune Magazine bekam durch die digitale Methode der Wortfrequenzanalyse (meist benutzte Begriffe) Folgendes heraus. An erster Stelle standen die »Rags to Riches«-Geschichten (Vom Tellerwäscher zum Milliardär): Viele der Briefschreiber erzählen, wie sie aus dem Nichts aufgestiegen sind und eigentlich auch ihren Kindern beziehungsweise Erben diesen Weg nicht ersparen wollen. »Ich habe mit absolut nichts angefangen«, schreibt Jeff Greene, »und ich lebe ganz gewiss den *American Dream*.« Dabei betont Greene andererseits, dass es absolut notwendig sei, anderen diese Aufstiegschancen erst einmal zu ermöglichen. Dieser Mythos ist zudem eng mit dem Bildungsthema verknüpft, dem zweiten Schwerpunkt. »Education« (Bildung) war der am häufigsten vorkommende substantielle Begriff, gefolgt von »Gesundheitsvorsorge«. Die Dysfunktionalität des amerikanischen primären und sekundären Bildungssystems wurde immer wieder hervorgehoben. Carl Icahn: »Ich glaube, dass unser Land seine hegemoniale Stellung in der Welt verlieren wird, wenn wir die Methoden unseres Bildungssystems nicht grundlegend ändern.«

Drittens wurde das Wort »Stiftung« fast ebenso oft benutzt wie »Bildung«. Das mag, so *Fortune*, den reichen Spendern als natürlich und selbstverständlich erscheinen, Kritiker der Pledge aber sagen, dass durch das Stiftungswesen die Wirkung der Spenden stark gemindert werde. Denn Stiftungsgelder sind, was den Nutzen für die Bedürftigen angeht, viel weniger effektiv als die direkte Hilfe. Im übrigen waren viele der für die Pledge versprochenen

Mittel bereits lange vorher in Stiftungen investiert. Man praktiziere, so hieß es oft, die eigene Version der Giving Pledge ja schon seit Jahren. »Der Gedanke, dass man der Gesellschaft etwas zurückgeben muss, gehört zu meinem Leben, so lange ich zurückdenken kann.«

Schließlich wird in den meisten Briefen deutlich, dass die eigentliche Kraft hinter ›The Giving Pledge‹ gar nicht so sehr die Spendenbereitschaft ist, sondern der soziale Druck der eigenen Schicht, »peer pressure«. So wird oft die Überredungskunst des New Yorker Bürgermeisters und Milliardärs Michael Bloomberg erwähnt, der zu den ersten Unterzeichnern gehörte. Einer der Spender: »Ich habe immer nach dem Motto gelebt: Wenn du ein Leben rettest, rettest du die Welt. Ich hoffe, dass meine Unterschrift andere dazu bewegen wird, es mir gleich zu tun.« Und auch AOL-Gründer Steve Case, »hofft, dass diese Kampagne viele andere inspiriert«.

Den ersten Anstoß für The Giving Pledge gab ein »heiliges Abendmahl«, jenes schon erwähnte New Yorker Milliardärstreffen im Jahre 2009, anberaumt von David Rockefeller, auf welchem Gates und Buffett die Idee vor den Augen ihrer Schicksalsgefährten entwickelten. Die Party scheint seitdem weiterzugehen. Man bekommt ein Gespür für dieses Milieu, wenn man die – letztlich völlig »normalen«, ja banalen – Verkehrsformen innerhalb dieser Gruppe zur Kenntnis nimmt. So schrieb der milliardenschwere konservative Investmentberater Leon Cooperman nach einem der Folgedinner an Warren Buffett, wie sehr seine Frau und er das Zusammensein mit ihm sowie »Bill, Melinda and Mayor Mike« genossen hätten: »The graciousness of the Mayor's hospitality was matched only by the interesting guests and the quality of the dinner conversation!«[61] Im übrigen hatten zum Beispiel auch Filme wie *Wall Street: Money Never Sleeps* (2010, mit Michael Douglas) Einfluss auf die Gestaltung dieser philanthropischen Initiative.

Aber nicht alle Mitmilliardäre verfallen dem Charme von Warren Buffett, dem »Oracle of Omaha«. Außerhalb der USA hat The Giving Pledge wenig Resonanz gefunden, obgleich der chinesische Multimillionär Chen Guangbiao angeblich hundert anonyme Verpflichtungen einsammeln konnte. Eine Einladung durch Buffett und Gates zu einem Dinner in Peking jedoch habe mehr als ein Drittel der angesprochenen chinesischen Superreichen negiert.

In all den Diskussionen um The Giving Pledge scheint das Thema Bildung (Education) immer mehr in den Vordergrund zu rücken. Vor allem die Denkfabrik Brookings Institution hat sich dazu Gedanken gemacht. Brookings richtet dabei das Hauptaugenmerk auf die *globale* Dimension des Bildungsproblems und fragt: »Where is Global Education on the Philanthropy Agenda?« (Wo steht die globale Bildung auf der philanthropischen Agenda?) Eine genauere Analyse der Pledge-Briefe ergibt zunächst einmal, dass alle diese high-net-worth individuals (HNWIs) sich kaum um die Frage kümmern, wie man die Bildungschancen jener 72 Millionen jedes Jahr schulpflichtig werdenden Kinder erhöhen kann, die in aller Welt aus allen Schulsystemen ausgeschlossen bleiben. Allein 13,5 Milliarden Dollar jährlich würden benötigt, um die Ziele des UNESCO-Programms »Education for All« (EFA) zu erreichen.

Das EFA-Programm weist in seinem »Global Monitoring Report« von 2012 darauf hin, dass private Stiftungen wie die Gates Foundation zwar eine wichtige Rolle bei internationalen Gesundheitsinitiativen gespielt haben, dass aber für Bildungsprogramme kaum eine konsistente, projektorientierte Hilfe stattgefunden hat. »Angesichts der Tatsache, dass die Summe, zu der sich die Milliardäre verpflichtet haben, über 200 Milliarden Dollar beträgt, also bis jetzt fünf Milliarden Dollar pro Spender, wäre es doch akzeptabel, die Frage zu stellen, wie viel davon der globalen Bildungsproblematik zugutekommen könnte.«[62]

Die Brookings Institution schlägt drei vielversprechende Lösungspfade für die Mobilisierung von Finanzressourcen für globale Bildungsprojekte vor. Dadurch könnte die Last dieser Aufgaben gleichmäßiger auf Regierungen einerseits und zivilgesellschaftliche Organisationen andererseits verteilt werden – und vor allem müsste man sich dann nicht auf die Einsicht von ein paar Milliardären verlassen. Folgende Finanzierungsströme also könnten erschlossen werden: 1) Bekämpfung der Steuervermeidung beziehungsweise des Steuerbetrugs durch global operierende private »Entitäten«. 2) Eine globale Finanztransaktionssteuer, die vornehmlich dieser Art von Entwicklungshilfe zugutekommt. 3) Überzeugungsarbeit bei privaten Spendern, dass globale Bildungsinitiativen notwendig sind. Und letzteres vor dem Hintergrund, dass in allen Pledge-Briefen persönliche Bildungserfahrungen eine zentrale Rolle spielen, ohne dass jedoch die Förderung von Bildung bislang in einem globalen Kontext gedacht wird.[63]

Doch der grundsätzliche Widerspruch der Philanthropie bleibt: »Legitimationsprobleme haben die Stifter und Spender vor allem in Bereichen, wo sie staatliche und andere Einrichtungen zu verdrängen drohen«, schreibt *Die Zeit*. So werfen »Weltgesundheitsorganisation und kleinere Hilfsgruppen dem Microsoft-Gründer und seiner Frau vor, ihre Stiftung monopolisiere die Forschung und die Entwicklungsarbeit mit fragwürdigen Haurruckpraktiken, ziehe wichtige Experten mit viel Geld auf ihre Seite und ersticke sanftere Methoden – etwa solche, die auf einen langen Dialog mit der Bevölkerung und den Regierenden setzen.« Und seit die Gates-Stiftung sich auch noch »ans Aufmöbeln maroder amerikanischer Schulen gemacht hat«, beschwert sich die dortige Lehrergewerkschaft NEA (National Education Association), Bill Gates sei wohl inzwischen »der wahre Bildungsminister der Vereinigten Staaten geworden«. Zugleich wird deutlich, wie verschwindend gering der finanzielle Einsatz selbst der größten Stiftungen ist »im Vergleich zu den staatlichen Aktivitäten«.[64]

Und auch die Sozialpsychologie sollte man hier nicht vergessen: »Der Gedanke ist verführerisch, dass größerer Reichtum auch größere Fairness gegenüber anderen zeitigt. Denn wenn man selbst schon genug hat, sollte es leichter fallen, an die Bedürfnisse anderer Menschen zu denken. Die Forschung aber legt nahe, dass genau das Gegenteil der Fall ist: Wenn Leute auf der gesellschaftlichen Leiter weit oben angelangt sind, nehmen die altruistischen Gefühle ab.«[65] Aber vielleicht gilt ja auch: Mitgefühl mindert Reichtum! Auf der objektiven Seite jedoch steht längst fest: Philanthropie ist die private Steuerung öffentlicher Mittel – also ein Baustein des privaten Imperiums der Milliardäre. Es gibt, wie wir im Folgenden sehen werden, Ausnahmen. Aber im Endeffekt geht es darum, die Schiffsbrücke der Titanic zu erobern. The Giving Pledge ist ein Piratenstück erster Ordnung! Doch die Eisberge werden nicht von Pappe sein.

Private Welten

Im Folgenden berichte ich noch aus Erfahrungen mit einem Multimillionär und einem Milliardär, die weder mit Listenmanie noch mit dem imperialen Rahmen viel zu tun haben. Jan Philipp Reemtsma, der Hamburger Mäzen, rangiert auf der Liste des *Manager Magazins* (2011) mit einem Vermögen von 650 Millionen Euro auf Platz 151. Joseph (»Joe«) Firmage gehörte Ende der neunziger Jahre als zweifacher Dollarmilliardär zu den in Silicon Valley schnell superreich gewordenen jungen Digerati[66], die damals gleich wieder aus der Businesswelt ausstiegen, um mit ihrem Geld ihren eigenen, oft sonderbaren Interessen nachzugehen. Diese beiden Superreichen sind relativ mühelos zu ihrer Rolle gekommen, der eine mit 25 durch die Erbschaft eines während der Nazi-Zeit angehäuften Zigarettenkonzern-Vermögens, der andere, Ende zwanzig, im Internetrausch der neunziger Jahre. Beide waren beziehungsweise sind lokal tief verankert, der eine im Hamburger Kulturmilieu (zum Beispiel als frühes Mitglied des Arno-Schmidt-Kreises und dessen großer Förderer), der andere im Zentrum der kalifornischen Cyberpunk-, Science-Fiction- und New Age-Bewegung.

Jan Philipp Reemtsma

Reemtsma gehört zu meinem Wahrnehmungsfeld, weil auch ich zeitweise ein Arno-Schmidt-Fan war, weil gute Freunde in diesen Hamburger Zirkeln verankert waren, vor allem aber, weil Reemtsma Ende der achtziger Jahre in sein 1984 gegründetes privates Hamburger Institut für Sozialforschung (HIS) eine ganze Reihe von heimatlos gewordenen und seit längerem mit ihrer Partei in Konflikt stehenden DKP-Intellektuellen aufnahm, mit denen auch ich jahrelang zusammengearbeitet hatte. Mich interessierte damals natürlich, wie man über den Zusammenbruch des Realsozialismus hinaus an marxistischen Positionen festhalten und sie vor allem weiterentwickeln könnte.

Während ich mich eine Weile mit der fernsehjournalistischen Verarbeitung dieser Transitionsperiode, also deren genauer Beobachtung und Umsetzung in Bilder, beschäftigte, bemerkte ich bei einigen jener Weggefährten unter dem Einfluss ihrer Arbeit am HIS eine völlige, ja radikale Abkehr vom Marxismus und ihre Beteiligung an einer zum Teil höchst widersprüchlichen Verarbeitung der 68er-Bewegung. Was mich also an der Rolle Reemtsmas in diesem seinem »höfischen« Umfeld faszinierte, war der mehr oder weniger subtile Einfluss seiner privaten Erfahrungen (einschließlich einer dramatischen Entführung 1996) auf die Forschungs-, Publikations- und Steuerungstätigkeit des HIS.

Modelliert ist das HIS nach dem legendären Frankfurter Institut für Sozialforschung (FIS) der 1920er und 1930er Jahre. Das FIS war ebenfalls ein privates Forschungsinstitut, finanziert von Mitgliedern des wohlhabenden jüdischen Bürgertums der Weimarer Republik. Zu den wissenschaftlichen Mitarbeitern gehörten Theodor W. Adorno, Max Horkheimer, Karl Mannheim, Herbert Marcuse und viele andere. Diese Intellektuellengruppe ergriff diese Chance, um den Marxismus – fast als eine Luxuswissenschaft – weiterzuentwickeln. Marxistische Theorie gehörte in jener Zeit zu einer breiten, sogar dominanten intellektuellen Bewegung mitten aus der realen Welt der sozialen Probleme und sozialen Konflikte. Und es ist schon bemerkenswert, dass die damals im FIS begründete Kritische Theorie der Frankfurter Schule durch eine nicht unerhebliche Unterstützung seitens des HIS auf eine ganz eigentümliche Weise weiterentwickelt wurde und wird. Die engen Verbindungen von Jürgen Habermas, Axel Honneth zum Reemtsma-Institut und die Einflussnahme auf die Deutsche Gesellschaft für Soziologie (DGS) und auf deren Nachwuchsförderung sind nicht zu übersehen. Aber das ist ein anderes Thema.

Das Reemtsma-Institut hat inzwischen etwa sechzig Mitarbeiter und einen – nach Schätzung von Kennern – Etat von rund fünfzehn Millionen Euro jährlich. Die von diesem privaten Forschungsinstitut erbrachten Leistungen und Anstöße gehen weit über das hinaus, was einschlägigen Einrichtungen in der öffentlichen Hochschullandschaft möglich ist. Vor kurzem erhielt Philipp Reemtsma den mit 15 000 Euro dotierten Schader-Preis 2011, der als eine der wichtigsten Auszeichnungen für Gesellschaftswissenschaftler in Deutschland gilt. Schon viele derartige Ehrungen sind Reemtsma zuteil geworden, darunter der Preis für hervorragende Leistungen auf dem Gebiet der öffentlichen Wirksamkeit der Soziologie 2010, eine Stiftungsprofessur an der Johannes Gutenberg-Universität in Mainz 2008, die Ferdinand-Tönnies-Medaille der Christian-Albrechts-Universität und so weiter und so weiter.

Auch ist Reemtsma eine Stütze des Geisteslebens der Hansestadt Hamburg und dabei keineswegs ein distanzierter, über den Wolken schwebender Mäzen. Trotz jener Entführungserfahrung, die sich in sublimierter Form in seinem zentralen Interesse an Gewalt in all ihren Formen manifestiert, kann man ihn heute vielerorts unmittelbar erleben: als Redner, als Rezitator der Werke Arno Schmidts, als Organisator von Ausstellungen und kulturellen Events. In seinen Domizilen in Blankenese und in Portugal trifft sich die der europäischen Aufklärungstradition verpflichtete Intelligenz. Insofern lebt, könnte man meinen, im Kreis um Jan Philipp Reemtsma das alte Ideal der Universität, von dem einst Helmut Schelsky in seiner Hamburger Zeit schwärmte, wieder auf: Einsamkeit und Freiheit.

Aber wie steht es wirklich um eine »Hamburger Schule« der kritischen Theorie? Das HIS übt zwar in erstaunlichem Umfang einen finanziell abgestützten Einfluss auf zahlreiche »kritische« Zeitschriften, Verlage und Publikationen aus, doch Sprecher des HIS sagen nicht ohne Grund, dass wir einfach nicht in einer Zeit leben, in der kohärente Theoriebildung angesagt ist. Dennoch besitzen die eigenen Publikationen und öffentlich sichtbaren Aktivitäten des HIS eine bemerkenswerte Kohärenz. Diese wird, wie gesagt, fast ausschließlich durch den Geschmack, die Idiosynkrasien und auch Eitelkeiten des Jan Philipp Reemtsma selbst geprägt.

Damit lässt sich an unserem Beispiel einiges lernen über die innere Struktur und Dynamik des intellektuellen Gefolges ultraprivater Mäzene. Da kann beispielsweise der Soziologe Christoph

Deutschmann bei der Erörterung der Frage, ob Rentiers automatisch auch Geldinteressen vertreten müssen, zwar schreiben, dass das Beispiel von Jan Philipp Reemtsma zeige, dass gelegentlich »sogar linke sozialwissenschaftliche Theorie finanziert« werde, doch ist man diesbezüglich innerhalb der »Linken« durchaus gespaltener Meinung.[67] Da ist beispielsweise in der *tageszeitung* vom »Offshore-Spekulanten« die Rede und davon, dass ein Anliegen der Reemtsma-Stiftung letztlich »die Diskreditierung des kommunistischen 68er-Denkens« sei.[68]

Und in der Tat läuft auch bei Reemtsma sozusagen schon vorauseilend vieles auf eine Rechtfertigung der Giving Pledge hinaus. So schreibt der Multimillionär in der *Frankfurter Allgemeinen Sonntagszeitung*: »Es geht darum, dass man die Aktivitäten von Menschen, die ihr Geld für nichtkommerzielle Zwecke ausgeben möchten, generell für gemeinwohldienlich hält, und zwar, weil man der Ansicht ist, dass aus der Anarchie der höchst subjektiven Präferenzen heraus unsere Kultur in Bewegung gehalten wird, was nicht geschähe, wenn dies nur von konsensorientierten staatlichen Einrichtungen unternommen würde.«[69]

Joseph (Joe) Firmage[70]

Erstmals tauchte Joseph Firmage Ende 1998 in der Öffentlichkeit auf. Und einige Zeit stand er im Zentrum des Medieninteresses, vor allem als er im Sommer 1999 die Gründung seiner »International Space Sciences Organization« (ISSO) proklamierte.[71] Ich selbst stieß damals auf Firmage und sein schnell wechselndes, kurzlebiges »höfisches Umfeld«, weil ich mich mit der digitalen Revolution, den neuen Medien, einem aus dem Cyberspace erwachsenden »Postmodernismus« beschäftigte – zum anderen als Science-Fiction-Fan. Joe hatte mit seiner Firma USWeb in Silicon Valley Milliarden gemacht.

Dann, wie gesagt, stieg er aus und steckte Hunderte von Millionen Dollar Stiftungsgeld in die ISSO-Organisation. Er glaubte an UFOs, Frieden, Ökologie und Ethik. Er sah einen globalen gesellschaftlichen und kulturellen Paradigmenwechsel, ausgelöst durch die Umwälzung unseres kosmologischen Weltbildes. Er benutzte dabei Vorstellungen, Bilder und »Einsichten« aus den Reservoiren der Massenkultur (*Star Trek, Akte X, Contact*, Science-Fiction generell). Seine Schriften stellten damals einen der umfassendsten *New-Age*-Textkörper im Internet dar, insbesondere sein 600-seitiges, heute kaum noch auffindbares Opus *The Word is Truth*. Internet-, Spielfilmproduktionen standen auf seinem Programm. In einer religiösen Tour d'horizon wurden Themen wie »Heiligkeit«, »Offenbarung«, »Lehre« mit den modernen Mythen um »außerirdische Intelligenzen« verwoben. Seine »phantastische Wissenschaft« ruhte auf den neuesten Erkenntnissen der Astrophysik und Kosmologie. Ernsthaft schien das alles unter anderem wegen seiner Rolle innerhalb der neuen »Cyber-Eliten« zu werden. Er stand auf der exklusiven Liste der »Global Leaders for Tomorrow« des World Economic Forum in Davos.

Hier hatten wir also wiederum einen sehr privaten und sehr lokalen (und leicht verrückten) Milliardär, der sich anschickte, sehr öffentlich und sehr global (mittels des einzigen Mediums, das sich dafür wirklich eignete, dem Internet) mit einer ziemlich interessanten ethischen Agenda wirksam zu werden. Viele Texte und Äußerungen dieses Erlöser-Milliardärs machen sich bis heute gut im Wettbewerb um die Aufmerksamkeit der sinnsuchenden Geld- und Machteliten, aber auch im Sinngemurmel der halbgebildeten Massen in den westlichen Regionen der Postmoderne.

Joseph Firmage ist es in der Massenkultur mit seinen politischen »Unkorrektheiten« schlecht ergangen. Er hat in den letzten zehn Jahren sein Zwei-Milliarden-Dollar-Vermögen in wohlmeinenden postmodernen Projekten weitgehend verloren, lebt in relativer Obskurität im Bundesstaat Utah und tritt gelegentlich mit ambitiösen, schnell wieder verschwindenden Netzprojekten an die Öffentlichkeit. Dennoch haben Firmage und einige andere junge Silicon-Valley-Veteranen gezeigt, dass es denkbar und möglich ist, dass des Diskurses mit anderen Milliardären und Beratern aller Art überdrüssige Milliardäre selbst Graswurzelbewegungen anstoßen und stützen, dass sie der globalen Massenkultur neue Dimensionen eröffnen und das Unmögliche zu denken versuchen. Denn die globale Massenkultur ist auch der fruchtbare Boden für jenen radikalen Paradigmenwechsel, in dem wir irgendwann einmal uns und die Welt ganz anders sehen werden: »Wenn Utopie das ist, was uns erlaubt, ein Bewusstsein für die absoluten Grenzen unseres gegenwärtigen Denkens zu entwickeln, dann sind wir damit auch in die Lage versetzt, diesen Grenzen und Widersprüchen ins Auge zu sehen. Ich habe dies an anderer Stelle als den Widerspruch zwischen Utopie und zynischer Vernunft beschrieben. Wenn dem so ist, produziert dieser Zustand virtuell seinen eigenen Slogan: Zynismus des Intellekts, Utopismus des Willens!«[72]

Und utopisch war Firmage allemal auf dem richtigen Weg. Das US-Verteidigungsministerium hatte im Mai 1999, während des Jugoslawien-Kriegs, Firmage und andere VIPs zu einem mehrtägigen Besuch militärischer Einrichtungen eingeladen. Hier sein Kommentar, der seinen Gastgebern nicht unbedingt gefallen haben dürfte: »Wir sind in den Konflikt in Europa hineingeraten, weil dem internationalen System eine Vision für ein stabiles Zusammenleben der Völker fehlt, die leidenschaftlich verfolgte Idee eines *Friedens in Vielfalt* ... Die Menschheit als System weigert sich, ihren Reichtum in die Jugend und in die Erhaltung der Erde zu investieren. Wir geben Milliarden von Dollar jährlich für Armeen aus, um sie in symptomatischen Krisen einzusetzen. Aber wir wollen nicht sehen, dass Kräfte von solcher Größenordnung und operationeller Effektivität umgepolt werden könnten zu Organisationen, die durch weltweite Bildung und friedliche Hilfstätigkeit die Wurzeln menschlichen Leids beseitigen. Voller Stolz könnte das geschehen als ein erster organisierter Schritt zu einem *total social experience of Space and Earth*. Plädiere ich also«, fährt Firmage fort, »für eine pazifistische Gesellschaft? Selbstverständlich, und zwar im Sinne eines konkreten Ziels, nicht nur einer Vision. Früher wurden Menschen in Ketten geworfen. Heute gibt es unsichtbare, elektronische Fesseln der Sklaverei. Die Konkurrenzwirtschaft zerstört die Grundlagen der Biosphäre. Wir werden von einem ökonomischen System beherrscht, dessen Wachstum immer bewusster die natürlichen Grenzen überschreitet. Das mag zwar alles glänzend organisiert sein und auch gewisse neue Freiheiten erschließen. Aber es ist kein sich selbst erneuernder Kreislauf. Was Investoren mit Hilfe unserer Konzerne der Erde entnehmen, wird der Erde nicht mehr zurückgegeben.«[73]

Aber Firmage glaubte auch, dass extraterrestrische »Lehrer« die Erde immer wieder in der Geschichte besucht haben, und er behauptete, über Beweise zu verfügen. Er redete einem tiefgreifenden Wandel in Physik, Kosmologie und in der Folge allen anderen Wissenschaften das Wort. Er hielt die Bilder, die vom Hubble-Teleskop kamen, für die wichtigsten Offenbarungen unserer Zeit. Er war selbst durch die heutige Massenkultur sozialisiert worden. Seine Zielgruppe waren die nach 1980 Geborenen: »Trotz all ihrer Schwächen hat diese neue Generation mehr als alle anderen vor ihr ein tiefes, inneres Bewusstsein davon, was ihr bevorsteht. Sie ist bombardiert worden mit den lautesten, größten, gleißendsten, stärksten, leckersten, übelsten, besten und schlimmsten Angeboten des Marktes. Und trotz all diesen Konsumlärms, oder vielleicht gerade deswegen, ist diese Generation am empfänglichsten für die sanften, natürlichen, wahren Qualitäten des Lebens. Ihre Imaginationskraft ist atemberaubend kreativ, denn ihnen sind extreme Formen des ›edutainment‹ aufgetischt worden, die weit über das Vorstellungsvermögen ihrer Vorgänger hinausreichen. Ihre Fähigkeit, Vielfalt zu tolerieren, ist enorm und für immer mehr von ihnen ist diese Mannigfaltigkeit der Erfahrungen etwas, wonach sie suchen, statt sie zu bekämpfen.«[74]

Klingt das nicht wie eine Antizipation der Occupy-Bewegung – und vielleicht sogar der Piraten-Parteien?

Exkurs

Entwickelt sich ein neues Weltbild? Kann man es Postmodernismus nennen? Auch in einem Schlüsselfilm jener Jahre, *Contact* (1997), ist es ein Milliardär, der planetarisch agiert. Dieses Mal auf Seiten einer Menschheitsethik im Spannungsfeld von Wissenschaft und Religion. An diesem Film war Joe Firmage zusammen mit dem Astrophysiker Carl Sagan und dessen Frau Ann Druyan unmittelbar beteiligt. *Contact* ist ein Film über ein nicht an ökonomischen oder militärischen Kosten-Nutzen-Kalkülen hängendes Forschungsprojekt der Suche nach außerirdischem Leben (SETI/ Search for Extraterrestrial Intelligence) und damit nach den Grenzen wissenschaftlicher Forschung selbst. Dieser Film allegorisiert die Umstrukturierung der Räume unseres Planeten. Und wo die amerikanische Regierung ihrer kosmischen Verantwortung nicht gerecht wird, greift noch im Sterben – aus der Schwerelosigkeit der Raumstation MIR – der krebskranke superreiche Mäzen ein.

Mit *Contact* ist das Thema des Verhältnisses von Religion und Wissenschaft auf hohem Niveau in der Massenkultur angelangt. Amerikanische Astrophysiker sagen, *Contact* sei der unerreichbar genaueste Film über kosmologische Fragen, der jemals aus Hollywood oder sonst woher kam. Schon mit dem Apollo-17-Foto des blauen Planeten aus dem Jahre 1972 entstand im kollektiven Bewusstsein ein anderes Bild von Globalität. Der Blick ins Universum, den das Hubble-Teleskop eröffnete, ist noch kaum verarbeitet. Es steht ein Wandel unseres Weltbildes an, der die Ausmaße der Kopernikanischen Wende erreicht. Erinnern wir uns: Mit der Kopernikanischen Revolution wurde der Horizont für die Entfaltung der Moderne ausgemessen. Der Mensch musste sich auf die Existenz in einem insularen Sonnensystem einrichten, inmitten eines unüberquerbaren kosmischen Ozeans. Es wurde diese Isolation im Universum, diese Begrenztheit, welche die Energien der Moderne freisetzte, die diesen Planeten so vollständig umgeformt haben. Bis heute ist die Eroberung des Sonnensystems das Paradigma moderner – also veralteter – Naturwissenschaft.

Gleichzeitig bahnt sich eine neue Sicht auf die Stellung der Menschheit im Kosmos an. Zum postmodernen Prozess der Globalisierung gehören die Radioteleskope. Die Einsamkeit und Eingegrenztheit der menschlichen Spezies werden in Frage gestellt. Die Massenkultur ist voller solcher Bilder. Auch Joe Firmage hatte im Gefolge von *Contact* (und nach dem frühen Tod von Carl Sagan) gemeinsam mit dessen Witwe und der renommierten »Planetary Society«[75] in Hollywood ein Unternehmen für Internet-, TV- und Spielfilmproduktionen gegründet, »Project Voyager«, das diesen Fragen populärwissenschaftlich nachgehen wollte. Doch solche Projekte existieren nicht im Machtvakuum. Firmage begann damals, mit seinen scheinbar riesigen finanziellen Ressourcen, Hunderte von Mitarbeitern anzuwerben. Doch das Projekt scheiterte nach kurzer Zeit. Denn überall, wo bestehende ökonomische Interessen, gerade im Bereich der Massenmedien, auf diese Weise tangiert werden, wird es Widerstände geben. So haben wir gerade bei unseren Silicon-Valley-Milliardären schon früh die Erfahrung, dass sie allein nichts sind, dass sich das widerständige Private »kollektivieren« muss, dass auch hier nur Netzwerke helfen.

In den fünfziger Jahren schrieb der Philosoph Gotthard Günther, einer der Mitbegründer der Kybernetik, über die Rolle der USA: »Es scheint den Tatsachen zu entsprechen, dass der amerikanische Kontinent das Wesentliche aller Hochkulturen der anderen Halbkugel zurückweist. Die Ursache hierfür liegt jedoch nicht darin, dass Amerika sich etwa dagegen sträubt, sich von einem primitiven geschichtlichen Niveau auf ein höheres hinaufheben zu lassen, oder dass es schicksalhaftere Formen des kulturellen Lebens ablehnt. Vielmehr scheint Amerika lediglich solche Formen des geschichtlichen Lebens anzunehmen und zu ertragen, die wirklich planetarischen Umfanges sind. Es sieht nun so aus, als stehe eine neue geschichtliche Epoche von globaler Ausdehnung bevor. Trifft dies zu, so wird die nächste Hochkultur die erste ohne regionale Grenzen sein. Sie wird sich über die ganze Erde verbreiten und eine dritte Epoche der Weltgeschichte einführen: die Ära planetarischer Zivilisationen.«[76]

Das mag noch immer so sein. Dann wäre der US-amerikanische Planetarismus in besonderem Maße auf seine Milliardäre, gerade auch die verrückten oder scheinbar besonders »individualistischen« – wie etwa auch Ted Turner oder sogar Bill Gates – angewiesen. Aber niemand glaube, dass dieses privat akkumulierte Beeinflussungspotential auf rein privaten Kanälen unkontrolliert und unorganisiert die öffentliche Bewusstseinssphäre erreicht. Jeglicher Planetarismus ist nur als ein Geflecht von *liaisons dangereuses* zu verstehen, die heute selbstverständlich nicht nur am New Yorker Central Park oder im Silicon Valley oder auf den Cayman Islands, sondern auch in Wladiwostok, Monaco und Hamburg geerdet sind.

In diesem Milieu gründeten frühe Digerati wie »THE WELL«- Initiator Stewart Brand[77], der Futurist Peter Schwartz, der Philosoph Jay Ogilvy, der Schriftsteller William Gibson (*Neuromancer*), der Internet-Guru Howard Rheingold, der Musiker Brian Eno und andere das Global Business Network (GBN). Man begann, Ideen für eine hochkarätige Industrieklientel aufzubereiten. »Das Global Business Network«, schrieb das Magazin *brandeins* im Jahr 2000, »ist eine Art Müttergenesungswerk für verdiente ›Digerati‹, die Mitglieder des digitalen Adels geworden sind. Die erstklassig dotierten Referenten- und Beratungsjobs verhelfen vielen Cyber-VIPs zu Geld und Einfluss.«[78] Heute allerdings ist GBN, wie viele Initiativen aus jener Zeit, nur noch ein Schatten seiner selbst, auch wenn es auf seiner Website mutig heißt, das GBN helfe Organisationen, sich in dieser unsicheren und volatilen Welt zurechtzufinden. Man biete dafür Arbeitsmittel wie die Planung von Szenarien, Lernumgebungen und Netzwerke von Experten und Visionären an.[79]

Cyberpunk für transnationale Konzerne? Wir bewegen uns in einer historischen Zone der kulturellen Kristallisation (Arnold Gehlen). Dies hat etwas mit dem Zögern der Moderne zu tun, sich selbst zu verlassen und endlich Postmoderne zu werden. Eigentlich läutete das Ende des Realsozialismus, sagt Immanuel Wallerstein, auch das Ende des modernen liberalen Kapitalismus ein. Und die amerikanische Politologin Susan Buck-Morss meint, »dass das historische Experiment des Sozialismus so tief in der westlichen Modernisierungstradition verwurzelt war, dass seine Niederlage gar nicht umhin kann, die gesamte westliche Narration in Frage zu stellen«.[80]

So bleibt diese internetgestützte, postmoderne Utopismuskultur einer der beliebtesten Spielplätze unangepasster Internetmilliardäre, etwa des Tony Hsieh, der den alten, verkommenen Stadtkern von Las Vegas futuristisch ummodeln will.[81] Besonders interessant sind die weltweiten, auf YouTube dokumentierten Kreativkonferenzen der »Technology, Entertainment, Design«-Bewegung (TED). Im *Spiegel* heißt es dazu: »1984 fand die erste Konferenz statt, die anfangs ein Treffen jener Nerds war, die unsere Welt erst veränderten und jetzt beherrschen: Bill Gates sprach hier, Jeff Bezos von Amazon, der WikiLeaks-Aufklärer Julian Assange, Sergey Brin und Larry

Page von Google. TED war der Ort, an dem die Gegenwart in der Zukunft ankam.« Und weiter, bezogen auf eine ähnliche, aber etwas konventioneller agierende Kreativbewegung, das Aspen-Ideen-Festival: »Wenn sich bei TED eher die Milliardäre und Mächtigen von morgen treffen, treffen sich in Aspen die Milliardäre und Mächtigen von heute.«[82]

Ein Oligarch bringt es auf den Punkt

All das Utopische, das bei der Reichendiskussion oft, weil zu »unseriös«, unter den Tisch fällt, sollte aber nicht über die harten Fakten hinwegtäuschen. Denn zuletzt sind Geldoperationen doch immer das Härteste, das uns in der Gesellschaft, in sozialen Zusammenhängen begegnen kann, bis eben zu allen Formen des Verbrechens, zur Biopolitik von oben und so weiter. Unter den neu in die Regionen des Superreichtums vorstoßenden Individuen sind es wohl die russischen Oligarchen, die derartiges in letzter Zeit am gründlichsten durchlebt haben. Alison Smale, Executive Editor der *International Herald Tribune*, vermittelt in einem Bericht über ihre Begegnung mit einem der am wenigsten auffälligen und zugleich einflussreichsten russischen Oligarchen, Wladimir P. Jewtuschenkow, ein Gespür für diese Macht des Geldes.[83]

Sie beschreibt den Ort des ersten Treffens: »Dieses stille kleine Herzogtum Luxemburg strömt wie andere europäische Winkel des Reichtums (man denke an Monaco) Selbstgefälligkeit aus und ein samtenes Wohlgefühl. Hier gibt es 150 Banken, die meisten in ausländischem Besitz, genauso wie neunzig Prozent des dort lagernden Vermögens. Es sind vermutlich diese Brocken versteckten und re-investierten Reichtums, die Luxemburg zum drittgrößten ausländischen Investor in Russland machen, noch vor Deutschland. Damit besitzt Luxemburg eine politische Schlagkraft weit oberhalb seiner formalen Gewichtsklasse: Jean-Claude Juncker, Premierminister seit 1995, ist seit sieben Jahren Kopf der einflussreichen Euro-Gruppe. Die Luxemburgerin Viviane Reding, EU-Justizkommissarin, ist eine der wenigen wirklich mächtigen Frauen in Brüssel. Und so sind Orte wie Luxemburg, wo Macht und Geld ihre Gegenwart nicht hinausschreien, das bevorzugte Milieu der Superreichen.«

Der 63-jährige dezent gekleidete Wladimir P. Jewtuschenkow ist Absolvent der Moskauer Staatsuniversität mit einem wirtschaftswissenschaftlichen Doktorat noch aus Sowjetzeiten. Er ist Mehrheitsaktionär des Konglomerats »Sistema«, des größten russischen Finanzdienstleisters mit einem Aktivvermögen von 46 Milliarden Dollar. Er scheut das Scheinwerferlicht und war in Luxemburg, um an der Einweihungsfeier der in schönstem russischen Empire-Stil restaurierten Villa Foch teilzunehmen, die jetzt Hauptquartier der East-West United Bank ist. Diese Bank war eine der wenigen, die in den siebziger Jahren von der sowjetischen Staatsbank in Westeuropa zur Abwicklung von Westgeschäften eingerichtet wurden. Heute gehört sie Jewtuschenkow.

Alison Smale erzählt: »Beim Tee, gesüßt mit genau einem halben Teelöffel Honig, wollte dieser russische Geschäftsmann mir eine Botschaft vermitteln. Er und andere reiche Landsleute, die die letzten wilden zwanzig Jahre überlebt haben, seien keine Bling-Bling-Schürzenjäger und Lebemänner, die Kellnern 500-Euro-Noten auf die Stirn kleben und sich auffallend kleiden.« Es stimme zwar, dass die Reichen Russlands alles für dieses Image getan haben, ohne Rücksicht auf die westlichen Sitten und Gebräuche. Und es sei sicher schwer zu ertragen, wenn ein Milliardär wie Dmitry Rybolovlev in die Schlagzeilen kommt, weil er jüngst für 88 Millionen Dollar die teuerste Wohnung New Yorks erwarb. Aber, sagt Jewtuschenkow, in Russland habe Rybolovlev auf 24 Quadratmetern gehaust, er war im Gefängnis: »Jetzt fühlt er sich wie ein Taucher, der aus der Tiefe hochsteigt und an einer Kohlendioxydvergiftung leidet. Für ihn ist Geld eine Droge. Man muss ihn bemitleiden.« Und dann fügt er hinzu: »Die russischen Milliardäre sind gereift. Auch ich selbst habe begriffen, dass neben Glück, bestimmten Charaktereigenschaften und besonderen Umständen vor allem Expertise und kühle Kalkulation notwendig sind. Wo immer wir unsere Pläne verwirklichen, folgen wir inzwischen zwei Prinzipien: Erstens dürfen keine Gesetze gebrochen werden, zweitens muss ein Profit herausspringen.«

Und dann kommt er auf den Kern der Sache zu sprechen, dass nämlich die wirklich großen Geschäfte nur gelingen können, wenn die Eigentümer den entsprechend großen politischen Einfluss besitzen: »Wir haben es zuerst nicht verstanden, aber viele Geschäftsleute haben Portefeuilles angehäuft, ohne zu verstehen, dass man auch viel Zeit und Energie in das Knüpfen von Beziehungen, Human Relations, Humankapital investieren muss.«

Jewtuschenkow ist sicher nicht der einzige im Westen operierende russische Milliardär, meint Alison Smale, der sich an diese Regeln hielt. Aber, antwortet ihr Gesprächspartner, der Ölmagnat Michail Borissowitsch Chodorkowski, der seit 2003 in russischen Gefängnissen sitzt, habe es nicht getan. Er, Jewtuschenkow, habe Chodorkowski in den Neunzigern in Moskau als seinen Angestellten erlebt: »Er war schrecklich ›hyper‹, ehrgeizig, und deshalb vergaß er die Regel, dass man seine Aktionen dem politischen Einfluss anpassen muss, den man hat.«

Jewtuschenkow hingegen hat sich immer an die politisch Mächtigen gehalten. Er hat jahrelang in der Moskauer Stadtverwaltung gearbeitet, war auf etwas undurchsichtige Weise in die Milliardengeschäfte des Moskauer Bürgermeisters Juri Michailowitsch Luschkow involviert, hat dessen Sturz im Jahre 2010 überlebt und hält noch immer große Stücke auf die damals entstandenen Netzwerke: »Erfolg hängt ab von den persönlichen Beziehungen zur Macht. Ein dichtes Netz persönlicher Kontakte ist in New York ebenso lebenswichtig wie in Moskau.« Und so ist er auch gut Freund mit dem neuen Bürgermeister geworden. Auch mit Wladimir Putin hat er keine Probleme: »Wir alle wissen noch nicht, was wir von diesem Präsidenten zu erwarten haben. Aber er ist kein junger Mann mehr, der sich groß verändert.«

Zum Abschluss ihres Gesprächs kommt Jewtuschenkow noch einmal auf seine Beziehungen zum Luxemburger Premier Jean-Claude Juncker zurück. Vor zehn Jahren habe es noch jahrelanger Verhandlungen bedurft, bis er 25 Prozent der East-West United Bank erwerben konnte. Dann waren es fünfzig, dann hundert Prozent. Doch als 2008 die Finanzkrise ausbrach, wurden reichen Russen plötzlich überall Banken angeboten: »Jetzt bekomme ich innerhalb von fünf-

zehn Minuten einen Termin beim luxemburgischen Premierminister.« Es ist dieser private Zugang zur öffentlichen Politik, der all
diese neuen Machtstrukturen eines Imperiums der Milliardäre begründet.

5 Varianten des Kapitalismus

Als ich dieses Kapitel begann, wollte ich nur eine kurze Beschreibung der Erscheinungsformen des Kapitalismus und ihres Bezugs zum Superreichtum liefern. Es gab ja viele, zum Teil recht plausible Typologien. Ging man historisch vor, waren da beispielsweise die Phasen Manufakturkapitalismus, Industriekapitalismus, Monopolkapitalismus, Imperialismus, Finanzkapitalismus. Man konnte so seltsame Konstrukte wie Spätkapitalismus und Postkapitalismus oder das Konzept des High-Tech-Kapitalismus nutzen. Für die Phasen der Technikentwicklung gab es Begriffe wie Fordismus, Postfordismus und so weiter – und dann war da die digitale Revolution mit ihren dot.com-Milliardären. Fokussierte man eher auf die Geopolitik, ließen sich unter anderem angelsächsischer gegen den rheinischen, westlicher gegen den östlichen, lateinamerikanischer gegen den arabischen und heute selbstverständlich alle gegen den chinesischen Kapitalismus ausspielen.

Aber dann kam ich ins Stocken, denn alle diese Typologien waren zu groß, zu schwer – und von gestern. Statt jener Vielfalt konstruierter Kapitalismen war es für eine Erkundung der Welt der Superreichen vielleicht sinnvoller, die Inseln des Reichtums ein wenig lockerer mit den jeweiligen gesellschaftlichen und politischen Umfeldern zu verbinden. Warum denn den sozialen Bewegungsraum der Milliardäre nicht einfach als eine Ansammlung von »Milieus« begreifen? Denn das wirklich Wichtige war doch, klarzumachen, dass auch im obersten Tausendstel eine *ökonomische* Ausdifferenzierung des Kapitals stattfindet. Die extreme Privatheit, das zentrale Merkmal dieser Schicht, war ja nicht nur eine vom Boulevard umtanzte soziale oder gar sozialpsychologische Eigenschaft, sondern war zu einem Hauptelement des kapitalistischen Akkumulationsprozesses auf diesem Niveau geworden: Privatheit als Bedingung des Privateigentums an den Produktionsmitteln und -bedingungen, des Privateigentums an den Produktionsverhältnissen, an den Überbauten, am Weltsystem als Ganzem. Unter diesem Gesichtspunkt war es letzten Endes also egal, ob ein Milliardär in Silicon Valley groß geworden ist oder unter einer Militärdiktatur. Denn gerade im Zeitalter der Globalisierung spielt die in lokalen und regionalen und globalen Milieus erscheinende unkontrollierte private Geldmacht eine zentrale Rolle.

Die wachsende Zahl der Superreichen ist heute nicht nur ein Indiz für das Wegbrechen staatlicher und demokratischer Kontrollen, sondern auch für die Wandlungsfähigkeit des kapitalistischen Privateigentums als solchem. Zugleich wächst in diesen Prozessen die Isolierung der Superkapitalisten, ihre Distanz zu den übrigen 99,9 Prozent. Und darin wird auch die Instabilität und Überlebtheit des Kapitals mit den Händen greifbar. David Rothkopf bringt das in einem neuen Buch, *Power, Inc.*, auf den Punkt, indem er sich auf die gerade in den USA besonders rasante Beschleunigung des gleichzeitigen Machtanstiegs und Machtverfalls der ökonomischen Oberschicht konzentriert. Nach dem Ende des »Kampfes zwischen Kapitalismus und Kommunismus« spitze sich die Rivalität zwischen »big business« und »government« zu. Es gehe jetzt darum, welche *Version* des Kapitalismus sich durchsetzt.

Und dann kommt eine vertraute, weil typisch sozialdemokratische Argumentationskette. Wird nunmehr ein »Peking-Kapitalismus mit chinesischen Traditionselementen« das Rennen machen? Oder der »demokratische Entwicklungskapitalismus Indiens und Brasiliens«? Oder der »kleinstaatliche Unternehmer-Kapitalismus von Singapur und Israel«? Oder der »europäische Kapitalismus der Sicherheitsnetze«? Oder schafft es der wandlungsfähige *American Capitalism* doch noch? Das ist die Hoffnung von Rothkopf.[1]

Die amerikanische Machtelite mag es vergessen haben, argumentiert Rothkopf, aber der Erfolg der USA in den letzten 200 Jahren beruhte auf einer gesunden, ausbalancierten *Public Private Partnership*. In ihr stellte der Staat die Institutionen, Regeln, Sicherheitsnetze, Bildungs- und Wissenschaftssysteme sowie Infrastrukturen zur Verfügung, welche es dem Privatsektor dann ermöglichten, Innovationen und Investitionen zu realisieren und für Wachstum und neue Arbeitsplätze auch Risiken einzugehen. Und das ist nach Rothkopf der springende Punkt: In den USA, die bislang den Ton angaben für die Ausgestaltung des Kapitalismus weltweit, hat der »private Sektor« den »öffentlichen Sektor« weitgehend ausgeschaltet. Die Gefahr einer Gängelung von »Privatinitiative« durch staatliche Regulierung bestehe schon lange nicht mehr. Die vernünftige Balance zwischen diesen beiden Polen sei (endgültig?) verlorengegangen. Und doch zeige die Geschichte, dass der Kapitalismus am besten funktioniert, wenn man diese Balance hat, und dass man bei ihrem Verlust Probleme bekommt.

Um diese Balance also wiederherzustellen, seien eine Reihe von Schlüsselkompromissen (key grand bargains) nötig. Sie sind, muss man hinzufügen, nicht nur für den *American Capitalism*, sondern für den Erhalt der Macht des Kapitals überall angesagt. Rothkopfs Schritte bezeichnen zweifellos Brennpunkte, und zwar auch im Sinne allgemeiner Globalisierungsstrategien:

1. Eine Steuerreform, welche die oberen Einkommen stärker belastet und Steuerprivilegien und Militärausgaben abbaut.
2. Eine stärkere Abstimmung zwischen den ökologischen Notwendigkeiten und den Interessen der Öl- und Gasindustrie.
3. Ein vernünftiger Ausbau der Infrastruktur.
4. Eine bessere Balance zwischen bewahrenden und innovativen Maßnahmen in den Gesundheits- und Bildungssystemen.
5. Ein »grand bargain« zwischen Arbeit, Kapital und Staat zur Sicherung der Ausbildungswege und Arbeitsplätze.

Diese Liste hat heute durchaus »revolutionären« Charakter und summiert in diesem Sinne sicher alles, was sozialdemokratische Reformer in den Milieus des Kapitals als Revolution zu propagieren versuchen. Und dann kommt, wie schon öfter in der Geschichte (auch im Faschismus), der Ruf nach technokratischen Lösungen, nach Technokraten in den Regierungen dazu. Dies ist wohl auch die Hoffnung von manchen Milliardären, die sich entschlossen haben, global zu agieren: »Die große Sache, die in der heutigen US-Politik fehlt«, sagt Bill Gates, »ist dieses technokratische Verständnis der Fakten und dessen, was geht und nicht geht, damit die Debatten durch Daten und nicht durch Ideologie vorangetrieben werden.«[2]

Wie wenig Chancen solche Reformen unter Kapitalbedingungen allerdings haben, zeigt sich im Punkt der Steuerreform. Ein Lehrstück sind hier die Umstände beim Initial Public Offering (IPO/erstmaliger Börsengang) der digitalen Luftblase Facebook. Mit seinen Jungmilliardären, einer Clique abgebrochener Harvard-Studenten, ist die Firma Facebook so provinziell und zugleich mit ihren angeblich 900 Millionen Kunden so global, wie es nur irgend geht. Überhaupt will dieses Objekt der New Yorker Börse das Privateste (das Sozialverhalten) mit dem »Globalsten« verbinden. In Letzterem aber steckt auch die private Geldmacht, die Steuerreformen verhindert. Sarah Jaffe von *AlterNet* beschreibt, wie dieser größte jemals erfolgte Börsengang neben dem Milliardengewinn durch Aktienverkauf Facebook auch noch Steuermilliarden einbringt. Dank eines Schlupflochs können Facebook und andere Unternehmen ihren Mitarbeitern als Teil des Gehalts Aktienoptionen überlassen und dieses dann steuerlich abschreiben. Das heißt, selbst wenn der Wert von Facebook nach dem Börsengang auf hundert Milliarden Dollar steigt, entfällt die Steuer für dieses Jahr, oder es gibt sogar eine erhebliche Rückzahlung. Facebook selbst hatte angegeben, dass die Kaufoptionen für Mitarbeiter es diesen erlauben würden, im Jahre 2012 rund 190 Millionen Aktien weitgehend kostenlos zu erwerben. Mark Zuckerberg, der CEO, saß zusätzlich auf Kaufoptionen für 120 Millionen (im Wert von circa fünf Milliarden Dollar).

Unter den gegenwärtigen Steuergesetzen würden alle diese Optionen zusammen rund 7,5 Milliarden Dollar an Abschreibungen ermöglichen, woraus wiederum rund drei Milliarden Dollar an Steuerermäßigungen resultieren.[3] Und dabei hatte Zuckerberg auf einer öffentlichen Veranstaltung mit Präsident Obama erklärt, dass er gern bereit wäre, höhere Steuern zu zahlen – ganz abgesehen davon, dass er zu den Unterzeichnern der Giving Pledge gehört. Dann stellte sich auch noch heraus, dass Insider der New Yorker Börse, als sie Facebook-Aktien zum Ausgabepreis aufschnappten, den danach ob all der Hype kurzfristig erfolgten Aufschwung nutzten, um nach wenigen Stunden ihre Aktien mit riesigem Gewinn wieder abzustoßen. Die vielen kleinen Investoren aber werden auf dem dramatisch schwindenden Wert ihrer Päckchen sitzenbleiben. Hier treffen sich Wall Street und Griechenland, Kabul und Singapur – das Universelle an dem 0,1 Prozent ist überall. Und das Universelle differenziert sich.

Ständig werden – und zwar nicht nur auf den Finanzmärkten – neue und interessante Milieus für komplexe Formen kapitalistischer Eigentumsbildung unter den Superreichen erfunden. Dieses Kapital oszilliert hemmungslos zwischen Bohrloch und social network, zwischen hartem Grundbesitz und virtueller Luft, zwischen kurzer und kürzester Verwertungszeit. Analytisch möchten sich die darin involvierten Akteure nicht gerne auf die Finger schauen lassen – ihnen reichen »Analysten«. Weder *Forbes* noch *Bloomberg*, weder *Manager Magazin* noch *Spiegel* haben, wie wir sahen, ihre Listen und Tableaus nach irgendwelchen objektiven Kriterien ausgerichtet. Es hat sich eingespielt, alles, was da an differenzierten Eigentumsformen entsteht, dem phantasievollen Labeling durch die Banken zu überlassen, so dass dann beispielsweise in den Aktienpaketen der Gates-Stiftung, die sich für Weltgesundheit einsetzt, auf einmal auch Aktien von Giftkonzernen verborgen sind. Da aber Banken, Schattenbanken, Hedge-Fonds und so weiter das große Kapitaleigentum nur managen/verwalten, wäre es wichtig, »unabhängige« Typologien und Charakterisierungen zu entwickeln, also beispielsweise auch Formen von »Kapitaleigentum« zu berücksichtigen, die bankenmäßig nicht fassbar sind, sondern zum Stoff gehören, aus dem Gesellschaft gemacht ist.

Das alles macht Sinn unter der Frage, wie sich die Totalität des Kapitals entfaltet. Wir brauchen Modellvorstellungen für diese den Planeten überziehende »Höllenmaschine des Kapitals« (Fredric Jameson). Und es reicht auch nicht, die ganze Welt des Kapitals allein als einen *geopolitischen* Kampf zwischen nationalen oder regionalen Kapitalismen, Währungen, Eliten und so weiter zu verstehen. Eines aber ist wenigstens klar: Das virtuelle, fiktive Finanzkapital stellt eine neue Entwicklungsstufe in der Ausfaltung des Kapitals dar. Und hier gewinnt die Frage an Substanz, ob virtuelles, fiktives Kapital nicht jene Erscheinungsform kapitalistischen Eigentums ist, in der es sich selbst zu enteignen beginnt, sich selbst ad absurdum führt, jedenfalls seinen Bann über die Geschichte verliert.

Milieuskizzen

Einerseits also erscheint das Phantom Kapital als ein zersplittertes, räumlich und zeitlich rückwärts, seitwärts, abwärts orientiertes Gebilde (vom arabischen Despotismus bis zur skandinavischen Lego-Welt). Andererseits ist es eine planetarische Kraft, die ständig neue Formen des Reichtums hervorbringt, auch andere Sorten von Milliardären. Eine »Globalisierungsklasse«? In ungeklärten Diskussionslagen ist es nützlich, mit den Kategorien aus der Kapitalismusanalyse ein wenig zu spielen. Deshalb spreche ich im Folgenden statt von *Varianten* des Kapitalismus von *Kapitalmilieus*, von Milieus, in denen – wie in den Sternhaufen der Milchstraße – ständig neue Stars für die *Forbes*- und *Bloomberg*-Listen geboren werden. Mit einem solchen Konzept flexibler sozialer, politischer und kultureller Umfelder der Kapitalbildung können wir zwei Fliegen mit einer Klappe schlagen: das Lokale und das Globale. Die meisten Vermögen sind in lokalen Mikronetzwerken verankert – und zugleich gibt es kaum Vermögenswerte, die nicht an globale Finanznetze angeschlossen wären. Das betrifft den Kleinbauernbesitz im südlichen Afrika ebenso wie die legendären Vermögensblöcke der Rockefellers und Rothschilds. (Als diese beiden Dynastien kürzlich ihre Vermögensverwaltungen zusammenlegten, ging es einerseits um eine etwas verstaubte, transatlantische Vermögenskultur des »alten Geldes«, andererseits um eine kühle, finanzmarktgerechte Reaktion auf die globale Finanzkrise.[4])

Die folgenden »Milieuskizzen« beziehen sich auf meist geopolitisch definierte Bewegungsräume, die sich mangels Alternativen an den Sprachgebrauch des Wealth-Managements anlehnen. Doch erlaubt das Konzept der Kapitalmilieus, sich mit Kapitalbewegungen zu beschäftigen, die nicht nur legitime oder halblegitime Bereiche abdecken, sondern auch in die eindeutig illegale Welt des Waffen- und Drogenhandels, des organisierten Verbrechens und so weiter hineinreichen. Bei der Ausleuchtung dieser Randzonen der privilegierten Welt der Privatbanken, des Wealth-Managements und der globalen Superreichen ist Herrschaftsstrukturforschung auf den investigativen Journalismus angewiesen. Aber auch ganz generell lässt sich kaum mehr bestreiten, dass *Korruption* eine zentrale Systemeigenschaft des Finanzkapitals ist. Korruption ist das universale Merkmal des »Empire« des Kapitals geworden. Sie ist nicht mehr wie in der Antike und noch in der Moderne etwas moralisch Verwerfliches, das man durch Reformen heilen könnte. Korruption ist heute »selbst Substanz und Totalität des Empire. Korruption ist die reine Ausübung des Kommandos, ohne jeden verhältnismäßigen oder angemessenen Bezug zur Lebenswelt.«[5]

Ich habe also meine Zettelkästen ausgeräumt, um in Skizzen den unterschiedlichsten »Milieus« oder Operationsfeldern unserer Milliardäre näherzukommen. Es geht ja nicht nur um die Banken, um Wall Street, fiktive Haifischbecken und dunkle Verschwörungen ultrakonservativer oder ultraliberaler schwerreicher Privatmenschen. Genauso wichtig ist es, der Frage nachzugehen, wie sich Superreichtum (als Kapital in seiner »kompaktesten« und zugleich »menschlichsten« Form) Bedingungen für seine Vermehrung und die Absicherung seiner Wirkungsmöglichkeiten schafft. Solche unfertigen Skizzen unterschiedlicher Kapitalmilieus, die auf medialen Streifzügen beruhen, finden selten Eingang in gewichtige, theoriegesättigte Schriften über die Krise. Aber sie können eine Brücke zu ernsthafteren Studien sein. Und sie enthalten die Aufforderung an Leser, sich selbst, wenn nicht *in* dieser (weitgehend noch verschlossenen) Welt, so doch in den medialen Abbildungen dieser Welt auf die Suche nach Erkenntnissen zu begeben.

Chinesisches

Laut *Spiegel-Online* hat sich die Zahl der Milliardäre Chinas in nur zwei Jahren verdoppelt. Aus einem Bericht des Magazins *Hurun*, in dem regelmäßig einschlägige Ranglisten veröffentlicht werden, geht hervor, dass die tausend reichsten Chinesen im Schnitt 924

Millionen Dollar besitzen. *Hurun* gibt die Zahl der Chinesen, die rund zehn Millionen Yuan oder 1,1 Millionen Euro besitzen, mit 960 000 an. Die Zahl sei im Vergleich zum Vorjahr um 9,7 Prozent oder 85 000 gestiegen.[6] Die Wealth-Management-Industrie stürzt sich auf dieses neue Geschäftsfeld, das noch so ganz anders aussieht als in Europa oder Nordamerika. In bunten Broschüren beschreibt Asiens führende unabhängige »brokerage and investment group« CLSA die Situation: »Eine Untersuchung der Reichtumsverteilung in den zehn wichtigsten Ökonomien Asiens ergab, dass dort fast 1,2 Millionen HNWIs (mehr als eine Million Dollar investierbares Vermögen) leben. Das ist zwar nicht wenig, stellt aber nur 0,06 Prozent der Bevölkerung dar. In den wohlhabenden Stadtstaaten Singapur und Hongkong sind es ungefähr 1,5 Prozent, das ist auch nach globalen Standards hoch. In Indien und Indonesien dagegen sind es nur 0,02 Prozent der Bevölkerung und in China 0,05 Prozent. Wir erwarten aber, dass die schnelle wirtschaftliche Entwicklung in dieser Region den extrem niedrigen Anteil an HNWIs stark ansteigen lassen wird.«[7]

Von Deng Xiaoping, dem von 1978 bis 1992 an der Spitze der Kommunistischen Partei Chinas wirkenden Reformer, stammt der Satz: »Es gibt keinen fundamentalen Gegensatz zwischen Sozialismus und Marktwirtschaft. Das Problem ist immer nur, wie man die Produktivkräfte möglichst effektiv entwickelt. Wir hatten eine Planwirtschaft, aber unsere jahrelangen Erfahrungen mit ihr haben gezeigt, dass eine total durchgeplante Volkswirtschaft die Entwicklung der Produktivkräfte bis zu einem gewissen Grade hemmt. Wenn wir also Elemente der Planwirtschaft mit Elementen der Marktwirtschaft kombinieren, steigen die Chancen für eine Befreiung der Produktivkräfte und für eine Beschleunigung des Wirtschaftswachstums.«[8]

Was daraus geworden ist, zeigt das folgende Musterbeispiel einer *Public Private Partnership*, einer Partnerschaft zwischen Sozialismus und Marktwirtschaft, entnommen der *New York Times*.[9]

Ein solches Schaubild ließe sich heute selbstverständlich für praktisch jedes Land erstellen. Nur: Wenn die Chinesen ein Modell kopieren, verbessern sie es gleich. Im Einklang mit ihren Geschäfts-

Power and Profit in China's Economic Boom

Family members of many high-ranking officials have profited enormously from China's economic boom, often through businesses tied to the state. Below, some top Party leaders, and important relatives. Related Article »

HU JINTAO	WEN JIABAO		JIANG ZEMIN		LI PENG		WU BANGGUO
China's president	*Prime minister*		*Former president*		*Former prime minister*		*China's top legislator*
Hu Haifeng *Son*	**Wen Yunsong** *Son*	**Zhang Beili** *Wife*	**Jiang Mianheng** *Son*	**Alvin Jiang** *Grandson*	**Li Xiaolin** *Daughter*	**Li Xiaopeng** *Son*	**Feng Shaodong** *Son-in-law*
Served as party secretary to Tsinghua Holdings, an umbrella company, from late 2008 to 2009. Before that, he was president of a state-controlled firm that made scanners to detect contraband or dangerous materials.	Mr. Wen's son, also known as Winston Wen, is the chairman of the state-owned China Satellite Communications Corporation and the co-founder of New Honzon, a big private equity firm.	According to a U.S. State Department cable, she controls part of the precious gems market.	Partly controls Shanghai Alliance Investments, a state-backed company that invested in a Microsoft joint venture and in China Netcom, as well as a recent DreamWorks deal.	Announced plans to raise $1 billion for his investment fund, Boyu Capital, which was formed with a former executive from TPG, the American private equity giant.	Chairwoman and chief executive of China Power International, the flagship of one of China's big five power generating companies.	Former chairman of a state-controlled power company until 2008; now vice governor of Shanxi Province.	Also known as Wilson Feng, he is the general manager of a nuclear power investment fund established by the state-owned Guangdong Nuclear Power Holding Corporation.

interessen (Verkauf von BMW-Automobilen) hat eine der reichsten und verschwiegensten europäischen Familien, die Quandts, damit begonnen, Modelle milliardärsgerechten Verhaltens zu exportieren und auf dieser Grundlage auch chinesische Superreiche zu coachen. Von der transatlantischen Kooperation bis zum paneuropäischen Integrationsprozess ist die BMW Stiftung Herbert Quandt tief in solche Aktivitäten verwickelt. Und in letzter Zeit wird eben auch besonderes Gewicht auf die Beziehungen zu den aufstrebenden Wirtschaftsmächten Asiens gelegt, etwa mittels eines gemeinsam von der Stiftung und dem »Chinese People's Institute of Foreign Affairs« getragenen »Europe Asia Forums«. Wealth-Manager berichten, dass dies nur die Spitze des Eisbergs sei.[10]

Und die Titanic hat abgelegt. »Rund 800 Milliarden Yuan sollen korrupte chinesische Regierungsbeamte aus dem Land geschmuggelt haben, umgerechnet gut 123,6 Milliarden Dollar. Ausgeschleust worden sei das Geld über einen Zeitraum von rund fünfzehn Jahren: Mitte der neunziger Jahre bis 2008. Schätzungen zufolge sollen in diesem Zeitraum 16 000 bis 18 000 Beamte und Angestellte staatlicher Unternehmen aus dem Land getürmt sein – teils mit beträchtlichen Summen Geld.«[11] Das empört junge Intellektuelle, die noch an Freiheit und einen demokratischen Kapitalismus glauben. So erinnert die Pekinger Autorin Lijia Zhang in der *New York Times*[12] an das »Gespenst der Kulturrevolution«. Sie moniert, dass die jetzige chinesische Führung sich nicht genug mit den destruktiven Wirkungen von Maos Kulturrevolution auseinandersetze, die einst »von oben« inszeniert wurde, um damalige Korruptionserscheinungen auf grausame Weise zu bekämpfen. Solche disruptiven Bewegungen, ob »von oben« oder »von unten«, seien jederzeit wieder möglich. Und gegen das, was sich da zusammenbraue, helfe nur die Bereitschaft zu Reformen: mehr Demokratie, mehr Rechtssicherheit, mehr Transparenz, mehr Kontrolle der Macht und eine dezentralisierte Machtstruktur. Sie meint, damit spezifische Forderungen für China zu formulieren. Aber die gleichen Ziele werden ja von den zivilgesellschaftlichen Bewegungen des Westens, ob Occupy-Bewegung oder Indignados, aus den gleichen Gründen verfolgt.

Griechisches

»Die neue griechische Koalitionsregierung will Privatisierungen zur obersten Priorität machen und die Wirtschaft des Landes so aus der tiefen Rezession führen.«[13] Doch die griechischen Tycoons sind verunsichert. »Sie, die am ehesten in der Lage wären, die Finanzen Griechenlands in Ordnung zu bringen, verstecken sich. Dazu zählen die Schiffsmagnaten, die kraft Verfassung keine Steuern zahlen müssen, und Oligarchen aus der Öl-, Gas-, Medien- und natürlich Bankenbranche. Sie waren die ersten, die sich aus dem Geschäft mit griechischen Staatsanleihen zurückzogen. Von ihnen gibt es kaum philanthropische Initiativen zur Milderung der sozialen Folgen des ökonomischen Zusammenbruchs. Was sie aber, wie die meisten anderen Griechen auch, betreiben, ist Steuervermeidung auf allen Ebenen. So halten viele Ökonomen diese Oligarchen für einen entscheidenden Teil des griechischen Problems. Auf sie geht der abgeschottete, quasimonopolistische Wirtschaftsstil zurück, der Griechenland gegenüber den stärker konkurrenzorientierten europäischen Ländern ins Hintertreffen gebracht hat. Die griechische Geldelite war immer besonders verschwiegen. Schätzungen des Reichtums des Privatsektors sind praktisch unmöglich, denn fast alles Geld befindet sich offshore, auf Schweizer Konten oder steckt in Grundbesitz in London oder Monaco. 2011 allein war ein offizieller Steuerrückstand dieser

Schicht von über zehn Milliarden Dollar zu verzeichnen – das entspricht etwa der Hälfte des griechischen Budgetdefizits. Dabei haben die Superreichen allen Grund, dass ihr Land in der Euro-Zone bleibt. Die Frage ist, ob sie dafür auch die Kosten tragen wollen.«[14]

Bislang gibt es dafür kaum Anzeichen. Dabei beläuft sich das Aktivvermögen allein der Schiffsindustrie auf mindestens 85 Milliarden Dollar, ohne dass von dort auch nur ein Cent an Steuern kommt. Stattdessen haben einige der Tycoons mehr Bodyguards eingestellt.

Kunstmarkt

Der große Kunstmarkt ist ein perfektes Abbild eines Kapitalmilieus, in welchem die Superreichen agieren – und leben. Man muss sich das einmal vorstellen: Im Frühjahr 2012 wurde Edvard Munchs »Der Schrei« bei Sothebys für ungefähr 120 Millionen Dollar versteigert. Das war bislang der höchste Preis, der für ein Kunstwerk auf einer Auktion bezahlt wurde. Die Blase des Kunstmarkts war zwischen 2003 und 2007 größer als die Blase des Immobilienmarktes. Aber im Unterschied zu letzterem wuchs der Kunstmarkt nach einem kurzen Atemholen mehr in die Höhe als jemals zuvor. Elf der zwanzig höchsten Preise wurden seit 2008 erzielt, während die globale Wirtschaft fast zusammenbrach.

Dabei ist Kunst eine schlechte Geldanlage, auch wenn ihr Verkauf vor allem für Berater, Experten und Verkäufer ziemlich profitabel ist. »Jedes Kunstwerk ist einzigartig und kann nicht gleichzeitig jemand anderem gehören. Deshalb ist Kunstbesitz ein stärkeres und subtileres Signal für Reichtum als praktisch jedes andere Luxusgut. Hohe Preise sind deshalb von zentraler Bedeutung für dieses Signal. Man bezahlt für ein Kunstwerk nicht 120 Millionen Dollar, um zu beweisen, dass man ein gerissener Investor ist, der darauf zählt, den Edvard Munch für 130 Millionen Dollar weiterzuverkaufen. Man gibt die 120 Millionen Dollar eher aus, um zu zeigen, dass man 120 Millionen Dollar für eine Sache in den Wind schießen kann, die auf einem freien Markt unmöglich so viel wert wäre.«[15]

Mit anderen Worten, der Wert der Kunst bemisst sich gerade daran, dass hier nicht unbedingt aus Geld mehr Geld wird. Hier wirkt das schwarze Loch der Privatheit, der unbegrenzten individuellen Möglichkeiten aus den Tiefen der Kapitalakkumulation. Kunst, sagt Benjamin Mandel von der New Yorker Federal Reserve Bank, ist nicht wirklich »Teil der allgemeinen globalen Ökonomie. Sie ist stattdessen ein wichtiges Element der Ökonomie eine kleinen Untergruppe der Superreichen«. Wer auf Rendite hofft, sollte in andere Sparten investieren, in die Telekommunikation oder die Stahlindustrie.

Dennoch hoffen einige besonders smarte Banker, dass mit wachsendem Superreichtum das Spekulieren mit Kunstwerken eine Zukunft hat. Deshalb entstehen zu diesem Zweck auch schon Investmentfonds für »Fine Art«. Deren Manager scheren sich nicht um die Freuden des Ego-streichelnden Kunstbesitzes; sie wollen mit Hilfe von Kunstexperten und Insiderbeziehungen Geld machen. Das erinnert an den Goldrausch der 1840er Jahre, »als es haufenweise Leute gab, die Gold finden wollten, aber hauptsächlich jene Vermittler und Händler Geld machten, die Schaufeln und Goldwäscherpfannen verkauften«.[16] Hinzu kommt eine Eigenschaft des Kunstmarkts, die ebenfalls seine Qualität als besonderes, nur einer kleinen Schicht vorbehaltenes privilegiertes Kapitalmilieu bestätigt: »Weil der Kunstmarkt noch nicht einmal so reguliert ist wie die Finanzmärkte, ist Insider-Handel gang und gäbe. Der Status eines wirklich einflussreichen Insiders wird deshalb zäh verteidigt. Dazu braucht man eine fast unmögliche Kombination von Fähigkeiten, um die Konkurrenz niederzuhalten: ein tiefes Kunstverständnis, meisterhaftes Verkaufstalent, Charme, Rücksichtslosigkeit, finanzielles Geschick und den Respekt der Künstler.«[17]

So aber ist es mit dem Wealth-Management auf diesen Höhen des Dienstleistertums überhaupt – und hier verlässt man denn auch »den Kapitalismus«, man »überwindet« ihn – für sich – in einer Weise, die niemandem sonst möglich ist. Das ist der Schrei an der Wand.

Alte Banker unter sich

Laut einer Umfrage von Emnid im Auftrag der Bertelsmann-Stiftung fordern neun von zehn Deutschen eine neue Wirtschaftsordnung: Der Kapitalismus sorge weder für einen sozialen Ausgleich in der Gesellschaft noch für den Schutz der Umwelt oder einen sorgfältigen Umgang mit den Ressourcen.[18] Es kann also nicht so weit her sein mit Rothkopfs »European safety-net capitalism«, wenn schon die vergleichsweise privilegierten Deutschen so denken. Wer überzeugt die Deutschen noch und wie vom Gegenteil? Es gibt diese Stimmung, sich die Freiheit zur Eigenverantwortung zu nehmen, vom Wutbürger bis zum neuen Bundespräsidenten. Jürgen Habermas mahnt in der *Frankfurter Allgemeinen Zeitung*: »Dieses Mal müssten die Politiker in der ersten Person sprechen, um die Bürger zu überzeugen.«[19] Doch wo sind die »ersten Personen« geblieben, seit sich alles Gewicht auf die Inhaber von Listenplätzen bei *Forbes* verlagert?

Einst waren es ja durchaus auch die Banker, bei denen die tiefsten Interessen der Gesellschaft im richtigen Aggregatzustand ankamen und artikuliert wurden. Hermann Josef Abs schlug Konrad Adenauer allemal. Doch was ist aus unseren Bankern geworden? Die alten – wie Ludwig Poullain – werden ausgeladen, wenn sie anlässlich eines Festakts der Westdeutschen Landesbank eine Rede halten wollen über den »Sittenverfall im Bankwesen«. Oder sie werden quasi ausgelacht – wie Hilmar Kopper –, wenn sie in einer Talkshow behaupten, die Banker seien ja selbst ein Opfer der Krise, Opfer ihres Auftrags, die Wünsche ihrer »großen Kunden« auszuführen. Womit er für seine Generation sogar recht hat.

Doch dann streiten die Alten auch untereinander. Poullain verweist in seiner »nicht gehaltenen Rede« auf Koppers Bemerkung in einem Rechtsstreit, fünfzig Millionen D-Mark seien ja nur Peanuts, und macht sich darüber lustig. Zugleich ärgert sich Poullain, Kopper zur Seite stehend, über die öffentliche Empörung anlässlich des Erdnussausrutschers: »Mich verblüfft schon, mit welcher Vehemenz und Uneinsichtigkeit auf uns eingeprügelt wird.« Und Koppers Aussage, er selbst würde sein Vermögen nicht in Derivaten anlegen, dürfte die beiden Alten versöhnen – und auch Poullains Satz, dass die Spitzenbanker danach trachten sollten, »ihre Köpfe mit einem anderen Geist zu füllen. Sie müssten ihre Instinkte und ihr Denken wandeln. Und dann auch noch den Untergebenen, deren Motivation sich im schnellen Geldmachen erschöpft, andere Wegmarken einpflanzen – auch ihren Investmentbankern.«[20]

Der technokratische Staat

In der *Public Private Partnership* ist die *Public* draufgegangen. Und viele Beobachter sagen, daran sei vor allem die Ineffektivität der staatlichen Strukturen schuld. Private können es besser. Und in der Tat sind die Bürokratien transnationaler Konzerne, ihre Datenerhebungs- und Planungskompetenzen weitaus effektiver als die von Regierungen und Behörden, die allein von ihrer verwaltungstechnischen Ausstattung her oft um Jahre zurückliegen. Eine unablässig geforderte Abhilfe ist es dann, den Profis der Wirtschaft auch die Regierungsgeschäfte zu übergeben, sie in Ministerien zu platzieren, sie in Krisenzeiten das Steuer übernehmen zu lassen. Und zu diesen »Reformern« zählen sich auch die meisten dot.com Milliardäre: »Ich schaffe Arbeitsplätze. Ich bin einer der Silicon-Valley-Kerle, die wirklich was bringen. Ich erfinde und erschaffe«, zitiert Chrystia Freeland einen von ihnen. Und ein anderer: »Von jedem Dollar, den ein erfolgreicher Erfinder oder Risikokapitalist verdient, gehen vierzig Cent als Investition an die Gesellschaft. Es ist deshalb billiger für die Gesellschaft, das Einkommen der Reichen zu steigern als mehr Steuern zu erheben.«[21]

Aber es gibt auch Gegenstimmen aus der Wirtschaft selbst, sie plädieren für ein öffentliches, ein staatliches Kapitalmilieu auf der Basis der neuen Technologien. Solche Stimmen kommen oft aus ganz anderen Kapitalmilieus. Der Mitgründer des riesigen indischen Outsourcing-Konzerns InfoSys, Nandan Nilekani, beispielsweise hat seine Positionen in der Wirtschaft aufgegeben und leitet jetzt innerhalb der notorisch untertechnisierten indischen Verwaltung ein Projekt, das jedem indischen Staatsbürger, also fast einer Milliarde Menschen, eine »digitale Identität« verschaffen soll. Nilekani setzt auf öffentliche, staatliche Technologien – gegen den seit jeher praktizierten Privatheitswahn der indischen Eliten. Man müsse, so Nilekani, auf der Basis der heutigen technologischen Revolution das Regieren und damit auch den Staat neu erfinden. Diese Transformation des Staates sei heute eine der größten Herausforderungen. »Ohne eine starke und effektive Regierung ist privates Unternehmertum unmöglich.«[22]

Sparpolitik

Paul Krugman hat sich eine Weile in Großbritannien aufgehalten, mit Politikern und Experten aus dem Cameron-Lager gesprochen und seine Kritik an der Sparpolitik auf den Punkt gebracht. Sparpolitik wird zum Paradebeispiel jener uralten Strategie, beim Volk durch die Erzeugung von Furcht Pläne durchzusetzen, die dem Volk schaden. Auf den ersten Blick schadet die Schuldenkrise ja den Gläubigern, den angeblich so vielen Kleinen und angeblich auch den von Banken abgeschirmten Großen. Die Großen aber spielen mit dem Schuldendienst, der auf jeden Fall und immer zuerst »die Banken« rettet. Politiker und Technokraten wissen seit John Maynard Keynes sehr genau, dass der Auf- und nicht der Abschwung die richtige Zeit fürs Sparen ist.

Aber sie haben, so Krugman, ein höheres Motiv und längerfristige Ziele: durch Sparpolitik nämlich das europäische soziale Sicherheitsnetz abzuwerfen und damit die große Scheidung zwischen dem 0,1 Prozent und dem Rest zu einer dauerhaften Gesellschaftsordnung zu machen. Sparpolitik impliziert also Umbauabsichten, nicht kurzfristige Reparaturarbeiten.

Bei seinen konservativen Gesprächspartnern stößt Krugman auf eine seltsame Metapher zur Begründung der Sparpolitik, sie setzt die Schuldenproblematik einer Nationalökonomie mit den Schuldensorgen einer normalen Familie gleich. Eine Familie, die zu viele Schulden habe, müsse den Gürtel eben enger schnallen. Aber eine Volkswirtschaft funktioniert ganz anders, das Geld zirkuliert innerhalb des Systems, so als würden Familienmitglieder einander Geld leihen und mit diesem Geld »Familienprodukte« herstellen und konsumieren. Und hier wird es dann interessant. Die Sparpolitiker wissen auf dieses Argument keine vernünftige Antwort und retten sich mit dem Satz: »Aber es ist doch entscheidend, den Umfang des Staates zu verringern.« Und darum, so Krugman, geht es letztendlich. Die Krise muss als Vorwand für den gezielten Abbau des Staates herhalten. »Im Sparkurs der britischen Regierung geht es gar nicht um Schulden und Defizite. Es geht darum, die Defizitpanik als Vorwand für den Abbau von Sozialprogrammen zu nutzen. Und genau das passiert selbstverständlich in Amerika.«[23]

So steckt auch hinter der Sparpolitik das allgemeinere Ziel, die Grundstruktur aller Kapitalmilieus zu verschleiern, nämlich das katastrophale Anwachsen von Reichtum und Produktivität auf der einen und von Armut und Arbeitslosigkeit auf der anderen Seite.

Dynastien

Die private Verwertung von Kapitalwerten ist kompatibel mit der privaten Verwertung von Raubwerten. Das zeigte sich im Übergang vom Feudalismus zum Kapitalismus. Auch eine mögliche Verwandlung des Kapitalismus in eine Art von Neofeudalismus würde auf der chaotischen Mischung aus Geraubtem und Erspekuliertem beruhen. Die Kapitalisierung des arabischen Feudalismus basiert ja bereits auf solchen Vermengungen: zum Beispiel einer widersprüchlichen Politik des saudi-arabischen Staates, einer widersprüchlichen Rolle der saudischen Königsfamilie zwischen Wahhabismus, Oxford und Texas, einer widersprüchlichen Rolle der USA beim Aufbau dieses »repressiven Klientenstaates, der von einer Handvoll Männer dominiert wird, die niemandem Rechenschaft schulden«.[24]

Nach der Revolte gegen Muammar al-Gaddafi versuchten auswärtige Banken und Regierungen Milliarden von Dollar, welche seine Familie beiseite geschafft hatte, einzufrieren. Gleiches geschah nach dem Regimewechsel in Tunesien und Ägypten. Aber die Diktatoren und ihr Anhang hatten Jahrzehnte darauf verwendet, riesige Vermögenswerte zu verstecken. Libysche Investigatoren haben mehrere Milliarden Dollar allein auf Schweizer Banken ausfindig gemacht, ohne sie einfrieren zu können. In Tunesien und Ägypten wird noch immer nach ausländischem Grundbesitz, nach Luxusyachten und Bankkonten in Milliardenhöhe gefahndet.[25]

»Das höchste Gebäude, der größte Flughafen, das teuerste Hotel: Die Herrscher der Emirate am Golf sind süchtig nach Superlativen – und können sich dank Rekordölpreisen fast alles leisten. Aber sie wollen mehr, als ihren Goldrausch genießen: Sie beanspruchen, Vorbild zu sein für ein zukunftsorientiertes Arabien, eine Drehscheibe der Globalisierung zwischen Ost und West.«[26] Ein Kapitalmilieu der Zukunft? Es ist ja bekannt, wie stark etwa die saudi-arabische Dynastie die syrischen Rebellen gegen das in dieser Hinsicht weiß Gott nicht harmlose Assad-Regime unterstützt. Und russische Milliardäre verfolgen, gegen die Politik der Putin-Regierung, auf dem Umweg über Israel Ähnliches. Wenn es um Globalisierung geht, ähnelt das private Imperium der Milliardäre dem Chaos Spätroms.

Auch in Afghanistan, dem »Cockpit Asiens« (so die Heritage Foundation), machen sich untereinander verfeindete Clans auf den Weg zum Milliardärstum.[27] Am Ende von Hamid Karzais Präsidentschaft versuchen Clanmitglieder, ihren Status für die Zeit danach abzusichern. Ein Kampf der afghanischen Eliten um die Kontrolle der Vermögen, die sich da im letzten Jahrzehnt anhäuften, ist ausgebrochen. Durch ihre Kontrakte mit dem US-amerikanischen Militärapparat, durch Insidergeschäfte mit ausländischen Konzernen, Regierungskorruption und Rauschgifthandel sind sie reich geworden und setzen, obgleich des Lesens und Schreibens oft unkundig, auf Aufnahme ins Empire. »Wenn du einer der afghanischen Oligarchen bist, stehst du vor der Frage: Wo verstecke ich mein Geld, und wo kann ich künftig leben?«[28] Das alles ist »ursprüngliche Kapitalakkumulation« in Zeiten der Globalisierung.

Singapur und Indien

Es gibt in Asien extreme Unterschiede in der Entwicklung von Kapitalmilieus. An einem Ende etwa steht Singapur, am anderen Indien. Laut einer Untersuchung der Weltbank unter der Frage »Wo lassen sich die besten Geschäfte machen?« ist Singapur der wirtschaftsfreundlichste Staat weltweit.[29] Indien landet dagegen weit abgeschlagen auf Rang 132 von 183 Plätzen. Zum Vergleich: Deutschland belegt Rang 19, Dänemark ist mit Rang fünf das »erfolgreichste« europäische Land. Die Spitzengruppe bilden hinter Singapur Hongkong, Neuseeland und die USA. Von den Schwellenländern liegt China auf Rang 91 und Russland auf Rang 120. Unter dem Titel »High-Life: Enklaven der Superreichen und transnationalen Eliten in Singapur« beschreibt Choon-Piew Pow, wie sich in Singapur eine Stadtkultur der Gated Communities (geschlossene/geschützte Wohnanlagen) entwickelt hat. In diesen »transnationalen Lebenswelten des 0,1 Prozents organisieren die Superreichen ihre eigenen Formen des Konsums und Lebensstils. Diese Gated Communities formen eine exklusive, transnationale ›Meta-Geographie‹ der superreichen Elite«.[30]

Ganz anders Indien. Auch dort boomt die Wirtschaft. Aber, schreibt Chrystia Freeland, man werde leicht von der indischen Wachstumsrate geblendet, wo ein jährlicher Anstieg von sieben Prozent schon als Alptraum gilt und mindestens neun Prozent angezielt werden. Doch viele Inder sind besorgt über die Art und Weise, wie das geschieht. Als Überschrift über allem steht nämlich das Wort Korruption. Die neue Mittelschicht ist zwar selbstbewusst genug geworden, doch Indien ist immer noch das Land ausgefeilter Korruptionssysteme. Hinter der glänzenden Fassade ist zugleich in vielen Bereichen, in der Infrastruktur, in der Bildungs- und Gesundheitspolitik ein dramatischer Niedergang zu verzeichnen. Nicht nur Aktivistinnen wie Anna Hazare, die durch ihren Hungerstreik gegen die Missstände weltbekannt geworden ist, haben es auf die Formel gebracht: »Schnelles Wachstum, rapide Verrottung.«[31]

Und wiederum muss man sagen, das dies und nicht der schöne Schein Singapurs die gegenwärtige Phase des globalen Kapitalismus widerspiegelt.

Organisierte Korruption

Korruption ist, wie gesagt, keine moralisch zu beurteilende Erscheinung mehr, sondern eine Konstante des kapitalistischen Globalisierungsprozesses, ein Systemmerkmal des sich ausdifferenzierenden Kapitals. Das gilt gerade auch für das russische Milieu. Jürgen Roth zeigt in seinem neuen Buch *Gazprom – Das unheimliche Imperium* (2012), wie sich Empörendes mit dem Unvermeidlichen verbindet. Und die von WikiLeaks veröffentlichten Depeschen aus US-Botschaften illustrieren, wohin Privatisierung nicht nur in Russland den Rechtsstaat treibt.

Die Einschätzungen der Diplomaten über die wachsende Macht mafiöser Clans und Großkrimineller bis in die Moskauer Staatsspitze hinein wirken gelassen und machen den Eindruck, als sei man das letztlich auch von zu Hause nichts anderes gewohnt. Moskaus Oberbürgermeister pflege eben Verbindungen in die Verbrecherwelt, einige seiner Freunde, darunter Parlamentsabgeordnete, seien eben Banditen. Und dass die Verwaltung regelmäßig Schmiergelder von Unternehmen kassiert, überrasche auch nicht wirklich. Es sei, schreibt *Spiegel-Online*, nun einmal »ein System, in dem es so aussieht, dass jeder auf jeder Ebene in eine Form von Korruption oder kriminellem Verhalten verwickelt ist«, und in dem auch die Geheimdienste, zum Teil noch immer Putin verbunden, eine nicht unerhebliche Rolle spielen und Großkriminelle »regelrecht absorbieren«. So habe die russische Mafia bereits eine »enorme Kontrolle über bestimmte strategische Bereiche der Weltwirtschaft« gewonnen, etwa in der Aluminiumproduktion. Und im fernen Osten Russlands gelte der gesamte Fischfang als durch und durch kriminelle Branche und so weiter.[32]

Gegen diese Taten und den Zynismus der amerikanischen Freunde wenden sich, berichtet *Z-Net*, junge russische Intellektuelle, die noch an die reine Utopie des Kapitalismus glauben. Der Direktor eines »Institute of Globalization Studies« schreibt unter dem Titel »Russischer Kapitalismus ist unverfälschter«, für Russlands liberale Intelligenzija – Blogger, Soziologen und so weiter – existiere in Russland überhaupt kein Kapitalismus. In den Augen dieser Intellektuellen fehle in Russland eine echte Bourgeoisie, es fehlten eine Mittelklasse oder ernstzunehmende liberale Strömungen. In Russland fehle ein freier Markt und erst recht ein wirklicher Kapitalismus.

Dass solche Vorstellungen auf einem Mangel an historischer Erfahrung und Kenntnissen über die realen Formen der Kapitalentwicklung beruhen, ist offensichtlich. Was diesen Intellektuellen als ein auf dem Weg zum Kapitalismus zu überwindender Systemfehler erscheint, ist ja im Globalisierungsprozess der Normalfall geworden. »Die westlichen Ideale existieren ja nur noch in den Büchern von Ideologen und in den Köpfen ihrer Leser.«[33] Da wissen unsere russischen Oligarchen, die tief in die normale kapitalistische Korruptionsmaschine verwickelt sind, weitaus besser Bescheid. Für sie sind es die Zeiten, in denen man englische Fußballclubs und New Yorker Penthäuser kauft: »Die Russen haben Cash.«

Als sich jüngst 200 Topimmobilienhändler in New York trafen, ging es nur um die Frage, wie man Interessenten aus Russland und anderen osteuropäischen Ländern ihre superteuren Objekte andrehen kann. »Der Immobilienmarkt in den USA mag insgesamt noch daniederliegen, aber am oberen Ende ist ein bemerkenswerter Aufschwung zu verzeichnen. Aus allen Ecken des Globus fließt Geld, einschließlich Brasiliens, Chinas und Indiens. Keine Gruppe aber schreibt größere Schecks als die Russen. Und dieser Kaufrausch scheint erst zu beginnen. Letztes Jahr kamen 84 Konsum-Milliarden Dollar aus Russland. Von diesem flüchtigen Kapital wurden, nach Schätzungen der russischen Regierung, bis zu fünf Prozent in amerikanische Immobilien gesteckt.« Einer der Oligarchen, der bereits erwähnte Dmitry Rybolovlev, ungefähr neun Milliarden Dollar schwer, war in zwei der größten Deals involviert. 2008 kaufte er Donald Trump ein Meeresgrundstück für hundert Millionen Dollar ab – damals der höchste Preis, der je in den USA für eine Immobilie bezahlt wurde. Jetzt hat er für seine älteste Tochter, 22, ein Penthaus am Central Park für 88 Millionen Dollar gekauft, zu diesem Zeitpunkt (Februar 2011) auch Rekord für ein New Yorker Apartment.[34]

Dies also ist das Kapitalmilieu heute. Es findet sich bei einer Zwanzigjährigen hoch über dem Central Park als die Möglichkeit, das Privateste im Globalsten zu genießen – fernab der Frage, ob Korruption, Kriminalität oder Unternehmertum dorthin geführt haben.

Amerikanische Transparenz

Den »American Capitalism« (Rothkopf) durchzieht eine Transparenzwelle, wie man sie noch vor wenigen Jahren kaum für möglich gehalten hätte. Alle Welt redet darüber, wie Superreichtum die Wirtschaft verändert hat, und die Frage ist nur noch, ob der Kapitalismus dadurch haltbarer oder unhaltbarer geworden ist. Und während überall die (nach wie vor unzuverlässigen) Zahlenlawinen rollen, sagt Warren Buffett, der Vorzeigemilliardär: »Na klar gibt es einen Klassenkampf, aber es ist meine Klasse, die den Krieg führt, und wir gewinnen.«

Und dann wird gerechnet. »Während 68,3 Millionen Amerikaner ums tägliche Brot kämpfen und bei neunzig Prozent der Bevölkerung die Realeinkommen sinken, hat der private Reichtum der wenigen ein nie dagewesenes Niveau erreicht. Eine große Studie der Beratungsfirma Deloitte belegt, dass US-amerikanische Millionärshaushalte inzwischen über 38,6 Billionen Dollar verfügen. Hinzu kommen geschätzte 6,3 Billionen Dollar versteckt auf Offshore-Konten.«[35] Das sind insgesamt mindestens 46 Billionen Dollar oder eben 46 000 Milliarden Dollar, mehrheitlich gehalten vom obersten 0,1 Prozent. Noch nie gab es so viele Zahlen und außerdem die Aussicht, sie irgendwann auch wirklich zu verifizieren.

Die renommierte Zeitschrift *The Atlantic* titelt »Die Stinkreichen fressen die Wirtschaft auf« und beschreibt, wie langsam die amerikanische Mittelschicht begreift, dass es sie kaum noch gibt. Während man sich mit einem (inflationsbereinigten) Jahreseinkommen von 60 000 Dollar begnügt, werde es doch allenfalls erst interessant ab einem Jahreseinkommen von 100 000 Dollar. Da aber sei man schon unter den oberen zehn Prozent der Bevölkerung und nicht mehr »Mittelschicht«. Diese zehn Prozent haben ihren Anteil am Nationaleinkommen seit den 1980ern von einem Drittel (34 Prozent) auf fast die Hälfte (48 Prozent) gesteigert. Und dann geht es weiter: »Die oberen fünf Prozent (mehr als 153 000 Dollar Einkommen) haben ihren Anteil von 23 Prozent auf 37 Prozent erhöht. Das obere eine Prozent (mehr als 368 000 Dollar jährlich) verdoppelte seinen Anteil am Nationaleinkommen von zehn Prozent auf 21 Prozent. Das obere 0,1 Prozent (jährliches Einkommen mindestens 1,7 Millionen Dollar) verdreifachte seinen Anteil auf zehn Prozent, und das oberste 0,01 Prozent (mindestens 9,1 Millionen Dollar pro Jahr) vervierfachte seinen Anteil von 1,4 Prozent auf fünf Prozent.«[36] Das Kapital richtet sich auf diese Veränderungen ein, das Konsumangebot orientiert sich zunehmend an der Kaufkraft dieser zehn bis 0,01 Prozent.

»Amerika ist unzivilisiert geworden«, schreibt Jeffrey Sachs.[37] Es ist »die große Scheidung«, sagt der konservative David Brooks: Schon in den frühen 1960ern habe es eine Spaltung zwischen Reich und Arm gegeben, aber sie war noch nicht so tief und prägte noch nicht das ganze Sozialverhalten. Rund 98 Prozent der Männer zwischen dreißig und 49, ob Unter- oder Oberschicht, hatten Arbeitsplätze. Nur ein ganz geringer Prozentsatz der Kinder wurde außerehelich geboren. Seitdem hat sich Amerika polarisiert. Nicht einmal das Wort »Klasse« fängt ein, was passiert. »Man kann sagen, dass das Land sich gabelförmig in verschiedene soziale Stämme geteilt hat und dass nur noch eine schwache gemeinsame Kultur sie verbindet.«[38]

Stammesriten: The Bohemian Grove

Aus der Sicht von William Domhoff und auch von David Rothkopf sind die USA schon seit langem eine Stammesgesellschaft. Das prägt alle Kapitalmilieus vom lokalen Klüngel bis zur globalen Carlyle Group. Paradebeispiel des Power Structure Research ist hier der Bohemian Club, ein über hundert Jahre alter, exklusiver Verein der reichen Oberschicht der USA. Auf einem zweiwöchigen Outdoor-Event bei San Francisco – »The Bohemian Grove« – werden alljährlich an Lagerfeuern Präsidentschaftskandidaturen ausgekungelt, Geschäftsstrategien beschlossen und der Elitenachwuchs getestet. Die Upper Class trifft auf Topmanager, Berühmtheiten, Regierungsmitglieder.

Diese Ansammlung von ungefähr 1 500 bis 2 500 Menschen in einem rund elf Quadratkilometer großen schönen Waldareal ist ein Mikrokosmos jener Welt, in welcher privater Reichtum und Konzerne, unterstützt von Dienstklassen, bei der Gestaltung des US-Imperiums zusammenwirken. Auch eine Hundertschaft von Professoren der nahegelegenen Stanford University und University of California ist dabei. In den auf das Areal verteilten rund 120 Gästehäusern, Camps und Zeltlagern (mit Namen wie Cave Man, Mandalay, Owl's Nest, Hill Billies) treffen sich Gruppen von zehn bis dreißig Mitgliedern, haben Spaß und veranstalten wohl auch Gelage. Das wichtigste Ereignis ist eine rituelle Zeremonie am ersten Samstagabend, die sogenannte »Cremation of Care« (Einäscherung der Fürsorge). Den »Bohemians« bieten sich hier Möglichkeiten, ihre Freunde mit Politikern bekannt zu machen und die Ansichten politischer Kandidaten kennenzulernen.

Jeder republikanische Präsident war bislang Mitglied oder Gast der Bohemian Grove. Dreißig Prozent der größten amerikanischen Konzerne gehören zumindest mit einem ihrer Manager oder Direktoren der Bohemian Grove an. Solche Clubs haben für die Upper Class die gleiche Funktion wie der Clan in Stammesgesellschaften. Mit ihrer restriktiven Mitgliederpolitik, ihren Initiationsriten, privaten Zeremonien und der Betonung von Tradition ähneln diese Clubs Geheimbünden, wie es sie in vielen Primitivgesellschaften gibt. Sie verschaffen ihren Mitgliedern das Gefühl einer exklusiven Brüderlichkeit. Und sie bewegen enorme Mengen von Kapital auf eine dezidiert vorkapitalistische Weise.[39]

Waffenmärkte

Der »Nationale Sicherheitskomplex« der USA hat seit dem 11. September 2001 rund acht Billionen Dollar (das sind 8 000 Milliarden Dollar) verschlungen.[40] Diese Zahl setzt sich zusammen aus den jährlichen 5,9 Billionen Dollar für das Pentagon einschließlich des Nuklearwaffenprogramms, aber ohne die Kosten der Kriege in Afghanistan und im Irak. Dabei wuchs das Pentagon-Budget von 302 Milliarden Dollar im Jahr 2000 auf rund 545 Milliarden Dollar im Jahr 2011. Inflationsbereinigt ist das ein Sprung von 44 Prozent. Dann kommen die Kosten für die beiden Kriege hinzu, die sich auf rund 1,36 Billionen Dollar belaufen, wenn man die Ausgaben des State Department (Außenministerium), der U.S. Agency for International Development (USAID) und andere Sicherheitsbehörden hinzurechnet (davon 869 Milliarden Dollar für den Irakkrieg und 488 Milliarden Dollar für den Krieg in Afghanistan. Des weiteren müssten hinzugerechnet werden die (inflationsbereinigten) Kosten des sogenannten Heimatschutzes (homeland security) von rund 636 Milliarden Dollar, die über die unterschiedlichsten Institutionen, darunter das Gesundheits- und Sozialministerium und das Justizministerium, abgewickelt werden. Diese insgesamt 8 000 Milliarden Dollar standen also allein in den letzten zehn Jahren dem amerikanischen Kapital als ein sicherer Verwertungsraum zur Verfügung.

Doch es ist auch ein internationaler Markt, denn die USA verfügen über mehr als tausend militärische Einrichtungen im Ausland, darunter 268 in Deutschland, 124 in Japan und 87 in Südkorea. Weltweit dienen rund 370 000 Armeeangehörige in mehr als 150 Ländern.[41]

Und jetzt erweitern sich die Investitionsmöglichkeiten in diesem Bereich dramatisch, denn die Waffensysteme des »traditionellen« Militär-Industrie-Komplexes werden derzeit zu einer weltumspannenden *High-Tech*-Kampfmaschine umgebaut, die in die Lage versetzt werden soll, zu jeder Zeit und an jedem Ort zentrale Macht- und Herrschaftsstrukturen staatlicher und nichtstaatlicher Gegner »chirurgisch« auszuschalten. Diese unter Obama beschleunigten hochkomplexen und effektiven Kapazitäten sind inzwischen vollkommen ins strategische Kalkül der Freunde und Feinde des US-amerikanischen Geldmachtapparats eingegangen. Und es ist mit Händen zu greifen, dass man sich danach verhält – von Moskau bis Peking, von Caracas bis Teheran. Dieses von keiner anderen Militärmacht auch nur ansatzweise erreichbare High-Tech-Drohpotenzial lagert über allen Regimes, welche sich dem Empire verweigern. Es verbindet Internetaktivitäten, unsichtbare Armeen, unbemannte Flugkörper und Spezialeinsatzkräfte zu einem Gewaltpotential, das sich immer effektiver auch gegen die (technischen) Infrastrukturen von Macht- und Funktionseliten überall auf der Welt richten kann. Es ist keine Frage, dass Silicon Valley, unsere dot.com-Milliardäre und die Informationsindustrie insgesamt immer stärker in diese Geschäfte hin-

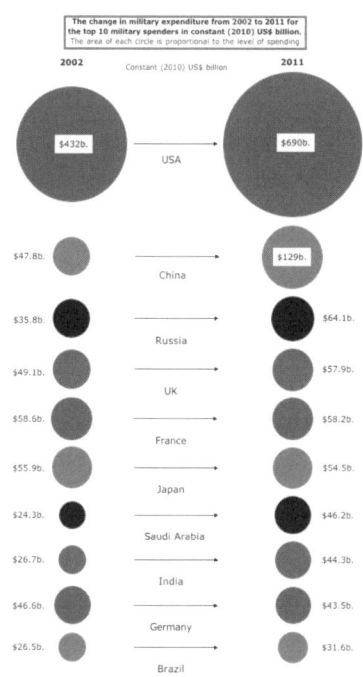

eingezogen werden – bis zu Game-Entwicklern und Hackern. Die großen Internetunternehmen, von Microsoft bis Google, von Facebook bis Oracle – und damit die großen Investoren –, können diese Entwicklungen von ihren Aktivitäten nicht fernhalten, sie beginnen mitzumachen, denn diese neuen Waffensysteme sind einer der wenigen verbliebenen großen Kapitalwachstumsmärkte.

Aber trotz Wirtschaftskrise steigen auch bei den traditionellen Waffenangeboten des Militär-Industrie-Komplexes die Verkäufe. »Staaten überall auf der Welt kaufen immer noch Boden-Luft-Raketen und Kampfjets ohne Rücksicht auf das soziale Chaos und die kriselnde Wirtschaft in ihren Ländern.« [42] Im Gegenteil, der Waffenhandel wächst. Die hundert Toprüstungsunternehmen machen wieder gute Geschäfte. »Seit 2002 ist der Verkauf von Militärgerät um sechzig Prozent gestiegen. Im globalen Rüstungsgeschäft und bei militärischen Dienstleistungen dominieren die USA, gefolgt von Westeuropa. Die 44 größten Rüstungsunternehmen der USA erzielten sechzig Prozent des Umsatzes, und die dreißig größten westeuropäischen Unternehmen standen für weitere 29 Prozent. Das heißt, die globale Waffenindustrie ist hochkonzentriert.« [43] – Die Grafik (Seite 177) zeigt die Entwicklung von Militärausgaben seit 2002 in konstanten Milliarden Dollar. [44]

Aber uns interessiert ja vor allem, wie sich das Verwertungsverhalten von Superreichen angesichts dieser Zahlen verändert. Während dieses Thema in der Reichendiskussion der entwickelten Industrieländer fast tabu ist, geben sich die neuen Milliardäre aus den BRICS-Ländern (**B**rasilien, **R**ussland, **I**ndien, **C**hina, **S**üdafrika) sehr viel lockerer: »Die indischen Milliardäre Mukesh Ambani, Azim Premji und Adi Godrej haben zwar ihr Vermögen mit Raffinerien, Software und Toilettenseife gemacht. Jetzt aber sehen diese Mogule das große Geld eher in Patronen, Bomben und Ballistik.« [45] Indien ist der größte Waffenimporteur der Welt, schließt Verträge mit Konzernen wie Boeing und dem MiG-Hersteller Russian Aircraft, die zusammen schon siebzig Prozent des indischen Rüstungsbudgets von 35 Milliarden Dollar verschlingen. Und jetzt revidiert die drittgrößte Wirtschaftsmacht Asiens ihre Regeln, um heimischen Unternehmen aus dem Privatsektor einen größeren Anteil an diesen Ausgaben zu sichern. Große indische Unternehmen wie der Software-Exporteur Wipro stellen auf Waffenproduktion um und bilden Partnerschaften mit ausländischen Rüstungsunternehmen oder versuchen sie sogar zu kaufen.

»Dieser Markt mit seinen riesigen Beschaffungsprogrammen ist sehr sexy«, sagt der indische Direktor des Beratungsunterunternehmens PricewaterhouseCoopers. »Diese big players mit ihren tiefen Taschen und großen Ressourcen können daraus enorme Vorteile ziehen.«[46] Zugunsten dieser Profiteure baut Indien seine ganze Militärstrategie um, blickt über den Zaun der traditionellen Rivalität mit Pakistan auf die kommende Großmacht China. In den nächsten fünf Jahren, schätzt die Beratungsfirma KPMG, wird Indien Ausschreibungen für militärische Hardware im Umfang von mindestens 42 Milliarden Dollar tätigen. »Alle, die was in der Tasche haben, reden auf einmal über Rüstung«, sagt ein KPMG-Analyst. »Jeden Tag bekomme ich Anrufe von Firmen aus den unterschiedlichsten Branchen, die mich fragen, wie sie auf den Zug aufspringen können.«[47]

Noch interessanter vielleicht, jedenfalls für unser Thema, ist das rapide Anwachsen der ganz privaten Sicherheits- und Waffennachfrage. Hier ist das 0,1 Prozent gewissermaßen völlig unter sich, zum einen als Investoren in einer Wachstumsbranche, zum anderen aber als exklusive Kunden für – im wahrsten Sinne des Wortes – Waffen aller Art. Dieser systembedingt schnell wachsende Waffenmarkt hat schon heute Auswirkungen auf das Alltagsleben, die Stadtentwicklung, das Verkehrswesen.

Ich nehme ein Beispiel aus meinem Hobbyraum. »Die Reichen armieren ihre Yachten mit Sicherheitseinrichtungen auf militärischem Niveau« lautet die Überschrift eines Artikels auf der Website von CNN. Die reichsten Leute der Welt geben Millionen aus für die Armierung ihrer Superyachten mit militärtauglicher Technologie und ausgebildetem Personal zum Schutz vor möglichen Angreifern. Sicherheitsräume, Fluchtkapseln und Exmarines stehen hoch im Kurs. Eine durchschnittliche Superyacht hat einen Wert von einer Million Dollar pro Quadratmeter nutzbarer Fläche – und das ist schon ein Anreiz für Piraten. »Und dieser Wert verdoppelt sich, wenn man die großen Mengen an Cash, die Kunstwerke, Möbel,

Beiboote und andere Wertsachen und Gegenstände berücksichtigt«, sagt ein Sicherheitsexperte.

Eines der extremsten Beispiele für diesen Trend ist die neue 160 Meter lange Superyacht »Eclipse« des russischen Milliardärs Roman Abramowitsch, unter anderem Eigentümer des britischen Fußballclubs Chelsea. Sie hat rund 475 Millionen Dollar gekostet und ist damit die teuerste jemals gebaute Privatyacht. Sie hat schon ein militaristisches Äußeres. Und das Gerücht geht um, dass auf ihr auch ein militärisches Antiraketensystem installiert ist. »Jedenfalls ist klar, dass die Technologie der modernsten Armeen der Welt jetzt auch den Eignern von Superyachten zur Verfügung steht.« Und überdies können sie sich einloggen in private, militärische und geheimdienstliche Informationsnetze, wenn sie Routen planen und *trouble hotspots* vermeiden wollen – obgleich schlichte, arme Piraten für sie ohnehin keine Gefahr mehr darstellen.[48]

Finanzmärkte

»Schuldenkrise verunsichert Märkte. Schuldenkrise hält Märkte in Schach. Schuldenkrise schüttelt Märkte. Märkte misstrauen Athen. Märkte hetzen Italien. Märkte zählen Spanien an. Märkte kennen kein Pardon. Märkte bangen um Paris. Märkte trauen Argentinien nicht. Märkte lassen London keine Wahl. Märkte zweifeln am Euro-Schirm. Märkte zittern vor Linksruck. Japan überrascht Märkte. Ungarn enttäuscht Märkte. Nordkorea beunruhigt Märkte. Türkische Notenbank verwirrt Märkte. Barroso irritiert Märkte. Motorola schreckt Märkte auf. Kairo-Schock lähmt Märkte. Deutschland lässt Märkte hängen. Märkte bleiben nervös. Märkte funken SOS. Märkte in Aufruhr. Märkte in Schieflage. Märkte im Ouzo-Taumel. Märkte am Abgrund. Märkte im Sinkflug. Märkte kennen nur drei Themen. Märkte werden wählerisch. Märkte gehen aufs Ganze. Märkte fürchten Umschuldung. Märkte verdauen Ausstieg. Märkte plagt der Gipfelblues. Märkte brechen zusammen. Glückliche Märkte. Verunsicherte Märkte. Schwimmende Märkte. Junge Märkte. Unbarmherzige Märkte. Im Visier der Märkte. Im Interesse der Märkte. Im Rhythmus der Märkte. Im Griff

der Märkte. Die Wut der Märkte. Die Ängste der Märkte. Sorgenkind der Märkte. Strafe der Märkte. Spielball der Märkte. Die Macht der Märkte. Die Moral der Märkte. Rating-Alarm lässt Märkte kalt. Tschechen überzeugen die Märkte. US-Jobdaten erfreuen die Märkte. Rettungsschirmanleihe verzückt die Märkte. Märkte fressen China aus der Hand. Märkte bejubeln Gipfelbeschlüsse. Märkte machen Freudensprung. Märkte wollen schnell stabile Regierung. Märkte treiben Politik vor sich her. Märkte vertrauen der Politik nicht mehr. Merkel versteht die Märkte nicht. Merkel macht die Märkte irre. Warten auf die Reaktion der Märkte. Grenzen für die Märkte. Krieg gegen die Märkte. Adrenalin für die Märkte. Wie Märkte unter höheren Zinsen leiden. Die Märkte haben nicht immer recht. Die Märkte sind nicht irrational. Die Märkte sind nicht dumm. Die Märkte sind zukunftsblind. Immer diese Märkte. Märkte sollen Urlaub machen.«[49]

»Vor einer Woche oder so lasen wir in der *New York Times* über ein Event, das man im goldenen Zeitalter des Römischen Imperiums eine Bacchanalie genannt hätte – eine große Sause, auf der die feine Gesellschaft des Wall-Street-Imperiums einen draufmacht. Die Gelegenheit dazu hier in Manhattan bot die jährliche, mit einem ›black tie dinner‹ verbundene Einweihungszeremonie in die Gemeinschaft Kappa Beta Phi, eine exklusive Wall-Street-Bruderschaft von Bankermilliardären und Geiern aus der Private-Equity- und Hedge-Fonds-Branche. Unter ihnen waren Wilbur Ross, Robert Bosche von der AIG (die zig Milliarden Bail-out-Geld bekommen hatte) sowie Alan ›Ace‹ Greenberg, früherer Chairman von Bear Stearns, der bankrotten Investment Bank, die von JPMorgan Chase gekauft worden war. In diesem Jahr machte man sich in den kleinen Sketchen, welche die Zeremonie begleiteten, vor allem lustig über die Occupy-Bewegung. Ein als Demonstrant verkleideter Teilnehmer wurde mit den Worten abgefertigt: ›Geh nach Haus, wasch dir die Tätowierung vom Gesicht und geh arbeiten.‹ Ein anderer der Protestdarsteller bekam zu hören: ›Du bist erbärmlich, du Linksliberaler. Was du brauchst, ist ein Bad!‹«[50]

Das Netz ist voller Zitatsammlungen zu dieser seltsamen, abgehobenen Welt des »Fiat Money«. Fiktives Kapital bezieht seine gesellschaftliche Kraft aus der »Privatheit des Privateigentums«, aus der

Erfahrung, dass unter bestimmten Umständen, nämlich der Beherrschung der Fiktionsmittel, der Phantasie des einzelnen keine Grenzen gesetzt sind, dass »alles« möglich wird. Das ist der Ursprung der Gier. Paul Krugman nennt es »Rule by Rentiers«, Herrschaft von superreichen Individuen, die zum Beispiel jetzt in der Schuldenkrise alles tun, den Staaten eine aus jedem anderen Blickwinkel unsinnige Sparpolitik aufzuzwingen. »Diese Klasse zeichnet nicht nur die großen Wahlkampfspenden, sie hat auch persönlichen Zugang zu den maßgeblichen Politikern – von denen später viele, wenn sie ihre Regierungspositionen durch die Drehtür verlassen, für jene Leute arbeiten.«[51] Die Finanzmärkte haben also ein Gesicht. Oder genauer: Hinter den Finanzmärkten werden Personen und schließlich eine Klasse sichtbar.

Man sollte, schreibt Geoffrey Geuens unter dem Titel »Who's who in Hochfinanz und Politik«, wenn man von der »Herrschaft der Finanzmärkte« spricht, »auch wissen, wovon und von wem man redet … Denn das Bild, das die Vokabel ›Märkte‹ heraufbeschwört, lässt uns leicht übersehen, wer da eigentlich von der aktuellen Krise und den Sparmaßnahmen profitiert«.[52] Es sei schon erstaunlich, wie führende Medien dieses wirklichkeitsfremde und entpolitisierte Bild der monetären Macht übernommen haben. Und dann nennt Geuens zig Namen, von Mario Monti bis Gerhard Schröder, von Toni Blair bis Peer Steinbrück[53]:

Heutige italienische Regierung: *Mario Monti*, italienischer Ministerpräsident, war Berater für Goldman Sachs und Coca-Cola und saß im Verwaltungsrat von Fiat und Generali. – *Corrado Passera*, Minister für wirtschaftliche Entwicklung, war Vorstandsvorsitzender der zweitgrößten italienischen Bankengruppe Intesa Sanpaolo. – *Elsa Fornero*, Ministerin für Arbeit und Soziales, saß im Aufsichtsrat von Intesa Sanpaolo – im Hauptberuf lehrte sie Wirtschaftswissenschaften an der Universität Turin. – *Francesco Profumo*, Minister für Bildung und Forschung, ist nicht nur Rektor der Technischen Universität Turin, sondern sitzt auch im Verwaltungsrat von UniCredit Private Banking und Telecom Italia. – *Piero Gnudi*, Minister für Tourismus und Sport, gehört dem Verwaltungsrat der UniCredit Group an. – *Piero Giarda*, Kabinettminister, ist Professor für Finanzwesen an der katholischen Universität Sacre Cuore in Mailand, war bis 2011 Vizepräsident des Banco Popolare di Milano und Mitglied des Verwaltungsrats von Pirelli.

Ehemalige Spitzenpolitiker: *Wim Kok*, ehemals Ministerpräsident der Niederlande, sitzt im Aufsichtsrat von Shell und KLM sowie des niederländischen Finanzdienstleisters ING. – *Gerhard Schröder*, Exkanzler, ist Aufsichtsratsvorsitzender der Nord-Stream AG, an der die Unternehmen Gazprom, Eon, BASF, GDF Suez und Gasunie beteiligt sind; außerdem sitzt er im Aufsichtsrat beim Ölkonzern TNK-BP (ein russisch-britisches Unternehmen) und ist Berater für das Europageschäft der Rothschild Investmentbank. – *Otto Schily*, Exinnenminister, sitzt im European Advisory Board von Investcorp, einer Beteiligungsgesellschaft mit Sitz in Bahrain. In diesem Gremium sind auch der österreichische Exkanzler *Wolfgang Schüssel, Giuliano Amato*, einst Ministerpräsident Italiens, *Ana Palacio*, ehemals Außenministerin der Regierung José María Aznar, und *Kofi Annan*, UN-Generalsekretär von 1997 bis 2006. – *Wolfgang Clement*, Exminister für Wirtschaft und Arbeit, sitzt im Aufsichtsrat der RWE Power AG und ist »Senior Advisor« der Citigroup Global Markets Deutschland sowie »Strategic and Operational Partner« der Investmentfirma RiverRock European Capital Partners. – *Caio Koch-Weser*, von 1999 bis 2005 Staatssekretär im deutschen Finanzministerium, sitzt im erweiterten Vorstand der Deutschen Bank. – *Peer Steinbrück*, Exfinanzminister, ist seit 2010 Mitglied des Aufsichtsrats der ThyssenKrupp AG. – *David Miliband*, britischer Exaußenminister, ist Berater für die Investmentgesellschaften VantagePoint Capital Partners (USA) und Indus Basin Holding (Pakistan). – *Peter Mandelson*, britischer Exhandelsminister und Ex-EU-Kommissar für Handel, berät die US-Investmentbank Lazard. – *Tony Blair*, Expremier, ist Berater bei der Schweizer Finanzholding Zurich Financial Services (ZFS), Redner für den Hedge-Fonds Lansdowne Partners und Vorsitzender des Internationalen Beraterstabs von JPMorgan Chase.

Es fehlt uns hier ein neuer Mark Lombardi (siehe Seite 53 f.), um die entsprechenden Netzwerkgrafiken herzustellen. In der Tat spielen die privaten Interessen des politischen Personals eine wichtige Rolle. Auch sie möchten am Genuss der Privatheit des Privateigentums teilhaben. Diese Seite stellt Geuens richtig dar. Doch es geht ja vor allem um die andere Seite, um, wie er sagt, »die Gesichter der Oligarchen: der Anteilseigner und Verwalter riesiger Privatvermögen«. Nur 0,2 Prozent der Weltbevölkerung halten die Hälfte des weltweit börsennotierten Kapitals. »Diese winzige Minderheit spekuliert mit Aktien, Staatsanleihen oder Rohstoffen und kann sich dabei immer neuer Finanzprodukte bedienen, die sie dem unerschöpflichen Erfindungsgeist von Finanzingenieuren verdanken.«[54]

Und dann kommt wieder eine von diesen interessanten Zahlenangaben: »Heute gibt es weltweit etwa 63 000 Personen, deren Vermögen hundert Millionen Dollar übersteigt. Deren Privatvermögen addieren sich auf 40 Billionen Dollar, was dem jährlichen Bruttoinlandsprodukt aller Staaten der Welt entspricht.«[55] Auch »Sozialisten« wie François Hollande redeten nur vom Gegner »Finanzkapital«, nicht aber von den persönlichen Netzen ihrer eigenen Mitarbeiter und Unterstützer, und bedienten sich mit der »routinemäßigen Beschimpfung der Finanzmärkte« nur einer von PR-Strategen ersonnenen politische Rhetorik, die folgenlos bleibt. »Die Finanzmächte haben also ein Gesicht. Auf den Korridoren der Macht waren ihre Repräsentanten schon immer anzutreffen.«[56]

Das aber ist das Problem. »Korridore der Macht« bleiben Korridore. Ich stelle mir dazu gern Versailles zur Zeit Ludwigs XIV. oder auch XVI. vor. Da wimmelte es auf den Korridoren auch von intrigierenden Höflingen. Die prächtigen Gemächer der Herrscher aber wurden nur zu bestimmten An- und Auskleidezeremonien geöffnet. Ansonsten wurde von »Cognoscenti« – den Experten, gut Informierten – viel darüber gemunkelt, was im ganzen Schloss so vor sich geht. Heute erfüllen diese Funktion die vielen World-Wealth-Reporte aus dem Wealth-Management, beispielsweise der besonders barocke Report der Citigroup[57]. Innerhalb des Systems der Finanzmärkte dienen sie dem Einstieg in die Selbstverständigung. Von außen gesehen, auf der Suche nach einem eigenen Bild der Totalität, führen sie aufs Glatteis. Das gilt auch für die zahllosen Online-Elite-Medien der Reichtumsberatung, welche die Helfer der großen Aktionäre und die kleinen Aktionäre höchstselbst an die Bildschirme fesseln, bis sie keinen klaren Gedanken mehr fassen können.

Nun weckt das Bild von Tradern, kleinen und großen Investoren, die vor digitalen Benutzeroberflächen sitzen, welche sie in die Welt des übermenschlich beschleunigten und unvorstellbar dimensionierten Cybergeldes entrücken, zwar seltsame, aber immer noch harmlose Assoziationen. Die Welt des High-Tech-Finanzkapitals ist aber nicht friedlich, in ihr herrscht Krieg. »Dollar, Euro, Yuan. Staaten rüsten zum Weltkrieg der Währungen«, titelt *Spiegel-Online*.[58] Und der linke politische Newsletter *CounterPunch* schreibt unter dem Titel: »Warum die USA einen neuen Finanz-Weltkrieg begonnen haben« (Why the U.S. Has Launched a New Financial World War): »Finanzen sind die neue Art der Kriegführung – ohne die zusätzlichen Militärausgaben und ohne die Besetzung von ›Gastländern‹. Es ist ein Kampf um die Erfindung neuer Kreditformen, um sich Ressourcen, Grundbesitz, öffentliche und private Infrastruktur, Schatzbriefe und Aktien anzueignen. Wer braucht schon eine Armee, wenn man die üblichen Ziele, Geldreichtum und Güteraneignung, auch mit finanziellen Mitteln erreichen kann?«[59]

Im Zeitalter von WikiLeaks tauchen Dokumente auf, die auch die Involvierten nachdenklich stimmen. Durch die Anrufung des »Freedom of Information Act« durch *Bloomberg News* hat die Öffentlichkeit jetzt Zugang zu Zigtausenden von Unterlagen über Transaktionen des Federal Reserve Systems der USA, die bislang aus guten Gründen versteckt wurden. Diese Dokumente zeigen, wie hohe Regierungsbeamte den Kongress und die Öffentlichkeit bewusst über das Ausmaß der Bail-outs der Jahre 2008/09 im dunkeln ließen, durch die einige wenige sehr reich und die größten Wall-Street-Firmen stabilisiert wurden.[60] Robert Reich kommentiert: »Wall Street ist ihr eigener größter Feind. Sie hätte eine neue finanzielle Regulierung akzeptieren sollen, um das öffentliche Vertrauen wiederherzustellen. Stattdessen zerfleddert sie alle Regulierungsversuche und schürt das Misstrauen der Öffentlichkeit noch mehr.«[61] Hedge-Fonds klagen ungerührt ihr »Menschenrecht auf Rendite«[62] ein, während es mittlerweile auch dem letzten Beobachter aus den Mittelschichten klar ist, dass Banken Regierungen erpressen. Sie schaffen sich, schreibt Simone Boehringer in der *Süddeutschen Zeitung*, Milliarden aus dem Nichts, weil sie als Gläubiger der Staaten denen so ihren Willen aufzwingen können.[63]

Was unsere Mittelklasse aber immer noch nicht recht versteht, ist eine Einsicht, die heute selbst Altbanker wie Hilmar Kopper (siehe Seite 166) proklamieren: dass es weniger die Banken und eher ihre großen Kunden sind, welche die Gläubigerrechte besitzen. Sie sind es, die sich von ihren Finanzeliten alle jene Tricks, Umgehungen, Renditeschachzüge andienen lassen, an deren Widersprüche das System heute, ohne es wahrhaben zu wollen, zugrunde geht. Und die Diensteliten haben die Verantwortung, scheint es, inzwischen an die Maschinen abgegeben. Zu diesem Szenario hat Robert Harris jüngst den passenden Thriller geschrieben, *The Fear Index* (deutscher Titel: *Angst*), »der vor allem deshalb Vergnügen bereitet, weil er das Finanzsystem an der richtigen Stelle erwischt«, seiner Entmenschlichung nämlich. So Felix Salmon, der Finanzblogger von *Reuters*.[64]

Aus der Welt der Computernetze aber, die das alles so ungeheuer beschleunigt haben, könnte auch die Rettung kommen, meint Chrystia Freeland und verweist auf einen Aufsatz von W. Brian Arthur, »The Second Economy«. Dort wird das Argument entwickelt, dass mit dieser neuen, nur noch zwischen Maschinen ablaufenden Ökonomie ein grundlegender ökonomischer, sozialer und politischer Wandel ansteht, der nur mit der ersten industriellen Revolution vergleichbar ist. »Geschäftliche Transaktionen, die einst zwischen Menschen stattfanden, werden heute elektronisch exekutiert. Sie finden in einem unsichtbaren, strikt digitalen Raum statt. Oberflächlich betrachtet, scheint es sich dabei um etwas relativ Folgenloses, fast Selbstverständliches zu handeln. Ich glaube aber, dass es sich um eine Revolution handelt, mindestens so wichtig und dramatisch wie die Erfindung der Dampfmaschine und der Eisenbahn. Hier entsteht eine zweite, eine digitale Ökonomie – unermesslich, geräuschlos, vernetzt, unsichtbar und autonom, das heißt, zwar von Menschen entworfen, aber ohne deren direkte Eingriffsmöglichkeiten.«[65]

Da ist natürlich auch eine gewisse Mythologisierung der neuen Technologien zu spüren. Aber auch Yuri Milner, berichtet Chrystia Freeland, einer der klügsten »technology thinkers« und ganz früher Facebook-Investoren, zählt jene »zweite Ökonomie« – er nennt sie

»the Internet of things« – zu den wichtigsten Umwälzungen in der Welt von heute. Die Emergenz eines »global brain«, eines Netzwerks aller Verbindungen zwischen Mensch und Maschine, könnte letztlich sogar zu neuen Geldformen, zu einem »digital monetary system« führen, in welchem die Chancen für neue Winkelzüge ebenso steigen wie die Chancen zur Befreiung von der Kreditdiktatur des Kapitals.

Auf jeden Fall wird das alles Folgen haben für die Art und Weise, wie künftig Finanzgeschäfte abgewickelt werden. Die »Vermittler«, die Banker, die Investmentberater, die Wealth-Manager werden »arbeitslos«. Andrew G. Haldane von der Bank of England sagte in einer Rede: »Bei offenem Zugang (open access) zu den Informationen über Kreditnehmer, die zentral und virtuell gespeichert sind, besteht kein Grund mehr, dass Geldgeber und Investoren sich nicht direkt vernetzen. Die Vermittler in den Banken würden mit der Zeit überflüssig werden in dieser Kette. Ein Informationsnetz, verbunden durch eine gemeinsame Sprache, macht ein solches ›de-intermediatisiertes‹ Finanzsystem zu einer realistischen Möglichkeit.«[66]

Doch das alles sind offene Fragen, und der interessengesättigte Streit unter den Experten beginnt erst. So kommentiert James Saft von der *New York Times*: »Zu glauben, dass Technologie allein die Transparenz erhöhen und dadurch finanzielle Risiken mindern könne, gleicht der Erwartung, durch Technologie könne der Preis von Diamanten gesenkt werden, solange es ein Kartell wie De Beers gibt. Sicher, eine solche technologische Lösung würde funktionieren, aber sie liegt keineswegs im Interesse derjenigen, die den gegenwärtigen Stand der Dinge kontrollieren und davon profitieren … Der Genius und der Jammer des Finanzsystems ist, dass dort nicht Seife, sondern Hoffnung verkauft wird. Solange die Kunden Schecks auf das Versprechen besserer Zukünfte zu kaufen bereit sind, wird man ihnen zu viel berechnen und zu wenig liefern, und zwar in einem Ausmaß, von dem man sich im einfachen Gebrauchsgüterhandel nicht die geringste Vorstellung macht.«[67] Und außerdem gehen der Welt die sicheren Geldanlagen aus.

Da muss man denn schon den ganz großen Abstand haben, wie der eminente amerikanische Historiker Paul Kennedy: »Der sinkende Stern des Dollar, das Vergehen europäischer Träume, das Wettrüsten in Asien und die Lähmung des UN-Sicherheitsrates bei jeder Veto-Drohung – bedeutet dies nicht in der Summe, dass wir uns in neuen, unerforschten Gewässern bewegen, in einer gefährlichen Welt, in welcher der offensichtlich glücklich seinen Apple-Store verlassende Kunde mit seinem neuen iPhone ein bisschen kümmerlich wirkt? Es ist so, als sei man zurückversetzt ins Jahr 1500, als würde man gerade das Mittelalter verlassen. Damals bewunderten die Massen die neuen, effektiveren Langbogen. Können wir unsere heutige Welt nicht ein bisschen ernster nehmen?«[68]

Fredric Jameson liest *Das Kapital*

Fredric Jameson gehört zu den bedeutendsten marxistischen Theoretikern der Gegenwart. Unter anderem hatte er »einen enormen Einfluss, vielleicht größeren als irgendein anderer Denker irgendeiner anderen Nationalität, auf die Theoretisierung der Postmoderne im heutigen China«.[69] Sein großes Thema ist, wie die Totalität des Weltgeschehens heute »historisch-materialistisch« unter Einbeziehung der Erkenntnis- und Kulturtheorie »dargestellt«, »repräsentiert« werden kann. Seine Schlüsselkategorie ist der Begriff des Postmodernismus. Mit diesem oft missverstandenen Begriff will er die globale Ausdifferenzierung des »Spätkapitalismus« beziehungsweise des »Finanzkapitalismus« erfassen und verstehen. Jetzt hat er – was immer mehr Intellektuelle weltweit auch tun – *Das Kapital* von Marx neu gelesen.[70]

Schon mit seiner Eingangsthese überrascht uns Jameson: Bei *Das Kapital* handele es sich letztlich nicht so sehr um ein Buch über diese Geldform als vielmehr über Arbeitslosigkeit. Und ihn interessiere vor allen Dingen, wie Marx aus den Fakten, Daten, Materialien seiner Zeit in geradezu romanhafter Form, erzählerisch, zu einer »unabhängigen«, wider die herrschende Weltsicht gesetzten Darstellung der Totalität gelangt. Wie Marx mit den damals schon gängigen Begriffen von Geld, Kapital, Arbeit, technischem Fortschritt und so weiter umgeht, wie er mit Kategorien spielt und neue erfindet, das findet Jameson spannend. Und indem sich Marx immer tiefer in die »Akten«, Wirtschaftsberichte, Zeitungsnotizen, Planungsdiskussionen seiner Zeit vertieft, erscheint sein Untersuchungsgegenstand, das Kapital, immer diffuser, komplexer. Marx wird gezwungen, immer neue Volten zu schlagen, um am Ball der Erkenntnis von Geld, Arbeit, Technik und so weiter zu bleiben. Und schließlich tritt, und das ist das Faszinierende am ersten Band des *Kapital*, »in der sukzessiven Auflösung jener ineinander verschränkten Rätsel oder Dilemmata auch die Architektur einer Gesamtstruktur oder eines Systems zutage, nämlich die des Kapitals als solchem.«[71]

Also noch einmal: Es geht um das System in seiner Totalität. Und da hätten diese scholastischen Begriffsburgen im Realsozialismus wie etwa das als unverrückbar geltende Bild von einer »Basis« der Gesellschaft (Wirtschaft) und einem »Überbau« (Kultur, Religion) mehr Schaden als Nutzen angerichtet. Jameson wirft diese Vorstellung, dass es in der Gesellschaft eine Basis und einen Überbau gibt, keineswegs über Bord. Aber er verweist darauf, dass die beiden Ebenen sich – auch schon für Marx – vermischen, aufeinander einwirken, ja sogar ihre Rollen vertauschen können. So erscheinen die fiktiven Operationen der Finanzmärkte als die »Basis« der Wirtschaft, religiöse Fundamentalismen gerieren sich als gesellschaftliche Fundamente und so weiter.

Vor allem der erste Band von *Das Kapital* nun sei eines der besten Beispiele für eine gelungene Repräsentation der Totalität unserer gesellschaftlichen Wirklichkeit. Auch für unsere Suche nach jenem flüchtigen Imperium der Milliardäre bedarf es einer solchen Repräsentationsmethode. Jameson hat diese Methode an anderer Stelle als »cognitive mapping« bezeichnet, in welchem das erkennende Subjekt sich innerhalb einer immensen, praktisch nicht repräsentierbaren Totalität zu situieren versucht und durch Exploration und Experimentieren die verschiedenen, einander überlappenden Realitätsebenen kartiert. Auch *Das Kapital* sei ein solches Kartenwerk, und so müsse man es lesen. Dabei spielt Marx ständig mit den Begriffen, Kategorien, die dort entwickelt werden, und passt sie an die auch für ihn erst nach und nach sichtbar werden Realitäten des Kapitalismus seiner Zeit an. Insofern, schreibt Jameson, sei das Marxsche Modell der systemischen und historischen Totalität des Kapitalismus ein einzigartiges Beispiel für die Darstellung des kaum Darstellbaren.

Gerade die durch die Informatisierung aller Kommunikationskanäle immer intensivere weltweite Diskussion über Technologie und über das Wesen des Geldes zeigt ja, wie schwer artikulierbar solche Zusammenhänge sind. Ist technologischer Fortschritt gut oder schlecht, ermöglicht Geld in einer komplexen Gesellschaft erst Beziehungen oder zerstört es sie? Diese Fragen sind heute so aktuell wie im neunzehnten Jahrhundert, aber sie sind inzwischen zu Fragen über Fragen geworden. Und die Marxsche Methode der dialektischen Herangehensweise vor allem an das Problem des Geldes ist noch immer die »leistungsfähigste«. Dazu gehört durchaus auch Marxens Lage eines vollkommenen Außenseiters in der Welt der Monetarisierung. Marx hätte über Geld nicht so nachdenken können, hätte er welches angehäuft. Mit dem Geld auf Kriegsfuß und mit einem Millionär, Friedrich Engels, als bestem Freund – entfaltete sich seine Werttheorie des Gebrauchswerts und Tauschwerts, des Werts des Geldes, der Arbeit und der Verwertung von Kapital. Arbeitswerttheorie. Und diese »labor theory of value« muss sich heute mit einer noch weitaus dramatischeren Zuspitzung der Widersprüche in der technologischen Entwicklung und Monetarisierung auseinandersetzen.

Es ist eine Illusion, dass der Tausch von Waren, Gütern, »Gebrauchswerten« jemals eine Gleichung zwischen gleichen Größen sein könne. Beim Tausch von Gebrauchswerten wird letztlich immer einer übers Ohr gehauen. Mit Geld aber lasse sich ein abstrakter »Tauschwert« konstruieren und damit die Idee des gerechten Tausches retten. Doch auch Geld löst dieses Problem nicht, denn es bleibt einerseits Ware und wird andererseits Medium. Und diese Ware, dieses Medium scheint sich selbst vermehren zu können: G–W–G' (Geld – Ware – Geld'). Das ist neu, denn bislang wurde aus Geld mehr Geld nur, wenn man es für Raub- und Betrugsmittel ausgab oder den Tausch von Waren finanzierte. Jetzt aber wird in der Warenwelt, in der Warenproduktion selbst aus Geld mehr Geld. Geld beginnt zu »arbeiten«, Geld wird zu Kapital.

Da Profit und Mehrwert also nicht aus der bloßen Warenzirkulation erklärt werden können, lockt Marx uns »in die verborgene Stätte der Produktion, an deren Schwelle zu lesen steht: *No admittance except on business*«.[72] Und dort gelingt Marx mit der Skizze der Arbeitswerttheorie ein gewaltiger Problemlösungserfolg. Diese Theorie und schon gar nicht die endlosen Debatten um sie lassen sich hier nicht ausbreiten. Ihr Kernsatz aber lautet: »Zur Verwandlung von Geld in Kapital muss der Geldbesitzer den freien Arbeiter auf dem Warenmarkt vorfinden, frei in dem Doppelsinn, dass er als freie Person über seine Arbeitskraft als seine Ware verfügt, dass er andrerseits andre Waren nicht zu verkaufen hat, los und ledig, frei ist von allen zur Verwirklichung seiner Arbeitskraft nötigen Sachen.«[73]

Aber aus der Lösung sind neue Probleme erwachsen, vor allem das Problem der Zeit. Marx verrenne sich, so Jameson, in alle möglichen Kalkulationen über Profitraten, Zahl der Arbeitsstunden und so weiter. Das sei rein quantitativ, statisch, undialektisch. Denn all diese Rechnereien stoßen an eine Mauer: die Begrenztheit des Arbeitstags. Und deshalb müsse Marx sein Spiel mit den Kategorien wieder aufnehmen und gerät so in weitere, noch komplexere Zusammenhänge und formuliert zwei neue Einsichten: Die erste lautet, dass produktive Arbeit im Industriezeitalter nur im Kollektiv, in der Kooperation möglich sei. Diese Kooperation habe einen eigenen Wert, der aber würde im Lohnvertrag zwischen Arbeiter und Kapitalisten nicht berücksichtigt: »Ein Gratisgeschenk ans Kapital.«[74]

Die zweite Einsicht folgt auf dem Fuße: Mit der Einführung der großen Maschinerie, von »Maschinenzeit«, verwandelt sich Kooperation in ein Frankenstein-Monster, in Arbeitshetze und Zeitausbeutung. Aus dem »Allgemeinen Gesetz der kapitalistischen Akkumulation« schält sich ein noch allgemeineres Gesetz heraus: Mit dem Anwachsen des gesellschaftlichen Reichtums, mit der technologischen Entwicklung, mit der alles überwuchernden Dynamik des Kapitals (einschließlich des davon abhängigen Proletariats) wächst auch die industrielle Reservearmee. Das aber heißt: Das absolute Gesetz des Kapitalismus ist das simultane Wachstum von Reichtum und Produktivität auf der einen und von Arbeits-, Erwerbs-, Beschäftigungslosigkeit auf der anderen Seite. Oder anders gesagt: Wir bekommen es zu tun mit einer globalen sozioökonomischen Polarisierung, mit global explodierender Arbeitslosigkeit, mit der zerstörerischen Suche nach neuen Investitionsmöglichkeiten und neuen Märkten, kurz: mit der finanzkapitalistischen Implosion.

Planetarisierung

Fredric Jamesons Kapitallektüre will anregen zu zeitgemäßen Formen der Darstellung der Rätselschichten des Kapitals. Ein Spiel der Kategorien im Marxschen Sinne kann heute, etwa bezüglich des Problemkomplexes »Ware und Geld«, ganz andere Formen der Repräsentation nutzen – bis hin zu Online-Animationen. Losgelöst vom Jargon des Wealth-Managements können solche Experimente der Repräsentation von Totalität dem Thema »Varianten des Kapitalismus« neue Dimensionen und neue Fragen nach Veränderung und Transformation erschließen. Aber das »Gespenst des Kapitals« fängt man nicht mit x-beliebigen, aus dem Ärmel geschüttelten Begriffen, sondern nur mit theoretischen Instrumenten, die eine lange wissenschaftliche Tradition und Zigtausende von individuellen Denkanstrengungen hinter sich haben. Dazu gehört der historische Materialismus, die Evolutionstheorie der gesellschaftlichen Produktivkräfte.

Produktivkrafttheorie ist die Theorie der ökonomischen Grundlagen der Ausdifferenzierung des Kapitals, der grundlegenden gesellschaftlichen Produktionsprozesse. Wir haben weiter oben schon angedeutet, wie beispielsweise im »Empire«-Modell von Michael Hardt und Antonio Negri die Kategorien des historischen Materialismus für eine »Weltsystem-Analyse« fruchtbar gemacht werden können. Die Positionen des italienischen Operaismus (mit seiner Betonung der »lebendigen Produktivkräfte«) spielten dabei eine zentrale Rolle. Und so steht der Begriff des Empire hier für eine Totalität des Kapitals, die ihrerseits in die Produktionsgeschichte unseres Planeten eingebettet ist.

Das Proletariat als Form kooperativer Arbeitskraft entstand, als die Arbeitenden »zu Beginn der Moderne in den ursprünglichen Ak-

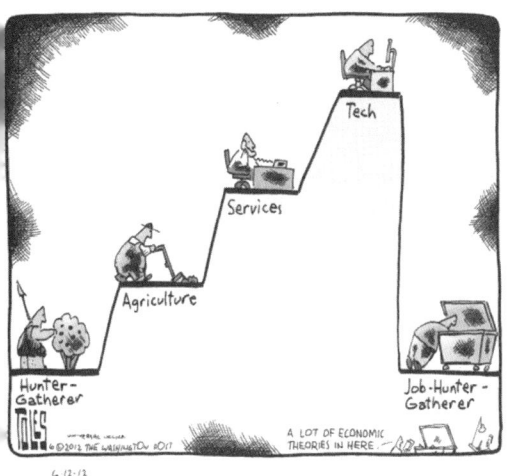

kumulationsprozessen auf zweifache Weise befreit wurden: In erster Linie wurden sie davon befreit, Eigentum des Herren zu sein
(d.h. von der Leibeigenschaft); und zum zweiten wurden sie von
den *Produktionsmitteln* ›befreit‹, durften keinen Boden besitzen und
hatten nichts zu verkaufen als die eigene *Arbeitskraft*.«[75] Das Proletariat verkörperte »vogelfreie« Arbeitskraft, die in einer »planetarischen« Ökonomie zu noch nie gekannten Höhenflügen ansetzen,
die revolutionäre Rolle der Produktivkräfte ausspielen könnte. Der
Historiker Paul Kennedy lästert über die hilflosen Verrenkungen der
»Weltpolitiker« auf den G-20-Gipfeln und der Finanzeliten in ihren
Glastürmen, die alles Mögliche und Unmögliche zur Reparatur des
Systems unternehmen, wo doch die Produktivkräfte dieses Planeten schon längst eine ganz andere Richtung der Entwicklung der
Krise vorgeben.[76] »Was Marx für die Zukunft voraussagte, erleben
wir heute. Diese radikale Veränderung von Arbeitskraft und die Ein-
beziehung von Wissenschaft, Kommunikation und Sprache in die
Produktivkräfte haben die gesamte Phänomenologie der Arbeit und
den weltweiten Horizont der Produktion neu definiert.«[77]

Die im *Zusammenhang* der Kategorien des historischen Materialismus steckenden Potentiale zur Abbildung komplexer globaler Zusammenhänge werden im Folgenden anhand eines Schemas zumindest angedeutet. Im Mittelpunkt der Überlegungen steht dabei die

in einem dialektischen Kontinuum ansiedelbare hierarchische Struktur dieser Kategorien. Um in der Abbildung dieses komplexen Gemeinten weiterzukommen, ist es notwendig, den *Systemcharakter* der mit diesen Begriffen erfassten Wirklichkeiten hervorzuheben und also auch jene Hierarchie der Kategorien als einen Systemzusammenhang, als einen Zusammenhang von Systemen zu begreifen.

Die Kategorien erfassen die Dialektik einer Totalität, in welcher sich aus einfacheren Strukturzusammenhängen (zum Beispiel den Naturressourcen – Naturgegenstände/NG) durch Arbeit (und Kapital) komplexere Handlungssysteme (zum Beispiel Rohstoffchemie – Rohmaterialien/RM) entwickeln, die ihrerseits in einem dialektischen Verhältnis zu ersteren stehen und schließlich noch komplexere Systeme (zum Beispiel der Arbeitsgegenstände insgesamt – AG) synthetisieren, aus denen sich wiederum durch Arbeit und Kapital höherstufige Handlungssysteme der Arbeitsmittel (also der Werkzeuge – AM) herausbilden und so weiter und schließlich das komplexeste aller Systeme, das Weltsystem, entsteht, in welchem all diese Subsysteme »aufgehoben« sind.

Weltsystem: gegenwärtige Totalität des Kapitals als Globalisierung, Postmoderne, Finanzkapitalismus und so weiter und so weiter.

Gesellschaftsformationen: Ausdruck der Tatsache, dass das gesellschaftliche Leben auf jeder historischen Entwicklungsstufe ein System gesellschaftlicher Verhältnisse darstellt, welches durch das Zusammenspiel von Produktionsweisen und Überbauten bestimmt wird.

Überbauten: Gesamtheiten der für Gesellschaften charakteristischen Ideen und gesellschaftlichen Institutionen, die aus der ökonomischen Basis (den Produktionsweisen) herauswachsen und aktiv auf sie zurückwirken.

Produktionsweisen: Einheiten der gesellschaftlichen Produktivkräfte und Produktionsverhältnisse, welche als Art und Weise der materiellen gesellschaftlichen Produktion die entscheidende Bedingung (Basis) für die Existenz von Gesellschaften darstellen.

Produktionsverhältnisse: Verhältnisse zwischen den Menschen, um den Prozess der Produktion, des Austausches und der Vertei-

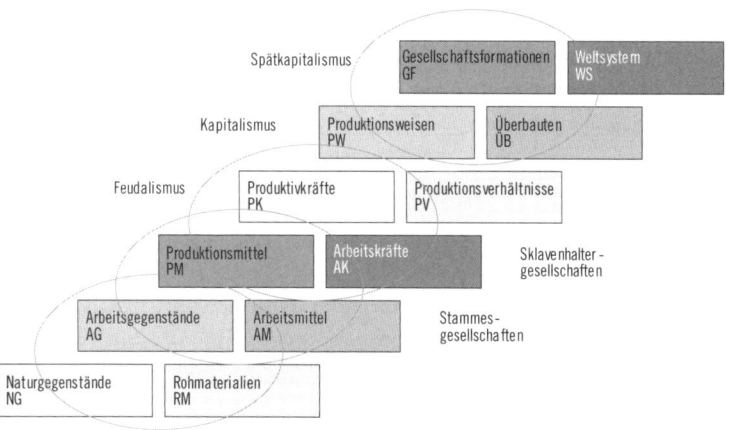

lung von Gütern zu leisten – also die Gesamtheit der Beziehungen, die die Menschen in bezug auf den Produktionsprozess miteinander eingehen. Eigentumsverhältnisse ...

Produktivkräfte: Gesamtheit aller subjektiven und objektiven Faktoren sowie ihres Zusammenwirkens in der Produktion. In ihrer Einheit und konkret-historischer Form bestimmen sie den Produktivitätsgrad der Arbeit. Die Produktivkräfte sind das revolutionäre Moment der Entwicklung.

Arbeitskräfte: Fähigkeiten des Menschen, Arbeit zu leisten. Individuelle Arbeitskräfte: Gesamtheit aller Fähigkeiten, Kenntnisse, Eigenschaften, Fertigkeiten und Erfahrungen, die für die Erzeugung von Gebrauchswerten in Bewegung gesetzt werden. Gesellschaftliche Arbeitskräfte: Gesamtheit aller individuellen Arbeitskräfte, die zur Verrichtung gesellschaftlich notwendiger Arbeit eingesetzt werden.

Produktionsmittel: Arbeitsgegenstände und Arbeitsmittel, die der Mensch im Produktionsprozess verwendet, um Güter und Leistungen zu erzeugen. Der gesellschaftliche Charakter ist in verschiedenen Gesellschaftsformationen unterschiedlich.

Arbeitsmittel: alle Mittel der Einwirkung auf und Bewegung von Arbeitsgegenständen. Das Niveau der Arbeitsmittel ist das wichtigste Zeugnis der gesellschaftlichen Entwicklung (Kultur, Zivilisation). Von den Produktionsinstrumenten können die Gefäßsysteme der Produktion, die Gebäude etc. unterschieden werden. Allgemeines Arbeitsmittel ist die Erde.

Arbeitsgegenstände: Komplex von Dingen, auf die der Mensch im Arbeitsprozess mit Arbeitsmitteln einwirkt, um materielle Güter zu erzeugen. Mit dem wissenschaftlich-technischen Fortschritt wächst die Bedeutung von Arbeitsgegenständen, weil ihre Eigenschaften verändert und verbessert werden.

Rohmaterialien: weiterverarbeitete Rohstoffe, auf niedriger Verarbeitungsstufe Rohmaterialien, auf höherer Materialien, Halbfertigfabrikate, Stufenprodukte – Arbeitsgegenstände, die selbst bereits Produkt menschlicher Arbeit sind.

Naturgegenstände: Rohstoffe, in der Natur vorhandene Arbeitsgegenstände, die bis auf ihre Loslösung vom Erdganzen keine Bearbeitung erfahren haben. Die Gewinnung von Rohstoffen ist Aufgabe der ersten Verarbeitungsstufe im volkswirtschaftlichen Reproduktionsprozess.

Ein wesentliches Merkmal der Kategorien des historischen Materialismus ist also ihr dialektischer Zusammenhang und ihr Potential, immer neue Stufen des historischen Gesamtprozesses in ein Entwicklungsmodell zu bringen: *Produktivkräfte* (PK) erwachsen aus dem dialektischen Zusammenspiel von *Produktionsmitteln* (PM) und *Arbeitskräften* (AK); *Produktionsverhältnisse* (PV) ermöglichen und aktivieren verschiedene Aspekte des Zusammenspiels zwischen *Produktionsmitteln* und *Arbeitskräften*. *Gesellschaftsformationen* (GF) sind eine Abbildung der dialektischen Einheit von *Produktionsweisen* (PW) und *Überbauten* (ÜB); *Empire* – als *Weltsystem* (WS) – aktiviert im Prinzip Elemente aus allen bisherigen historischen *Produktionsweisen* und *Überbauten*. Und in all dem ist die menschliche Arbeitskraft der Aktivator und drängt nach einer ständigen Revolutionierung der *Produktionsverhältnisse*: »Die Kämpfe des Proletariats zwingen das Kapital dazu, das technologische Niveau ständig zu erhöhen und damit die Arbeitsprozesse zu verändern. Die Kämpfe nötigen das Kapital ununterbrochen, die *Produktionsverhältnisse* zu reformieren und die Herrschaftsverhältnisse zu transformieren.«[78]

Diese Dynamik bringt die *Produktionsweisen* zum Tanzen. Dabei ist es vor allem die »Revolution informationeller Akkumulation«, welche »in der weiteren Vergesellschaftung der Produktion einen ungeheuren Sprung nach vorn« verlangt. »Diese gesteigerte Vergesellschaftung ist zusammen mit der Einschränkung des gesellschaftlichen Raums und der Zeitdimension ein Vorgang, der dem Kapital gesteigerte Produktivität verspricht: Doch zugleich weist der Prozess über die Geschichte des Kapitals hinaus, in Richtung einer zukünftigen gesellschaftlichen *Produktionsweise*.«[79] Damit aber verändern sich auch die *Überbauten*. Aus dem Kapitalismus in seinen verschiedenen Varianten und Milieus wird das Weltsystem des Empire, und zwar in dem Augenblick, in dem »Sprache und Kommunikation oder genauer: wenn immaterielle Arbeit und Kooperation zur vorherrschenden Produktivkraft werden. Der *Überbau* wird nun zur Arbeit, und das Universum, in dem wir leben, ist ein Universum sprachlicher Produktionsnetzwerke.«[80]

Und jetzt können wir mit den Kategorien spielen. Wir können die Frage nach den Varianten des Kapitalismus auflockern, indem wir eine ganz andere Systematik und Typologie im Hintergrund mitlaufen lassen, wie sie sich zum Beispiel aus obiger Fassung eines »Sphärenmodells« der Kategorien der Produktivkrafttheorie ergibt. Wir nehmen dann die Vorausschatten einer planetarischen Ökonomie wahr, welche sogar schon in den privatesten Winkeln, Think-Tanks, Stiftungen unserer Milliardäre aufscheint. Und erst recht aus der Sicht der 99,9 Prozent wird immer drängender gefragt, ob Naturressourcen überhaupt noch sinnvoll auf der Basis des Privateigentums genutzt werden können; ob der maschinenbasierte kooperative Arbeitskräfteeinsatz noch mit dem Privateigentum an Produktionsmitteln vereinbar ist. Und wie steht es, im gleichen Atemzug, um die private Aneignung der wichtigsten Elemente des Überbaus? Welche Rolle spielen die neuen Finanzmarktformen in der Weltgeschichte überhaupt? Wie lassen sich Raum- und Zeitdimensionen gewinnen, die über das Kurzzeitgedächtnis des Geldmachtkomplexes hinausweisen? Es geht um die Deutungshoheit unter dem »Dach« eines Weltsystems.

Dieses Spiel mit den Kategorien der Produktivkrafttheorie erlaubt es also, sich unseren Planeten als umhüllt von Sphären

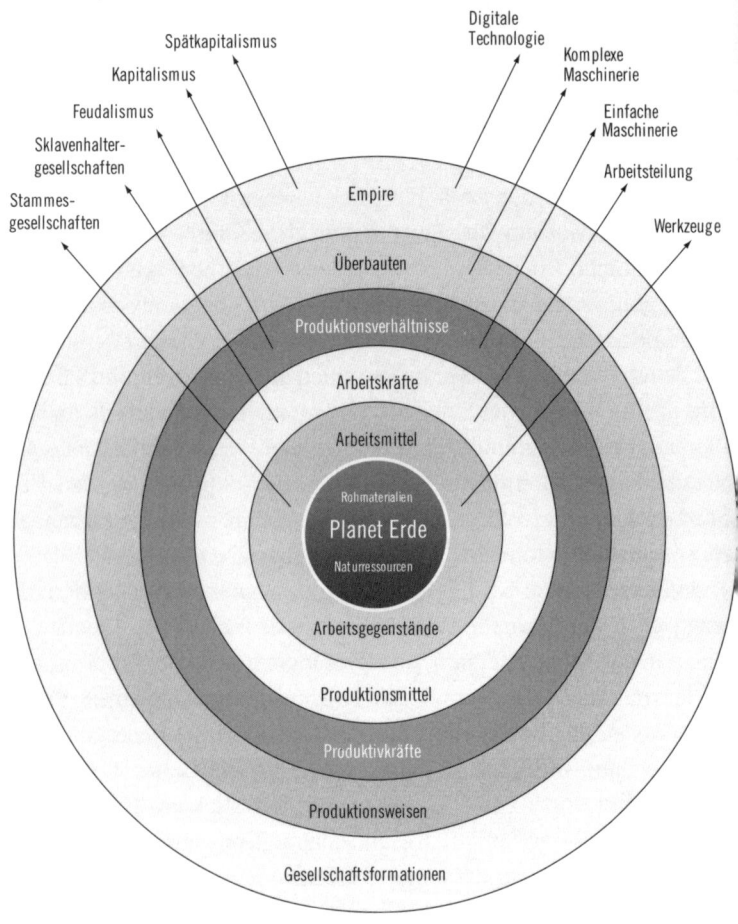

menschlicher Produktivität – wie eine zweite Atmosphäre – vorzustellen. In jeder dieser Stufen entfaltet sich eine Dialektik zwischen
Struktursystemen (Arbeitsgegenstände, Produktionsmittel, Produktionsweisen) einerseits und Handlungssystemen (Arbeitskräfte,
Produktionsverhältnisse, Überbau) andererseits, das heißt, Strukturen wie das System der Produktionsmittel werden durch Handlungen aus der »Arbeitswelt« (Arbeitskräfte) vorangetrieben und
umgekehrt. Und bezogen auf dieses Gesamtsystem lässt sich dann
noch einmal fragen: In welchen Sphären finden sich die Kapitalmilieus unserer chinesischen oder griechischen Milliardäre? In welchen

Nischen der Überbauten verbergen sich die geheimnisvollen Kunstmarktkunden – und schweben unsere dot.com-Milliardäre schon in der Stratosphäre? Wie ist es mit dem organisierten Verbrechen oder der Rüstungsindustrie?

Das »reine Kapital« jedenfalls hat abgewirtschaftet. Eine »wahre Ökonomie« der gesellschaftlichen Produktivkraftentwicklung ist möglich. Und Marxens *Kapital* erweist sich nach erneutem Lesen, so Fredric Jameson, als ein Buch, das diese Dynamik unseres historischen Augenblicks auf den Begriff bringt. Genau deshalb aber sei *Das Kapital* kein politisches Buch – auch wenn es unüberlesbar den Arbeiterinnen und Arbeitern ans Herz legt, sich zu organisieren. Das Buch handele von der Ökonomie und beschreibe letztlich zwei ökonomische Zielpunkte der heutigen historischen Entwicklung: einen heroischen und einen eher komischen. Erstens läutet dem kapitalistischen Eigentum längst die Totenglocke: Die Expropriateure werden expropriiert. Zweitens aber (wie in einem Buch oder Film mit doppeltem Schluss) könnte es sein, dass der Kapitalismus sich einfach still auflöst, so, als ginge keiner mehr mit. »Der konzeptionelle Höhepunkt der Marxschen Gegenwartsanalyse wird mit der These erreicht, dass der industrielle Kapitalismus einerseits eine überwältigende Menge nicht mehr investierbaren Kapitals erzeugt; und auf der anderen Seite eine ständig anwachsende Masse beschäftigungsloser Menschen. Diese Situation wird durch die gegenwärtige Krise des Finanzkapitals voll bestätigt.« Jameson zieht aus alledem folgende Schlüsse:

»Sowohl Globalisierung als auch Postmoderne sind das Ergebnis einer universellen Dekolonisierung, einer immensen Transformation der Welt in eine Multitude von Subjekten, die gleich sind zumindest in ihrer Fähigkeit, ihre Stimme gegen die neuen post-kolonialen Formen der Unterdrückung und Beherrschung zu erheben und Widerstand zu leisten.«

»Der Marxismus ist keine politische, sondern eine ökonomische Philosophie. Er ist nicht politisch radikal, sondern ökonomischer Radikalismus. Er spornt uns nicht dazu an, politische Macht zu hinterfragen, sondern den Kapitalismus als solchen, das ganze ökonomische System zu verändern und zu transformieren.«

»Sozialismus ist der Traum des Kapitalismus von einem perfekten System. Kommunismus ist jene unvorstellbare Erfüllung einer radikalen Alternative, die sich noch nicht einmal träumen lässt.«[81]

Nomadisierung

Da braut sich etwas zusammen. Schon verlassen Superreiche das sinkende Schiff. Eine ganz profane Planetarisierung findet statt. Von Manhattan bis Monaco lösen sich die reichsten Leute dieser Erde von allem los und werden zu einer Klasse staatenloser Durchreisender. Einer der Mitgründer von Facebook, der junge Milliardär Eduardo Saverin, gab 2011 seine US-amerikanische Staatsbürgerschaft auf, genau zum richtigen Zeitpunkt, um beim Börsengang von Facebook mehrere hundert Millionen Steuern zu sparen. Und er ist nicht allein. Die Zahl derjenigen aus dieser Schicht, die ihre Staatsbürgerschaft sausen lassen, ist zwischen 2008 und 2011 von 235 auf 1 780 gestiegen.[82]Aber diese Gruppe stellt nur einen winzigen Anteil derjenigen dar, die von der *Financial Times* als »staatenlose Superreiche« bezeichnet werden. »Diese ›über-wealthy people‹ wollen kein Aufsehen mit einem formellen Austrittsakt erregen. Sie leben einfach so, als besäßen sie keine Nationalität.«[83]

Die meisten dieser »Nomaden« haben zugleich quer durch die geopolitischen Linien eine ganze Sammlung von Residenzen: typischerweise, so die *Financial Times*, ein oder zwei Immobilien im Lande des Hauptwohnsitzes, auf jeden Fall noch eine Bleibe in London, New York oder einer anderen Global City, dazu Feriendomizile, eins in der Sonne und eins im Schnee. Für den Londoner Luxusimmobilienmakler Jeremy Davidson ist diese Perpetuum-mobile-Existenz der Superreichen Standard: »Je mehr Geld du hast, desto entwurzelter wirst du, weil alles möglich ist. Ich habe Klienten, die morgens aufwachen und sagen: ›Lass uns in Venedig Lunch haben.‹ Mit dieser Art von Reichtum wird die Erde ein sehr kleiner Planet. Diese Leute haben ein vermindertes Raumgefühl und wissen nicht mehr, woher sie eigentlich kommen.«[84]

Das vielleicht bekannteste Mitglied dieser Gruppe freiwilliger Staatenloser ist der Karstadt-Retter Nicolas Berggruen, Jahrgang

1961, Vermögen 2,3 Milliarden Dollar, der die letzten zehn Jahre in Fünfsternehotels verbracht hat. Diese heimatlose Seele, auch einer der Unterzeichner der Giving Pledge, hat sich eine andere, durchaus angemessene Heimat auf diesem Planeten geschaffen, ein Institut – eine Denkfabrik mit Büros in Berlin, Los Angeles, New York und Washington.

Das Startkapital betrug hundert Millionen Dollar. Das Mission-Statement lautet: »Das Nicolas Berggruen Institut widmet sich der Erkundung neuer Ideen auf dem Gebiet der guten Governance. Das NBI ist eine unabhängige, überparteiliche Denkfabrik und Beratungsinstitution, die sich vergleichenden Studien und dem Entwurf von Systemen der Governance widmet, die den neuen und komplexen Herausforderungen des 21. Jahrhunderts gewachsen sind.«[85] Ziel der Arbeit sei es, die Möglichkeiten des Informationszeitalters mit den effizienten und meritokratischen Verwaltungspraktiken Asiens (!) und den demokratischen Usancen des Westens zu kombinieren. Die neue Wissensgesellschaft verlange intelligente Öffentlichkeit, intelligente Demokratie und intelligente Regierungen. Mitglieder dieses Planetarisierungsinstituts sind unter anderem die früheren Regierungschefs Gerhard Schröder, Felipe Gonzalez und Tony Blair; der frühere Präsident der Europäischen Kommission, Jacques Delors; die Ökonomen Nouriel Roubini und Joseph Stiglitz; der CEO der Pacific Investment Management Co., Mohamed El-Erian, und so weiter.[86] Will hier jemand den Kapitalismus überwinden?

Und wo wird die Flucht aus der Staatlichkeit enden? »Das sogenannte ›Seasteading‹-Institut entwickelt derzeit mit Hochdruck Bürokomplexe außerhalb des amerikanischen Hoheitsgebiets, um dort ohne staatlichen Einfluss agieren zu können – selbstverständlich mit großen Liegeplätzen, da die Arbeitsplätze schließlich mindestens zwölf Seemeilen vor der Küste liegen werden. 500 Spender sollen die Arbeit des Instituts bereits fördern.«[87]

6 Können Milliardäre das Kapital überwinden?

»Capitalism as a system [is becoming] less attractive to capitalists, the most perceptive of whom are searching for alternative ways to secure their privileges.« (*Immanuel Wallerstein*)[1]

Folgt man den Ratschlägen des Wealth-Managements an seine Klienten, entsteht ein merkwürdiges Bild von den Reichen und Superreichen. Die »high-net-worth individuals« (HNWIs) und »ultra-high-net-worth individuals« (UHNWIs) erscheinen als eine Menschengruppe, die wirklich nichts anderes im Kopf hat, als ihre Vermögen a) zu bewahren, b) zu vermehren und c) – wenn's hoch kommt – zu rechtfertigen; das alles gepaart mit der »großen Vererbungssorge« (Marx). Ansonsten: nichts oder kaum etwas. Blickt man allerdings etwas genauer hin, so zeigen sich hinter der Palette der Verwertungsangebote (opportunities) des Wealth-Managements doch die Schemen realer globaler Trends. Und von Ferne winken die Think-Tanks und Stiftungen mit ihrem oft seltsamen Denkpersonal. Den UHNWIs soll durchaus eine Vorstellung vom gegenwärtigen Weltsystem nähergebracht werden. Und doch gewinnt man den Eindruck, als wolle niemand so genau wissen, was wirklich passiert, auch wenn Vermögensberatung gelegentlich mit dem Holzhammer daherkommt. Da sieht die Welt am 17. März 2012 dann in einer »vertraulichen Mitteilung« so aus:

»*Perspektive*: Umfassende weltweite Krise – Zeitenwende in den internationalen Machtverhältnissen – eine Epoche geht zu Ende und eine neue beginnt. – *Sommer 2012:* Erneutes Abgleiten der USA in die Rezession vor dem Hintergrund der europäischen Wirtschaftsstagnation und eines schwächeren Wachstums in den BRICS. Die Weltwirtschaft steuert geradewegs auf eine Rezession im Jahr

2012 zu. Die Zentralbanken am Ende ihrer Weisheit und erneuter Zinsanstieg. – Nun muss die Fed sich mit zwei neuen Schwierigkeiten auseinandersetzen: Erstens lässt die Nachfrage nach US-Staatsanleihen und Dollar aufgrund der sich abschwächenden Weltwirtschaft schnell und massiv nach; und zweitens treten nunmehr zwei weitere Währungszonen im Welthandel in den Vordergrund, die sich immer mehr vom Dollar emanzipieren, nämlich die Euro- und die Yuan-Zone. Chaos an den Märkten für Devisen und Anleihen der westlichen Staaten – immer mehr Staaten versuchen, ihre Währungen zu ›stabilisieren‹. Dieser Trend ist, wenn es der G 20 nicht gelingt, sich auf eine neue Währung als Grundlage des zukünftigen Weltwährungssystems zu einigen, nicht ein Indiz für eine erhöhte Stabilität, sondern ganz im Gegenteil der Hinweis auf eine wachsende Sorge angesichts der Bocksprünge eines Systems, das in den letzten Zügen liegt … Iran: Unabhängig davon, ob es zu einem Krieg gegen den Iran kommt oder nicht, wäre dies für den Westen ›der eine Krieg, der zu viel ist‹. Ein weiterer Crash der Finanzmärkte und Banken – eine der möglichen Reaktionen der iranischen Verbündeten, unter ihnen China, wird darin bestehen, auf den Geldbeutel der USA zu zielen, indem das Land massiv Dollar gegen andere Währungen eintauschen und gemeinsam mit Moskau und anderen gleichgesinnten Ländern bekanntgeben wird, nicht weiterhin US-Staatsanleihen zu kaufen, um nicht länger die amerikanische Kriegsmaschinerie zu finanzieren. – *Fokus 2015:* Der Zusammenbruch der Immobilienmärkte in den westlichen Staaten – die USA produzieren immer weniger. Ihr Wohlstand wird sich zwingend an ihre wahre Produktion anpassen. Diese Anpassung bedeutet einen massiven Verlust an Wohlstand in den USA und wird den Zusammenbruch des Immobilienmarkts beschleunigen. – *Strategische und praktische Empfehlungen:* Devisen: Vorsicht angesichts der Folgen der Herausbildung der drei großen Währungszonen – Gold: Krümmungspunkt in Sicht – Rohstoffe: Krieg versus Rezession – Aktienmärkte und US-Wirtschaft: Ende der Illusionen – Finanzprodukte: Hohe Alarmstufe!«[2]

Die Superreichen haben jedoch ganz andere Möglichkeiten, sich im »kommenden Chaos« zu behaupten. Milliardäre samt Gefolge können die Selbstverwertungskräfte ihres Kapitals ausdifferenzieren, ohne auf UBS- oder Merrill-Lynch-Manager angewiesen zu sein. Diesem Luftkapital scheinen keine Grenzen gesetzt zu sein. Das Kapital der Superreichen erobert sich, wenn man den Abenteuern emsiger UHNWIs folgt, nicht nur die staatenfreien Ozeane, sondern auch, man denke an Richard Branson, den staatenfreien Weltraum. Dann wieder scheint sich Kapital in Experimenten der Selbstaufwertung in etwas anderes, Neues, »Transhumanes« (siehe Seite 242 ff.) oder manchmal auch Gewaltsames zu verwandeln. Oder es tut, als hätte es keine Lust mehr und zöge sich in die Historie, in feudale Lebensmuster zurück. Aber es gibt auch Kapital, das sich selbst »wissenschaftlich« zu überwinden trachtet zugunsten einer neuen historischen Entwicklungsstufe. Die Superreichen sind in all diesen Versuchen der Refeudalisierung, Chaotisierung, Innovation und Transformation so oder so – und so lange es geht im Verborgenen – ein aktiver Part. In solchen Dimensionen ist das Wealth-Management dann bald mit seinem Latein am Ende. Man spürt das in den »Wealth-Reporten«. Dort versuchen immerhin die besten Investmentbanker sich selbst und ihren Kunden auf der Basis der neuesten Zahlentrends Ratschläge zu geben – zwischen zynischem Verstand und utopischem Willen.

Musterung der Kräfte

Zu den bekanntesten Berichten über die Verästelungen der allgemeinen Vermögensentwicklung gehören (neben *Forbes* und *Bloomberg*) die von Merrill Lynch/Capgemini, Boston Consulting Group, Citigroup und UBS. Die öffentlich zugänglichen Berichte allerdings sind nur die Spitze eines Beratungseisbergs. Einer superreichen Klientel stehen die wirklich wichtigen Informationen gut abgeschirmt und meist gegen hohe Gebühren zur Verfügung. Aber bezüglich der Handlungsmöglichkeiten von HNWIs und vor allem UHNWIs sind auch schon die öffentlichen Reports aufschlussreich.

Wealth Reports

Capgemini definiert in seinem *World Wealth Report 2012* HNWIs als Personen mit einem frei investierbaren Vermögen von mehr als einer Million Dollar. »Für die Zwecke unserer Analyse aber haben wir HNWIs überdies in drei distinkte Reichtumsgruppen unterteilt: ›Millionäre um die Ecke‹ verfügen über bis zu fünf Millionen Dollar; die mittlere Ebene hat bis zu dreißig Millionen Dollar, und UHNWIs verfügen über mehr als dreißig Millionen Dollar. Die Zahl der HNWIs ist kaum größer geworden und umfasste im Jahre 2011 weltweit ungefähr elf Millionen Personen mit einem investierbaren Gesamtvermögen von 42 Billionen Dollar. Ein geringer Rückgang von 1,7 Prozent gegenüber dem Vorjahr reflektiert die Tatsache, dass in den höheren Rängen bei Investitionen oft auch höhere Risiken eingegangen wurden. Im asiatisch-pazifischen Raum gibt es nun mehr HNWIs als in jeder anderen Region, obgleich Nordamerika immer noch den größten Anteil am gesamten HNWI-Reichtum repräsentiert. In der asiatisch-pazifischen Region gab es 2011 3,37 Millionen HNWIs, gegenüber 3,35 Millionen in Nordamerika und 3,17 Millionen in Europa. Die Summen investierbaren Vermögens betrugen in Nordamerika 11,4 Billionen Dollar, im asiatisch-pazifischen Raum 10,7 Billionen Dollar und in Europa 10,1 Billionen Dollar. Besonders in Indien und Hongkong sank die Zahl der HNWIs leicht. Die meisten HNWIs, nämlich 53,3 Prozent, leben noch immer in den USA, Japan oder Deutschland.«[3]

Im Report der Boston Consulting Group (BCG) *Global Wealth 2012* gelten andere Definitionen.[4] Unter die UHNWIs fallen nur Haushalte mit mehr als hundert Millionen Dollar Vermögen. Auch die Zahlen über den finanziellen Reichtum dieser Schicht sind wesentlich höher als bei Capgemini, rund 123 Billionen Dollar gegenüber 42 Billionen Dollar. Ansonsten nimmt der »globale Überblick« sich ähnlich aus wie bei Capgemini. Es habe Einbrüche gegeben: Die Aktienmärkte hätten fast überall gelitten, in Griechenland sei der Umsatz um 52 Prozent, im Mittleren Osten und in Ägypten um 49 Prozent zurückgegangen. Der Anteil des Anleihenkaufs sei um 3,3 Prozent gestiegen, Bargeldeinlagen um 5,2 Prozent. Die höchsten Wachstumsraten fanden sich bei den Haushalten mit einem Nettovermögen von über hundert Millionen Dollar. Dort wuchs der Reichtum um fast vier Prozent gegenüber einem Durchschnittswert in allen übrigen Segmenten von 1,7 Prozent.

Nehmen wir die Zahlen von Capgemini und BCG zusammen, so ergibt sich folgendes Bild: ein Prozent unter den rund elf Millionen HNWIs verfügt über ein privates disponibles Anlagevermögen von mehr als hundert Millionen Dollar. Das sind etwa 100 000 Personen weltweit. Der Anteil dieser UHNWIs am Gesamtvermögen aller HNWIs (43 Billionen Dollar nach Capgemini, 123 Billionen Dollar nach BCG) beträgt über 36 Prozent. Im Unterschied zum Rest der HNWIs ist das Vermögen der UHNWIs in den letzten Jahren überproportional gewachsen. Auf diese Superreichen also konzentrieren wir uns. Ihnen gegenüber nehmen sich die publizierten Anstrengungen des Wealth-Management relativ zahnlos aus. Andererseits wirft der in dieser Branche auch hier schon sichtbare Anpassungsdruck ein Licht auf die realen ökonomischen, politischen und sozialen Veränderungen.

Vor allem muss das Wealth-Management wohl auf die wachsende globale Mobilität der Superreichen reagieren, auf jene Prozesse der

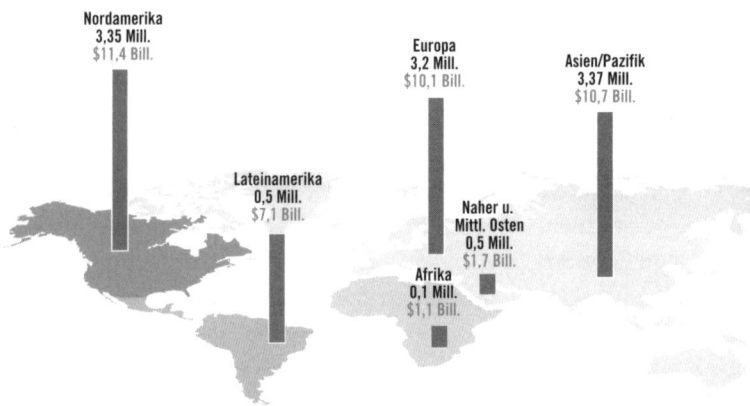

1. *Zahl: Anzahl der HNWIs*
2. *Zahl: Nettovermögen der HNWIs*
Schaubild nach World Wealth Report 2012, *Capgemini*

›Planetarisierung‹ und des ›Nomadentums‹, die wir im voraufgehenden Kapitel andeuteten. Für die Berater konkretisiert sich diese Problematik im »Offshore-Wealth«. Wir haben ja weiter oben schon auf jene Sensationsmeldungen über die in Steueroasen gebunkerten dreißig Billionen Dollar hingewiesen. Der BCG-Report spricht Anfang 2012 von ›nur‹ 7,8 Billionen Dollar. Das Wealth-Management hat auf das Warum eine kühle Antwort. »Unsere Klienten werden immer nach Diversifikation, breit angelegten Aktivitäten der Privatbanken, spezialisierter Expertise, High-Quality-Service, Diskretion und Domizilen mit relativ hoher ökonomischer und politischer Stabilität streben.«[5]

Die Geldflucht erfolgt selbstverständlich vor allem aus politisch instabilen Ländern und aus Ökonomien, in denen das schnelle wirtschaftliche Wachstum nicht im Einklang mit der gesellschaftlichen Modernisierung steht. Das Offshore-Wealth-Management hat es da nicht leicht: »Trotz der Bedürfnisse und Interessen der Klienten unterlag die Wealth-Management-Industrie intensivem Regulierungs- und Überprüfungsdruck – vor allem seitens der Steuerbehörden in den USA und in Westeuropa. Der einfache Grund: In schwierigen Zeiten brauchen die Regierungen Geld.« So seien beispielsweise in der Schweiz und in Luxemburg die Kundeneinlagen aus Nordamerika auf ein Minimum zusammengeschrumpft. Doch das alles belastet und beunruhigt eher die »Reichen« als die »Superreichen«. Diesen steht die Welt ganz anders offen. Offshore-Zentren wie Hongkong und Singapur haben Konjunktur, weil dort Transparenz und Steuergenauigkeit kaum ein Thema sind. Für die Vermögensverwaltung bedeutet dies allerdings, »dass viele Wealth-Manager sich im Grunde neu erfinden und ihre Strategien und Handlungsmodelle für jeden dieser Zielmärkte überdenken müssen. Sie müssen ihre Angebote mehr als bisher an die spezifischen Kundenwünsche anpassen.« Diese Differenzierungen im Wealth-Management spiegeln natürlich ganz allgemein die Ausdifferenzierungsprozesse des großen Kapitals, aus denen sich immer deutlicher eine globale Klasse der ganz wenigen, also des 0,1 Prozents, aus den übrigen Kapitalmilieus heraushebt. Trägt hier vielleicht sogar das Wealth-Management zur »Überwindung des Kapitals« bei?

Die unter diesem Druck entstehenden »alternativen Geschäftsmodelle« des Wealth-Managements jedenfalls sind vielfältig. Da wächst beispielsweise die Zahl der sogenannten External Asset Managers (EAMs), der unabhängigen Vermögensberater. In Großbritannien folgen schon zwanzig Prozent des Wealth-Managements dem EAM-Modell, während es in der Schweiz dreizehn Prozent und in den USA erst fünf Prozent sind. Der Übergang zu anderen Dienstleistungen ist fließend und schließt, wie beispielsweise in New York, sogar Fitnesscenter exklusiv für Milliardäre ein. Ganz wichtig geworden sind die »Family Offices«, die Familienbüros. »Wie schon der Name sagt, ist dieses Geschäftsmodell ausschließlich auf die Bedürfnisse einer Familie (oder eines Familienverbundes) ausgerichtet. Diese Nische hat großes Wachstumspotential, wenn man an die Komplexität und Ausdehnung mancher Familienvermögen denkt. Die meisten Familienbüros gibt es in den USA und in Europa, wo etwa 10 000 solche Einrichtungen Vermögen von mehr als 5 Billionen Dollar verwalten. Auch im Mittleren und Nahen Osten breiten sie sich aus.« Viele dieser Familienvermögen »sind auf multiple Gerichtsbarkeiten verstreut, mit komplexen rechtlichen Strukturen und komplizierten Steuerkonstellationen. Insgesamt verlangen diese UHNWI-Familien hochprofessionelle bestinformierte Wealth-Manager mit Zugang zu einem großen Spektrum von Investitionsmöglichkeiten und mit der Fähigkeit, mehrere Generationen gleichzeitig zu beraten.« Nicht zu unterschätzen ist das Ausmaß von Privatheit, das solche Lösungen erlauben.

»Die Landschaft des Wealth-Managements wird sich in den nächsten zehn Jahren fundamental ändern. Die Konkurrenzdynamik, Regulierung, Kundenverhalten und Technologie entwickeln sich weiter.« Die BCG zählt folgende Punkte auf:

1. »Neue Märkte werden das globale Wachstum des Reichtums neu strukturieren.
2. Das wirtschaftliche Schicksal des Wealth-Managements selbst steht unter Druck. Mehr Regulierung, eine stärkere Durchsetzung von Vorschriften und vor allem ein größeres Interesse an nicht-finanziellen Investitionen (und das heißt auch Korruption und Menschenkauf) werden das Bild prägen.

3. HNWIs und UHNWIs werden zunehmend alternative Kanäle – online und mobil – nutzen, um Marktinformationen zu erhalten und einfache Transaktionen auszuführen. Andererseits könnten langfristige Planung, ja sogar Verwissenschaftlichung – zum Beispiel über Think-Tanks und Stiftungen – eine Rolle spielen. Bei den UHNWIs könnte ›Privatheit als solche‹ operationalisiert werden in Richtung ganz individueller Lösungen jenseits der Angebote von Privatbanken und Online-Brokern.
4. Bestimmte Produkte werden simpler und vorgefertigt sein.
5. Die Preisgestaltung wird transparenter werden müssen und sich an bestimmten Servicemodellen orientieren.
6. Immer wichtiger werden die Fähigkeiten des Risikomanagements, und sie werden sich auf außerökonomische Felder ausdehnen müssen (also konkrete Macht- und Einflussaspekte berücksichtigen).
7. Das Wealth-Management muss auf vielen Kanälen agieren und seine Präsenz in den sozialen Medien erhöhen sowie mit den ›Elitemedien‹, Think-Tanks und Stiftungen zusammenarbeiten.
8. Technologie und Infrastruktur müssen auf den neuesten Stand gebracht werden. Wealth-Manager müssen vor allem ihre IT-Kompetenz entwickeln.«

Es ist also schon so, dass Planung und Wissenschaft, Überblick über alle Aspekte der Globalisierung und »Planetarisierung« und Reflexion auf die eigene Rolle für das Wealth-Management immer wichtiger werden. Denn die Smartesten unter dem 0,1 Prozent wissen längst, dass und wie sie sich selbst organisieren müssen. So lässt sich unter dem Strich sagen, dass das Wealth-Management möglicherweise einerseits immer mehr zur Manipulationsmaschinerie gegenüber der großen Mehrheit der HNWIs wird, sich aber andererseits zugunsten des allobersten Reichtumssegments selbst stärker »privatisieren« und zugleich »verallgemeinern« muss. Hier entstünde eine Funktionselite, die sich auf der Grundlage jenes Geldmachtapparats im guten wie im schlechten um ganz andere Dinge, zum Beispiel um den Planeten als »Produktionstotalität«, zu scheren beginnt. Die Privatheit des Privateigentums an den Produktionsstrukturen schlüge hier um in die bewusste Aneignung des Planeten – so oder so.

Der *Wealth Report 2012* der Citigroup trägt den Untertitel *A Global Perspective on Prime Property and Wealth*.[6] Und wieder gibt es eine andere Definition der HNWIs: »Für die Zwecke dieses Reports benutzen wir diese Abkürzung für Individuen mit über 25 Millionen Dollar investierbarem Vermögen.« Der Report beschäftigt sich vor allem mit den Rendite- und Besitzchancen »erstklassigen« Grund- und Bodenbesitzes, mit Immobilien an den attraktivsten und teuersten Lokalitäten. »Diese Spitzenorte sind im allgemeinen auch durch besondere Internationalität geprägt.« – »Niemals zuvor sind die Schaffung von Reichtum, ökonomische Risiken und Politik so eng mit den Bewegungen auf den Märkten für Spitzenimmobilien verwoben gewesen. Und so ist es nicht allein ökonomisches Wachstum, das Städte schafft, die wirklich wichtig werden für die reichsten Leute der Welt.« – »Haupttrend auf dem Markt für Spitzenimmobilien ist der unaufhaltsame Aufstieg einer ›Plutonomie‹, eines Phänomens, bei welchem das Vermögen des reichsten einen Prozents weitaus schneller wächst als das des Rests der Bevölkerung.« Es gehöre nicht viel Voraussicht zur Prognose, dass die »Unzufriedenheit mit der Einkommensungleichheit, wie sie sich in der Occupy-Bewegung manifestiert, an Schwung zunehmen wird. Das Spielfeld für die Reichen wird brutaler.« In dieser Situation muss – mit dem Tunnelblick des Wealth-Managers – selbstverständlich nach neuen »Generatoren für globales Wachstum«, also nach Anlagemöglichkeiten gesucht werden. Man müsse sich, schreiben die Citigroup-Berater, von den bisherigen Renditearten und Renditemilieus lösen und »nach Ländern, Regionen, Städten, Handelswegen, Sektoren, Industrien, Unternehmen, Technologien, Produkten und Vermögensformen suchen, die in den nächsten fünf, zehn, zwanzig, vierzig Jahren hohe Wachstumsraten und profitable Investitionsmöglichkeiten bieten«.

Da aber sieht es nun ziemlich schlecht aus. Es gibt zu viel Kapital und zu wenige Anlagechancen, und zwar prinzipiell. Und so konkretisiert sich angesichts der Unsicherheit und der zu erwartenden politischen und sozialen Unruhen die abstrakte Sorge um Bewahrung des

Reichtums der Superreichen zur Suche nach »sicheren Häfen« (safe havens). Das Problem in vielen aufstrebenden Ländern ist ja die Governance, die politische und Regierungskultur. Die neuen Reichen flüchten vor Korruption, arbiträren Regeländerungen und Vererbungsbarrieren. Oder sie haben Sorge, bei den jeweiligen Regimes politisch in Ungnade zu fallen. Das alles zeigte sich wieder besonders deutlich im »arabischen Frühling« und während der Wahlen in Russland. Dieser »global flow«, diese Migrationsbewegungen der besonderen Art erzeugen paradoxe Situationen: »Während die Generierung von Reichtum in den Schwellenländern enorm steigt und die entwickelte Welt in Schulden und Sparprogrammen versinkt, profitieren gleichwohl bestimmte Märkte in Europa und den USA von der Großzügigkeit der früheren dritten Welt. Dass so viel Grund und Boden mit dem Reichtum aus den BRIC-Staaten (Brasilien, Russland, Indien, China) erworben wird, deutet auf neue Formen des Transfers globaler Macht.«

Antizipierte soziale und politische Schwierigkeiten in ihren eigenen Ländern veranlassen also gerade Superreiche, in bestimmte Formen des Grundbesitzes jenseits aller Renditekalküle zu investieren. Ein populäres Sprichwort aus dem Nahen Osten lautet: »Grundbesitz kann krank werden, aber er wird niemals sterben.« Das fasse, so der Citigroup-Report, die Einstellung vieler Reicher zusammen, die sich heute in den Grundbesitz flüchten. Selbstverständlich ist Einkommen aus Anleihen und Aktien immer noch gefragt, aber weil durch die Krise immer mehr Staaten den AAA-Status verlieren, werden brauchbare Alternativen rar. Und es gibt kulturelle und nationale Unterschiede »bei der Auswahl der verschiedenen Typen von Grundeigentum. Investoren aus Ostasien bevorzugen die Londoner City, weil sie ihr Vermögen physisch am sichersten in von Banken und Börsenmaklern genutzten Gebäuden wähnen. Investoren aus dem Mittleren und Nahen Osten und einige Russen favorisieren die Exklusivität und den Luxus des Londoner West End. Manche aus dem Mittleren und Nahen Osten haben es auf besonders herausragende Gebäude (›trophy buildings‹) abgesehen, die sie dann sehr lange halten.« Und irgendwie herrscht Endzeitstimmung. Immer mehr dieser Reichen entdecken, schreiben die Vermögensberater, dass »ein Leben in Luxus und

Genuss in sich selbst ein ›profitables‹ Investment sein kann. Kunst, Wein und Sport – sogenannte Anlagen aus Leidenschaft (›investments of passion‹) – können sogar profitabler werden als ein Aktienpaket, das über Nacht seinen Wert verliert. Selbst wenn der Wert von Investments aus Leidenschaft sinkt, hat man ja immer noch die Freude daran. Und wenn der Wert eines Picasso, den man für fünf Millionen Dollar erworben hat, um zwanzig Prozent fällt, weiß man immer noch, dass man ein Meisterwerk an der Wand hängen hat.«

Die Suche nach der globalen Klasse

Wie immer einseitig die Klientel insgesamt und im besonderen die UHNWIs vom Wealth-Management wahrgenommen werden, man spürt doch einen erfahrungsgesättigten Hintergrund. Man denkt wiederum an die höfische Gesellschaft, wo die Höflinge sich auch mehr aufklärenden Klatsch zuflüsterten, als der Herrschaft lieb sein konnte. Demgegenüber stehen Sozialwissenschaftler, die keinen Umgang mit Eigentums- und Verwertungsoperationen haben, oft staunend vor den riesigen gläsernen Strukturen der Globalisierung, überschauen sie vielleicht sogar, aber haben kaum »Primärerfahrung« mit den eigentlichen Akteuren. So zitiert Jonathan V. Beaverstock, einer der wenigen Reichtumsforscher unter den Sozialgeographen, John Kenneth Galbraith mit dem Satz: »Unter allen Klassen sind es die Reichen, die am meisten beachtet und am wenigsten studiert werden.«[7] Auch Leslie Sklairs Konzept einer »Transnational Capitalist Class« (TCC) ist sozusagen nach oben offen, es erfasst nicht wirklich die ultimative Privatheit des Superreichtums. Da sich unsere Milliardäre aber eben auch in irgendeiner Form in der Öffentlichkeit darstellen müssen, nähern sich Sozialwissenschaftler inzwischen – ähnlich wie das gewieftere Wealth-Management – diesem Gegenstand auf Umwegen, beispielsweise über die Beobachtung des Wandels der großen Weltstädte, wo sich das hegemoniale Projekt einer »ikonischen Architektur« entfaltet.[8]

Mit dem Begriff der »iconic architecture« versucht Sklair, die Inbesitznahme der symbolisch und ästhetisch signifikanten städtischen Bauten und Räume durch »globalizing capitalists« anschaulich zu machen. Aus historischen Altbauvierteln werden Konsumzentren, aus repräsentativen Alleen und Schlössern Geschäftsadressen von Großkonzernen. Es sei zwar schon immer so gewesen, dass Architektur benutzt wurde, um die Macht der Starken über die Schwachen zu symbolisieren. Doch die neuen Formen architektonischer Machtdemonstration würden in zunehmendem Maße jene Monumentalität durch »Ikonizität« ersetzen. Die der Globalisierung gemäßen ikonischen Formen im Städtebau haben alle etwas mit Kommunikation zu tun, mit Public Relations, mit Manipulation des Konsumverhaltens. Die Selbstdarstellung der neuen globalen Klasse »klotzt« nicht mehr, sondern wirft Netze aus, ikonisiert Netzwerke. So lässt sich gerade aus den neuen privat-öffentlichen Mustern der Stadtentwicklung vieles über das Verwandlungspotential einer möglicherweise nicht nur transnationalen, sondern auch transkapitalistischen Klasse lernen.

Für Sklair bilden sich in diesen Netzen auch die von ihm herausgearbeiteten Faktionen der »transnational capitalist class« (TCC) ab: die »corporate faction« der Eigentümer und Kontrolleure der großen transnationalen Konzerne; die »state faction« der Politiker und Bürokraten, welche sich dieser Form von Globalisierung verschrieben haben; die »technical faction« der »globalisierenden« Experten und Technokraten; die »consumerist faction« der Händler, der Ankurbler des Konsumismus in Medien und Werbung. Und in dieser Stadtkultur steigen dann aus den Rängen der technischen Eliten globale »Stararchitekten« auf, Symbolfiguren für »eines der wichtigsten, wenngleich noch kaum durchschauten hegemonialen Projekte des Kapitals«.[9]

Jonathan V. Beaverstock beschäftigt sich mit der hegemonialen Bedeutung der »Global Cities« auf etwas andere Weise. Er geht bei seiner Untersuchung der Frage, wie sich die »globalen Superreichen« in der Welt verankern, von der Entwicklung des Private Banking, des Wealth-Managements und anderer Finanzdienste aus, die seit den frühen 1990er Jahren das Geschehen um diese Schicht bestimmen. Das führt ihn auf ähnliche Spuren wie im *Wealth Report* der Citigroup (siehe Seite 210 f.). »So wie die Weltstädte zu Stützpunkten für das internationale Kapital geworden sind, so werden sie auch die Orte, an denen die Superreichen sich mit exklusiven und privilegierten Zirkeln des Private Banking und Wealth Management kurzschließen.«[10]

Auch Beaverstock stochert – wenn dieses Bild hier erlaubt ist – auf der Suche nach besonderen Erkennungsmerkmalen des Superreichtums in einem schwarzen Loch herum. Zwar quantifiziert und lokalisiert er die Superreichen nach den schon bekannten Mustern von *Forbes* und *Bloomberg*, aber er versucht auch, über die ikonisierten Netzwerke der »corporate faction« die neuen Formen und Verhaltensweisen des »finanziellen Diskurses auf dem UHNWI-Markt« zu entschlüsseln. Er stößt dabei dann eben auch auf jene »privilegierten ökonomischen Strukturen in den Weltstädten, die ausschließlich auf Dienstleistungen für die Superreichen ausgerichtet sind«. Auch Beaverstock stellt sich die Frage, ob die Superreichen angesichts solcher Differenzierungen bereits eine »jenseits« der Kapitalistenklasse operierende neue Superklasse darstellen. Und er bejaht die Frage.

»Als Kollektiv zeichnen sich die Superreichen durch Transnationalismus, Kosmopolitismus und einen beschleunigten, hypermobilen Lifestyle aus, der sich in exklusiven sozialen und kapitalistischen Beziehungsgeflechten auslebt.« Hier entstehe in der Tat ein eigenständiges virtuelles Reich, »in sich abgeschlossen, mit eigenem Gesundheitssystem (concierge doctors), Reisenetzwerken (Netjets, destination clubs), eigenem Wirtschaftskreislauf und eigener Sprache (»Who's your household manager?«). In diesem Milieu werden die Reichen nicht nur reicher, sie werden, wie Robert Frank schrieb, »finanzielle Ausländer mit einem eigenen Staat im Staat, mit ihrer eigenen Gesellschaft in der Gesellschaft und eigenen Wirtschaft in der Wirtschaft«. Und Beaverstock ergänzt, die Superreichen bewegten sich ständig zwischen den Nationalstaaten, nicht in ihnen, und zwar in einem Maße, dass ihr Wohnort der »globale Raum« geworden sei, in dem sie die Grundlagen für eine Gesellschaft der Netzwerke, für eine globale »network society« legten. Sie sind »eingebettet in das Leben bestimmter Weltstädte, mit multiplen Residenzen, mit Zentren für Geschäftsaktivitäten und am wichtigsten: mit spezialisierten Banken, mit finanziellen und professionellen Dienstleistungsangeboten, die ihren Reichtum verwalten und schützen«.[11]

Ausgewählte private Wealth-Management-Unternehmen, 2009[12]

Privatbanken	Wealth-Management	Anwaltsfirmen
Arbuthnot Latham & Co	Aberdeen Asset Man.	Allen & Overy LLP
Adam & Company	AXA Fund Managers	Baker McKenzie LLP
Bank J Safra	Cazenove Capital Man.	Charles Russell LLP
C Hoare & Co	Credit Suisse Asset Man.	Dawson Cornwell
Cater Allen	Fleming Family & Partners	Harcus Sinclair
Duncan Lawrie Ltd	Goldman Sachs Asset Man.	Herbert Smith LLP
Lloyds TSB Private	Lazard Asset Man.	Hughes Fowler Carruthers
SG Hambros Private Bank	Pictet Asset Man.	Macfarlanes LLP
R Raphael & Sons	St James Place	May, May & Merrimans
Weatherbys Bank	Virgin Money Man.	Forsters LLP
Buchhaltung	Versicherungen	Investmentbanken
Baker Tilly	AIG UK Ltd	Barclays Wealth Management
BDO Stoy Hayward	AXA Art Insurance	Barings Wealth Man. Ltd
Deloitte	Abbey Life Assurance	Citi Private Bank
Ernst & Young	Allianz Insurance plc	Credit Suisse Private Banking
Grant Thornton	Brit Insurance Ltd	HSBC Private Bank
Horwath Clark Whitehall	Chubb Custom Insurance	J P Morgan Private Bank
KPMG	DAS Legal	Kleinwort Benson Private Bank
Moore Stephens	Hiscox Insurance Company	Morgan Stanley Private Wealth
PwC	Markel International	Rathbone Investment Man. Ltd
Shipleys	QBE Insurance	UBS AG

Hinzu kommen Makler, Versicherungen und Sicherheitsdienste, spezielle Beratungsdienste für Stiftungen, Vererbungsfragen, Steuerplanung sowie spezielle »Hausmeisterdienste« (Yachten, Kunstschätze). Ein nächster Schritt wäre also, diese privilegierten Knotenpunkte ihrerseits mit jener unendlichen Zahl von Beziehungen und Einflüssen in Verbindung zu bringen, die den Alltag der restlichen 99 Prozent bestimmen. Aber auch das reicht nicht aus. Es muss auch gefragt werden, welche Rolle gerade das eine Prozent oder 0,1 Prozent für die Entwicklung und Zukunft unseres Planeten spielen, ob in ihnen, wie in der »Multitude«, Kräfte der Veränderung schlummern, ob also auch Milliardäre dazu beitragen können, das Kapital zu überwinden.

Ein Netzwerk globaler Kontrolle

Wealth-Management aber ist immer und zuallererst die Verwertung des Kapitals um des Machtgewinns willen. Die Netzwerke, die solches bewirken, sind in letzter Zeit nicht nur Forschungsgegenstand leicht überforderter Sozialwissenschaftler, sondern auch und gerade Mathematiker und Naturwissenschaftler haben sich an solche Netzwerkanalysen gewagt. So hat eine Forschergruppe am Lehrstuhl für Systems Design der Eidgenössischen Technischen Hochschule Zürich in einem aufsehenerregenden Papier errechnet, dass es nicht nur ein eng verknüpftes, überschaubares Netz der wichtigsten transnationalen Konzerne gibt, sondern dass und wie dieses Netzwerk ungeheuren Einfluss auf die globalen Märkte und deren finanzielle Stabilität ausübt. Die Forscher erschließen die Architektur eines internationalen Eigentümernetzwerks, kalkulieren das Ausmaß der Kontrolle, welches dieses Netzwerk als zentraler Global Player auszuüben in der Lage ist. »Wir haben herausgefunden, dass bestimmte transnationale Konzerne eine gigantische Struktur in Gestalt einer ›Krawattenfliege‹ bilden, deren eng geknüpfter Knoten eine Kontrollzentrale der wichtigsten Finanzinstitutionen ist. Diese Knotenstruktur kann als eine ökonomische ›Superentität‹ betrachtet werden, die entscheidende Fragen für die Forschung und für die Politik aufwirft.«[13]

Viele Publikationen haben diesen Forschungsbericht inzwischen kritisch oder lobend diskutiert. Im *New Scientist*[14], dem britischen Wissenschaftsmagazin, halten renommierte Systemanalysten das Projekt für einen »einzigartigen Versuch, das Rätsel, wer oder was die globale Ökonomie kontrolliert, zu lösen. Eine Vertiefung dieser Analyse könnte dazu beitragen, den globalen Kapitalismus stabiler zu machen.« Einer der Züricher Forscher, James Glattfelder, bemerkt: »Die Wirklichkeit ist so komplex, dass wir uns erst einmal von jeder dogmatischen Interpretation, ob nun Verschwörungstheorien oder Ideologie des freien Marktes, fernhalten sollten.« Das Forscherteam hatte aus einer Datenbank (Orbis 2007), die 37 Millionen Unternehmen und Investoren weltweit auflistet, alle 43 060 transnationalen Konzerne und deren Anteilseigner herausgefiltert. Auf dieser Grundlage wurde ein Modell konstruiert, das nachzeichnete, welche Konzerne mittels Anteilseigentum Kontrollmacht über die übrigen Unternehmen ausübten. Diese Verflechtungen wurden durch Informationen über Betriebsgewinne ergänzt, so dass das Bild einer globalen ökonomischen Machtstruktur entstand.

Die Untersuchung ergab einen Kern von 1 318 Unternehmen mit ineinandergreifenden Eigentumsbeziehungen. Jedes dieser 1 318 Unternehmen hatte Verbindungen zu mindestens zwei anderen Unternehmen aus diesem Sample. Im Durchschnitt waren es jeweils zwanzig Verbindungen. Und obwohl diese Kernunternehmen nur zwanzig Prozent aller weltweit anfallenden Betriebsgewinne auswiesen, schienen sie gemeinsam – durch das in ihnen repräsentierte Anteilseigentum – die Mehrheit der großen »Blue Chip« und Industrieunternehmen weltweit, also der »Realökonomie«, zu vertreten – und damit noch einmal sechzig Prozent der globalen Revenuen. Und als das Forscherteam dieses Gewebe von Anteilseigentum (und Anteilseigentümern) weiter aufdröselte, stieß es auf eine ›Super-Entität‹ von 147 noch enger miteinander verwobenen Unternehmen – alles Anteilseigentum war im Besitz der jeweils anderen Mitglieder jener »Superentität« – und dieser Kern kontrollierte vierzig Prozent des Reichtums des gesamten Netzwerks der 1 318 Unternehmen. Im Endeffekt kontrollierten weniger als ein Prozent der Unternehmen vierzig Prozent des gesamten Netzwerks. Und die meisten dieser 147 Unternehmen waren Finanzinstitutionen.[15]

Für den Makroökonomen John Driffill von der University of London besteht der Wert dieser Analyse nicht nur im Nachweis, dass eine kleine Gruppe von Leuten die Weltwirtschaft kontrolliert, sondern noch mehr in der Erkenntnis, dass dieses ökonomische System auf diese Weise außerordentlich stabil ist.

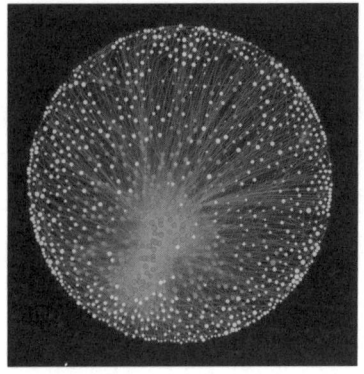

Die 1 318 transnationalen Konzerne, die das »Herz« der Weltwirtschaft bilden. Die Größe des jeweiligen Punktes entspricht dem jeweiligen Umsatz beziehungsweise Gewinn. (Abbildung siehe Anmerkung 15)

Das Züricher Team selbst ist sich da nicht so sicher, zumal seine Datensätze, wie gesagt, aus dem Jahr 2007 stammen, also gut abgehangen, dafür aber auch solide sind. Man habe ja im Jahre 2008 gesehen, wie instabil solche Netzwerke – gerade weil sie so eng verflochten sind – werden können: »Wenn ein Unternehmen Probleme bekommt«, sagt Glattfelder, »breitet sich das sofort aus.« Und ein Experte für komplexe Systeme, der schon die Deutsche Bank beraten hat, stimmt zu: »Es ist beunruhigend zu sehen, wie eng die Dinge in Wirklichkeit verkoppelt sind.« Andererseits könne ein Aufdecken der verwundbaren Knotenpunkte eines Netzwerks das Ausbreiten punktueller Krisen auf das Gesamtsystem verhindern. Als Mittel gegen die »Über-Konnektivität« des Systems schlägt Glattfelder globale Anti-Trust-Regeln vor, wie sie heute nur auf nationaler Ebene bestehen. Andere plädieren für eine Besteuerung übermäßiger Interkonnektivität.

Insgesamt kommt durch diese Beteiligung von Mathematikern und Naturwissenschaftlern eine neues Element in die Diskussion: Es wird deutlich, dass solche Konzentrationen und Verknotungen auch eine Eigenschaft komplexer Systeme in der Natur sind; dass die damit verbundenen Probleme also auch planerisch, wissenschaftlich, »produktivkrafttheoretisch« angegangen werden können. Die Tatsache, sagen Kommentatoren der Züricher Studie, dass einfache Regeln das Entstehen und Verschwinden hochkomplexer Strukturen bestimmen, verbindet die richtige These der Occupy-Wall-Street-Bewegung, dass ein Prozent der Bevölkerung über fast

Die Top 50 der 147 supervernetzten Unternehmen

1. Barclays plc
2. Capital Group Companies Inc
3. FMR Corporation
4. AXA
5. State Street Corporation
6. JP Morgan Chase & Co
7. Legal & General Group plc
8. Vanguard Group Inc
9. UBS AG
10. Merrill Lynch & Co Inc
11. Wellington Management Co LLP
12. Deutsche Bank AG
13. Franklin Resources Inc
14. Credit Suisse Group
15. Walton Enterprises LLC
16. Bank of New York Mellon Corp
17. Natixis
18. Goldman Sachs Group Inc
19. T Rowe Price Group Inc
20. Legg Mason Inc
21. Morgan Stanley
22. Mitsubishi UFJ Financial Group Inc
23. Northern Trust Corporation
24. Société Générale
25. Bank of America Corporation
26. Lloyds TSB Group plc
27. Invesco plc
28. Allianz SE
29. TIAA
30. Old Mutual Public Limited Company
31. Aviva plc
32. Schroders plc
33. Dodge & Cox
34. Lehman Brothers Holdings Inc*
35. Sun Life Financial Inc
36. Standard Life plc
37. CNCE
38. Nomura Holdings Inc
39. The Depository Trust Company
40. Massachusetts Mutual Life Insurance
41. ING Groep NV
42. Brandes Investment Partners LP
43. Unicredito Italiano SPA
44. Deposit Insurance Corporation Japan
45. Vereniging Aegon
46. BNP Paribas
47. Affiliated Managers Group Inc
48. Resona Holdings Inc
49. Capital Group International Inc
50. China Petrochemical Group Company

Datensatz von 2007

allen Reichtum verfügt, mit der Einsicht, dass es sich auch hier nur um eine logische Zwischenphase in einer evolvierenden, sich selbst regulierenden Ökonomie handelt – in der, könnte man hinzufügen, auch dem Superreichtum eine Rolle, aber eben nur eine temporäre, zukommt. Und so ist nicht die Netzwerkstruktur als solche das Problem, sondern die Tatsache, dass sich hier Marktkonkurrenten immer dann, wenn es um eine transparentere Ausgestaltung der bestehenden Netzwerkstruktur geht, gemeinsam und mit aller Macht gegen Veränderungen wehren. Und deshalb werden heute diese Netzwerke, die einen Fortschritt darstellen könnten, als eine neue Form des »privaten Imperialismus« wahrgenommen.

Private Netzwerke

Unter dem Titel *Private Empire* hat Steve Coll vor kurzem ein Buch über die Vernetzungen des transnationalen Konzerns ExxonMobil vorgelegt.[16] Dieser Konzern gehört, trotz seiner gewaltigen ökonomischen Präsenz, nicht zum engsten Kern der fünfzig, wohl aber zum engeren Kern der 147 »superconnected companies« aus der Züricher Studie. Coll erinnert daran, dass es seit dem Zeitalter der großen Expansion immer wieder solche kuriosen Entitäten gab, welche über mehr Macht als viele Staaten verfügten, etwa die Britische Ostindien-Kompanie oder die Niederländische Ostindien-Kompanie. Sie hatten eigene Kriegsschiffe und Armeen, prägten eigenes Geld und herrschten über Territorien, die erst später von Großbritannien und den Niederlanden übernommen wurden. »In künftigen Jahrhunderten«, schreibt ein Rezensent, »werden Historiker im Schweiße eines überhitzten Planeten zurück auf unsere Zeit schauen und in den multinationalen Ölkonzernen ähnliche Akteure sehen.«[17]

Die Zahlen für ExxonMobil jedenfalls sind Empire-mäßig: Allein im Jahre 2011 machte der Konzern einer Gewinn von 22 Milliarden Dollar, der vorletzte CEO ging mit einem Abschiedspaket von 400 Millionen Dollar von Bord. Wenn die Revenuen des Konzerns mit dem Bruttoprodukt von Staaten verglichen würden, rangierte er unter den obersten dreißig Ländern der Erde. ExxonMobil betreibt eine der größten Lobbyorganisationen in Washington. Vor allem aber operiert das private Imperium ExxonMobil – präsent in 200 Staaten und Territorien – weltweit als eine selbständige, übernationale Entität. Der Konzern verfolgt eine eigenständige Außenpolitik, die manchmal mit der offiziellen Linie übereinstimmt, manchmal, wie im Falle des Irak-Kriegs, aber auch nicht. Darüber hinaus verfügt ExxonMobil über eigene Söldnerarmeen, größer und besser ausgerüstet als alles, was – etwa im Tschad – mit Unterstützung der CIA auf die Beine gestellt werden könne. Im Niger-Delta stellte der Konzern der nigerianischen Marine Boote zur Verfügung, rekrutierte, bezahlte und bewaffnete Militär- und Polizeieinheiten. Das Buch beschreibt also »die inneren Abläufe einer der größten Konzentrationen nicht demokratisch gewählter Macht in der westlichen Welt«, schreibt der Rezensent. Und wie diese Macht ausgeübt wird, sei von größter Bedeutung in einer Welt, in der Ölkonzerne diese entscheidende Rolle in einer Karbon-Ökonomie spielen, von der wir alle abhängen. Aber es ist ja nicht nur das Öl.

Und wo bleiben hier unsere Milliardäre? Sie haben, vor allem wenn man die dazwischengeschaltete Wealth-Management-Industrie beachtet, mit diesen Corporate Networks und ihrer imperialen Ausgestaltung ja nicht unmittelbar etwas zu tun. Wenn Beaverstock der »Transnational Capitalist Class« noch eins draufsetzt, eine »Superklasse«, so ist er sicher auf der richtigen Spur. Was diese Individuen kennzeichnet, ist eben die durch Superreichtum ermöglichte extreme Privatheit oberhalb des alltäglichen Machtgeschachers. Und genau deshalb befindet sich diese Schicht bereits in einer Lage der sozusagen zwanglosen Transformation, in der man sich auch schon jenseits des Kapitalismus befinden kann – wie immer »kapitalismusbasiert« diese Position auch ist. So repräsentiert Superreichtum – ähnlich darin der »Weltkunst« – so etwas wie eine epochenübergreifende Konstante aller bisherigen Klassengesellschaften. Doch es bleibt, um unkontrollierte Macht zu verhindern, nichts anderes übrig, als jene konkreten, individuellen, privaten Imperien der Gegenwart so zu durchleuchten, wie das einst die Voltaires und Beaumarchais' des achtzehnten Jahrhunderts mit der Aristokratie taten. Das ist ein Interesse, ein Forschungsinteresse, dem in unserem vernetzten, informationsgesellschaftlichen Milieu jede und jeder nachgehen kann.

Mäzene, Think-Tanks, Stiftungen

Viele Think-Tanks und Stiftungen sind altertümliche, quasifeudale Gebilde und keineswegs Beispiele für glänzende, moderne Netzwerke. In den USA werden Think-Tanks immer mehr zu Bastionen im Kampf zwischen konservativen und liberalen Milliardären um Einfluss auf die Außen- und Innenpolitik. Nicht zuletzt das 1921 gegründete »Council on Foreign Relations« (CFR) in New York dient den superreichen liberalen Laiendenkern des US-amerikanischen Establishments als außenpolitische Bildungsinstitution und Einflussbasis. Personen aus dem Umfeld des CFR wie der Hedge-Fonds-Milliardär George Soros hatten schon 1998 eine Lobbygruppe namens »MoveOn« gegründet, die sich unter anderem gegen den Irak-Krieg engagierte. Die konservativen Milliardäre betreiben eigene Denk-Supertanker wie das »American Enterprise Institute«. Und sie schufen als Gegengewicht zu »MoveOn« die Gruppe »Freedom's Watch«. Deren Ziel ist es unter anderem, eine harte Linie gegen den Iran zu fahren und eine aggressive Außenpolitik fortzusetzen.

In Europa verhinderte der Kalte Krieg lange Zeit, dass wie in den USA ein Szenario miteinander verzahnter Denkfabriken, Eliteuniversitäten und politischer Stiftungen entstehen konnte. Die westdeutschen Führungseliten beispielsweise wurden von entsprechenden Einrichtungen in Washington mit Rat und Tat versorgt. Man denke an die Rolle der Ford- und Rockefeller-Foundations, an die Ausbildung unserer akademischen Elite in Yale, Harvard, Stanford und so weiter. In der Phase der sogenannten Umgestaltung Osteuropas nach 1989 steigerte sich der Einfluss dieser Organisationen. Da war zunächst kein Platz für eine eigenständige Beratungskultur. Zudem waren die europäischen Formen der Politikberatung noch immer durch aristokratische Modelle, geradezu durch eine höfische Kultur der grauen Eminenzen und Geheimräte geprägt. In den USA dagegen beginnt sich eine moderne, mit den neuesten Kommunikations- und Informationstechnologien arbeitende Beraterkultur herauszubilden. Entscheidend ist, dass man in Washington den globalen Blick pflegte, also das Weltgeschehen insgesamt geopolitisch zu erfassen versuchte. Da fungieren die Europäer noch immer als Abnehmer und nicht als Erzeuger von Beratungskompetenz.

Nun hat das CFR einen europäischen Ableger bekommen. Exaußenminister Joseph Fischer und der frühere finnische Staatspräsident Martti Ahtisaari verkünden die Eröffnung von CFR-Filialen in

Berlin, London, Madrid, Paris, Rom, Sofia und Warschau. Dieses Franchise-Unternehmen unter dem Namen »European Council on Foreign Relations« (ECFR) wird ebenfalls ausschließlich von superreichen Privatleuten finanziert. Wieder spendet – neben einer spanischen und einer britischen Privatstiftung – George Soros den Löwenanteil. Die Frage ist, ob sich mit ein paar Elder Statesmen wie Fischer in Europa eine eigenständige Beratungskultur entwickeln lässt. Und haben die neuen europäischen »Räuberbarone« (Naomi Klein) ein solches Coaching überhaupt nötig? Auf der Seite der professionellen »Berater« gibt es natürlich ganze Kohorten von Politikwissenschaftlern, Soziologen und so weiter, die sich nach derartigen privaten Forschungsgeldern drängen. Aber man kann skeptisch sein hinsichtlich der Chancen eines solchen europäischen Think-Tanks auf dem Weltmarkt der Ideen. Entscheidend ist, ob die Reichen und Superreichen Europas einen Hunger nach eigenständigem politischen und außenpolitischen Wissen verspüren.

Als man jüngst die Frage stellte, ob Think-Tanks in der (europäischen) Finanzkrise überhaupt eine Rolle gespielt haben, lautete die Antwort: kaum. Die Politiker (policy makers) hätten diesen Institutionen keine Aufmerksamkeit geschenkt, weil dort »neues Denken mit alten Denkern« produziert würde, das niemand braucht. Betrachtet man sich aber jene »parteiunabhängigen« Technokraten, die heute nicht nur hinter den Kulissen, sondern auf Regierungsbänken das Sagen bekommen, so sind sie alle auf die eine oder andere Weise mit den wichtigsten europäischen und US-amerikanischen Think-Tanks verbunden und haben dort ihre Netzwerke und Ghostwriter. Außerdem kommen aus Einrichtungen wie dem »Centre for European Policy Studies« oder das »Institute for Economic Affairs« durchaus brauchbare Konzepte für die europäische Krisenbewältigung. Und neuere Institute wie das »Institute for New Economic Thinking« (INET), die »New Economics Foundation«, das »Post-Carbon Institute« und so weiter verlassen den klassischen neoliberalen Kurs und fragen nach langfristigen Krisenlösungen.[18]

Es gibt mittlerweile weltweit rund 5 000 Einrichtungen, die sich Think-Tanks nennen oder auf die eine oder andere Weise so bezeichnet werden. Dazu gehören Nichtregierungsorganisationen

(NROs) ebenso wie parteigebundene Stiftungen, zivilgesellschaftliche Ideen- und Aktionszentren wie Amnesty International, wissenschaftliche »watchdogs« wie das »Stockholm International Peace Research Institute« (SIPRI) und schwer zu kategorisierende, interessenbestimmte Bastelstätten für Argumentationslinien und Ideologien. Uns kann hier nur interessieren, welchen Einfluss in diesem Kosmos der Gedankenfabrikation das große private Geld hat. In der Unternehmensberatung breitet sich eine interessante Formel aus: »Wissen ist der erste Rohstoff, der sich bei Gebrauch vermehrt«. (*brandeins*, 11/2009) Sie bedarf gerade auch bezüglich der milliardärsgetriebenen Welt der Think-Tanks der weiteren Reflexion.

Wichtiger aber ist, dass der Think-Tank-Boom die öffentliche Wissenschaft immer mehr an den Rand drängt. Forschungen und Ergebnisse werden der demokratischen Kontrolle und öffentlichen Diskussion entzogen. So hat zum Beispiel das größte Beobachtungsprojekt zur Think-Tank-Entwicklung (University of Pennsylvania)[19] zwar durch die Befragung von Tausenden von Experten umfangreiche Ranking-Listen ermittelt (wegen der geringen zur Verfügung stehenden Forschungsmittel mit Hilfe von Praktikanten übrigens). Aber über die Budgets und personalen Potentiale dieser Institutionen war kaum etwas zu erfahren. Es ging nur um »Reputation«, und nur danach durften die Forscher aus Philadelphia fragen. Dabei spielt es, wie im Spitzenfußball, auch im privaten Wissensimperium der Milliardäre eine Rolle, welche Stars man sich dienstbar macht, wie die Spitzendenker untereinander auskommen, welche Anpassungs- und Widerstandsformen innerhalb der Think-Tanks und zwischen den Mäzenen entstehen.

Forbes kann hier ein wenig weiterhelfen. Vor kurzem ist dort ein Bericht unter dem Titel »Milliardäre lenken Millionen in die Think-Tanks« erschienen, der sich zunächst einmal auf den noch immer weltweit größten Gedankenmarkt, die USA, konzentriert.[20] Die Zahl der Think-Tanks ist allein dort von wenigen Dutzend in den 1940er Jahren auf heute mehr als 1 800 angewachsen. »Diese Entwicklung erlaubt reichen Spendern die Wahl unter einem immer größeren Fächer von Institutionen. Dennoch bestehen manche darauf, eigene Organisationen aufzubauen.« Viele der Neugründungen sind »ganz

Die Spitzen-Think-Tanks (nach Reputation) weltweit

1. Brookings Institution – USA
2. Chatam House (CH), Royal Institute of International Affairs – GB
3. Carnegie Endowment for International Peace – USA
4. Council on Foreign Relations (CFR) – USA
5. Center for Strategic and International Studies (CSIS) – USA
6. RAND Corporation – USA
7. Amnesty International – GB
8. Transparency International – DE
9. International Crisis Group (ICG) – BE
10. Peterson Institute for International Economics – USA
11. Stiftung Wissenschaft und Politik (SWP) – DE
12. International Institute for Strategic Studies (IISS) – GB
13. Heritage Foundation – USA
14. Cato Institute – USA
15. Woodrow Wilson International Center for Scholars – USA
16. Bruegel – BE
17. American Enterprise Institute for Public Policy Research (AEI) – USA
18. Stockholm International Peace Research Institute (SIPRI) – SE
19. Center for American Progress – USA
20. Adam Smith Institute – GB
21. Carnegie Moscow Center – RU
22. Human Rights Watch – USA
23. Centro des Estudio Públicos – CL
24. Institute for World Economy and International Relations (IMEMO) – RU
25. Center for Social and Economic Research (CASE) – PL
26. African Economic Research Consortium – KE
27. Fundación Getulio Vargas (FGV) – BR
28. Chinese Academy of Social Sciences (CASS) – CN
29. Polish Institute for International Affairs (PISM) – PL
30. Fraser Institute – CA

ungeniert parteilich«. Doch das führende Personal dieser Institutionen, konfrontiert mit der Widersprüchlichkeit und Komplexität der Probleme, ist nicht so ohne weiteres willfährig.

Die Finanzierung von Think-Tanks durch Milliardärsstiftungen (HJK nach Forbes)

American Enterprise Institute

Philip F. Anschutz	Anschutz Foundation
George L. Argyros	Argyros Foundation
Richard M. DeVos	Richard & Helen DeVos Foundation
Charles G. Koch	Charles G. Koch Charitable Foundation
Bruce Kovner	Kovner Foundation
Richard Mellon Scaife	Sarah Scaife Foundation

Brookings Institution

William H. Gates III	Bill & Melinda Gates Foundation
Kirk Kerkorian	Lincy Foundation
Haim Saban	Saban Family Foundation
James H. Simons	Simons Foundation
Alice L. Walton	Walton Family Foundation
Jim C. Walton	Walton Family Foundation
S. Robson Walton	Walton Family Foundation

Carnegie Endowment for International Peace

George Soros	Open Society Foundations

Cato Institute

Philip F. Anschutz	Anschutz Foundation
Charles G. Koch	Charles G. Koch Charitable Foundation
Bernard Marcus	Marcus Foundation
W.A. Moncrief Jr.	Wm. A. and Elizabeth B. Moncrief Foundation
Richard Mellon Scaife	Sarah Scaife Foundation
George Soros	Open Society Foundations

Center for American Progress

William H. Gates III	Bill & Melinda Gates Foundation
Kirk Kerkorian	Lincy Foundation
Gordon E. Moore	Gordon and Betty Moore Foundation
George Soros	Open Society Foundations
Steven Spielberg	Wunderkinder Foundation

Center for Strategic and International Studies

Richard Mellon Scaife	Allegheny Foundation
Richard Mellon Scaife	Sarah Scaife Foundation

Council on Foreign Relations

William H. Gates III	Bill & Melinda Gates Foundation
Henry R. Kravis	Marie-Josee and Henry R. Kravis Foundation
Leonard A. Lauder	Leonard and Evelyn Lauder Foundation

Heritage Foundation

Richard M. DeVos	Richard & Helen DeVos Foundation
Charles G. Koch	Charles G. Koch Charitable Foundation
Bernard Marcus	Marcus Foundation
Richard Mellon Scaife	Sarah Scaife Foundation
Richard Mellon Scaife	Allegheny Foundation

Human Rights Watch

George Soros	Open Society Foundations
George Soros	Soros Fund Charitable Foundation
Steven Spielberg	Wunderkinder Foundation
David A. Tepper	David Tepper Charitable Foundation

Woodrow Wilson International Center for Scholars

George Soros	Open Society Foundations

»Ich bin ein begeisterter Fan von Think-Tanks,« sagt Tevi Troy, ein Senior Fellow des streng konservativen Hudson Institute. »Aber der Preis dieser Politisierung ist, dass gute Politikforschung aus öffentlichen Institutionen nicht mehr ernstgenommen wird. Ihre gefüllten Taschen erlauben den Reichsten, immer mehr an Einfluss in dieser Welt zu gewinnen. Dabei wird es immer schwieriger, die Reichweite dieses Einflusses zu kalkulieren, weil Think-Tanks die Namen ihrer Geldgeber nicht veröffentlichen müssen.«[21] *Forbes* ist bei der Aufstellung seiner Listen diesem Einfluss auf Umwegen nachgegangen und hat die Steuererklärungen von Milliardärsstiftungen analysiert. Diese hatten 46 der wichtigsten US-amerikanischen Think-Tanks mit Millionenbeträgen unterstützt. Wir haben aus dieser Liste jene ausgewählt, die auch vom Think-Tank-Projekt der University of Pennsylvania weltweit zu den wichtigsten gezählt wurden.

Der Übergang beziehungsweise Zusammenhang zwischen Stiftungen und Think-Tanks ist fließend, vor allem wenn es um Fragen des politischen, sozialen, kulturellen und wissenschaftlichen Einflusses geht. Ist Wissen wirklich der erste Rohstoff, der sich bei Gebrauch vermehrt, oder erleben wir nicht gerade eine Phase, in der auch aus diesem Gebrauchswert ein Tauschwert und damit eine Variante der Kapitalverwertung wird?

Die *Frankfurter Allgemeine Zeitung* beschreibt unter dem Titel »So sanieren die Milliardäre die Welt« wie »Amerikas Superreiche eine neue Spendenindustrie« begründen: »300 Milliarden Dollar spenden die Amerikaner insgesamt pro Jahr, und weil nun des Gutmenschentums bisher Unverdächtige wie der Software-Milliardär Larry Ellison kurz und knapp angekündigt haben, ›so gut wie‹ ihr gesamtes Vermögen zu verschenken, dürfte die Summe rasch wachsen. Von deutschen Milliardären kommt dafür Lob: ›Ich finde das Projekt absolut toll und nachahmenswert‹, sagt SAP-Mitgründer Dietmar Hopp und verweist darauf, dass er – so wie andere SAP-Gründer und Milliardäre – bereits zwei Drittel seiner SAP-Aktien in eine eigene Stiftung überführt hat … Umso wichtiger zu wissen, wo die Milliarden landen. Doch konkrete Absichten gibt es selten zu hören. Von ›Star-Wars‹-Regisseur George Lucas ist bekannt, dass er sein Geld dem amerikanischen Schulsystem widmet. Der Medienmogul und CNN-Gründer Ted Turner hat eine von insgesamt 1,3 Milliarden Dollar Spenden längst den Vereinten Nationen vermacht. Hotelerbe Barron Hilton will das Kapital der Familienstiftung auf vier Milliarden Dollar erhöhen. Die steckt ihr Geld in die Trinkwasserversorgung von Entwicklungsländern … Hiltons Geld bekommen außerdem: Obdachlose in Los Angeles, aidskranke Kinder und die katholischen Schwestern … Ein einheitliches Muster lässt sich für die neue Spendenindustrie nicht erkennen. Nur so viel ist klar: Der Spender sucht die Projekte nach Gusto aus. Und zieht so Kritik auf sich. Dieter Lehmkuhl, der eine Initiative von Millionären für eine Vermögensteuer gegründet hat, ärgert sich, dass der Staat eine Spendenindustrie bezuschusst, deren Geld nicht nach demokratischen Maßstäben verteilt wird.«[22]

Putzig sind die meisten Antworten deutscher Milliardäre auf eine *stern*-Umfrage anlässlich der amerikanischen Initiative Giving Pledge: Eine ganze Reihe der reichsten Deutschen lobte die Aktion von Bill Gates und Warren Buffett, erklärte aber überwiegend auch, dass sie dem amerikanischen Beispiel nicht folgen wollen. Viele von ihnen haben nach eigenen Angaben bereits Teile ihres Vermögens gemeinnützigen Stiftungen vermacht.

Die Gründer der Pharmafirma Hexal, Andreas und Thomas Strüngmann, sagten dem *stern*: »In den letzten Jahren haben wir unseren Stiftungen bereits große Summen zur Verfügung gestellt. Wir können heute noch nicht sagen, ob die eingebrachten Geldbeträge die Hälfte oder letztendlich einen noch größeren Teil unseres Vermögens ausmachen werden.«

Brillen-Unternehmer Günther Fielmann (wie gesagt, auffällig abwesend auf den *Forbes*-Listen) erklärte, Unternehmer »tragen Verantwortung für die Gemeinschaft, der wir unsere Existenz verdanken. Steuern zahlen reicht nicht.« Der Brillen-Unternehmer sagte, er unterstütze unter anderem Schulen, Gemeinden und Altenheime.

Friede Springer, Miteignerin des Axel Springer Verlages, nennt die US-amerikanische Spendeninitiative im *stern* »sehr beeindruckend«. Sie selbst habe sich »vor längerer Zeit entschieden, mich unter anderem in meiner Stiftung, der Friede Springer Herzstiftung, zu engagieren«.

Liz Mohn von der Bertelsmann AG sagte: »Jeder, der Vermögen hat, trägt eine große Verantwortung für die Gesellschaft.« 77,4 Prozent des Konzerns gehörten der gemeinnützigen Bertelsmann Stiftung. Sie selbst habe die Deutsche Schlaganfall-Hilfe und eine Kultur- und Musikstiftung gegründet.

Ein Sprecher der BMW-Miteignerin Susanne Klatten teilte dem *stern* mit, gemeinnütziges Engagement sei »Element des unternehmerischen Selbstverständnisses von Susanne Klatten und allen Mitgliedern der Familie Quandt«.

Eine Sprecherin der Gesellschafter der Finanzholding Johann A. Benckiser sagte, dass die Miteignerfamilie Reimann, die zu den unbekanntesten Reichen in Deutschland zählt, seit Jahrzehnten die Hälfte der jährlichen Ausschüttung für gemeinnützige Zwecke spende, etwa das Mentorenprogramm »Big Brothers Big Sisters«.

Auch Angelika Jahr (Gruner+Jahr) findet die US-amerikanische Initiative »beeindruckend und lobenswert«. Dennoch würde sie sich nicht daran beteiligen: »Ich unterstütze schon seit langem verschiedene gemeinnützige Organisationen und Stiftungen meiner persönlichen Wahl. Das möchte ich auch weiterhin tun, ohne damit an die Öffentlichkeit zu gehen.«[23]

Konflikte

Wo Denker und Tanks zusammentreffen, wird es immer Konflikte geben. Ein Beispiel: Vor kurzem ist auch im berühmten – der konservativen Seite zuzurechnenden – Cato Institute ein Richtungsstreit ausgebrochen. Die Reputation dieses ehrwürdigen libertären Forschungszentrums, schreibt die *New York Times*, beruhte darauf, dass immer wieder »unerschrocken« Parteifronten überschritten wurden. Nun aber gibt es Streit mit einem der Gründungsmitglieder, dem konservativen Milliardär Charles Koch. Die Leitung des Think-Tanks fürchtet um dessen Identität und Unabhängigkeit, wenn sie blind der aggressiven republikanischen Parteinahme folgt. Charles Koch und sein Bruder David versuchen schon seit langem, ihre eigenen Vertrauten in den sechzehnköpfigen Aufsichtsrat zu schleusen und direkte Verbindungen herzustellen zwischen Cato und den republikanischen Meinungsmachern im Dienste der Koch-Familie mit ihren Zigmillionen an Wahlkampfhilfe gegen Obama. Der Streit ist inzwischen zu einem Rechtsstreit zwischen Cato-Leitung und den Kochs eskaliert.

»Wir wollen nicht zu einem Sprachrohr spezieller Interessen werden«, sagt der Vorsitzende des Cato-Aufsichtsrats. »Das würde das Institut kaputtmachen.« In dem Artikel der *New York Times* nannten anonyme Cato-Mitarbeiter Charles Koch mit seiner »market based« Managementphilosophie einen Kaiser ohne Kleider.[24]

Und im Blog eines Insiders steht: »Der Gedanke ist schon verlockend, dass Cato nie den Demokraten hilft, weil das Institut in Sachen Außenpolitik und individuellen Freiheiten weit links von der Demokratischen Partei steht. Andererseits ist Cato weit rechts von der Republikanischen Partei angesiedelt, wenn es um Wirtschaftspolitik, Wohlfahrtsstaat, Bildungspolitik und so weiter geht. Und so benutzen die Cato-Mitarbeiter ihre Prinzipientreue bei bestimmten ›linken‹ Themen, um ihre Überparteilichkeit zu beweisen. ›Wir sind weit entfernt vom Konservatismus! Wir wollen Drogen und Prostitution legalisieren! Wir sind Pazifisten!‹ Ich selbst habe so etwas jahrelang behauptet. Inzwischen aber glaube ich, dass genau diese Kompromisslosigkeit, die mangelnde Bereitschaft, auch ›zweitbeste‹ Lösungen zu akzeptieren, Cato de facto zu einer Institution der Rechten macht. Wenn Libertäre eine Institution haben wollen, die nicht mit der Rechten verschmilzt, müssen sie das selbst aufbauen. Cato jedenfalls ist das nicht.«[25]

Ich zitiere das nur, um anzudeuten, dass eigentlich in jedem Think-Tank von einiger Bedeutung die Dinge im Fluss sind. Das war ja auch an den Höfen des siebzehnten und achtzehnten Jahrhunderts unter den Ratgebern der Aristokratie schon die Regel. Wirklich interessant aber sind die vielen Wege, auf denen heute unabhängig vom Stiftungsbusiness Einfluss organisiert und ausgeübt werden kann.

Silicon Valley

Vor allem im Silicon Valley der dot.com-Milliardäre tut sich da was. »Steven Jobs«, schrieb Andrew Ross Sorkin kurz vor dessen Tod, »ist ein Genie, ein Neuerer, ein Visionär. Was er aber überraschenderweise nicht ist: ein Philanthrop. Trotz seines Anteils an Apple im Wert von 8,3 Milliarden Dollar und seiner 7,4 Prozent Anteile an Disney gibt es keine öffentlichen Hinweise auf wohltätige Spenden. Er hat die Giving Pledge nicht unterschrieben, es gibt keine Klinik und kein akademisches Gebäude, das seinen Namen trägt. Natürlich besteht die Möglichkeit, dass Jobs, der immer auf seine Privatheit achtete, anonym gespendet hat oder Pläne für den Verbleib seines Vermögens nach seinem Tod gemacht hat. Aber zwei seiner engsten Freunde berichten, dass Jobs angesichts seines wachsenden Reichtums nur sagte, dass er mehr Gutes bewirken könne, wenn er seine Energien statt auf Philanthropie auf die Expansion von Apple konzentrieren würde.«[26]

Hier möchte sich, könnte man sagen, der Superreichtum unter Ausnutzung der Privatheit des Eigentums in die neuronalen Netze des Wissens, in die Produktionsmittel des Denkens selbst ausdehnen. Und da diese »Kapitalisten« relativ genau wissen, was in den Bürokratien von Non-Profit-Organisationen, Stiftungen und Think-Tanks abläuft, werden sie neue Wege suchen.

So ist Megan Ellison, die Tochter des Silicon-Valley-Milliardärs Larry Ellison, gerade dabei, die Independent-Filmbranche »mit ihren tiefen Taschen und ihrem Highbrow-Geschmack« aufzumischen. Das 26-jährige einstige Partygirl ist in Hollywood zur mächtigsten neuen Filmproduzentin aufgestiegen. »Von ihrem 33-Millionen-Dollar-Anwesen oberhalb des Sunset Strip leitet sie eine blühende Firma, die genau jene Filmdramen für Erwachsene produziert, von denen die großen Filmstudios die Hände lassen.« Hollywood hat immer schon reiche, außenseiterische Investoren angelockt. Meist sind sie an den Komplexitäten gescheitert, welche die Produktion eines erfolgreichen Films mit sich bringt. Megan Ellison aber hat inzwischen eine ganze Reihe bemerkenswerter Publikumsfilme produziert. Sie hat mit so renommierten Filmemachern wie Kathryn Bigelow (*The Hurt Locker*), Paul Thomas Anderson (*There Will Be Blood*) und Spike Jonze (*Being John Malkovich*) zusammengearbeitet. Allein im Jahre 2012 hat sie vier Filme mit insgesamt hundert Millionen Dollar finanziert. Sie wählt ihre Projekte ausschließlich nach ihrem persönlichen Geschmack aus. Neulich tweetete sie, Ayn Rand zitierend: »Die Frage ist nicht, wer mir etwas zu tun erlaubt. Die Frage ist: Wer will mich stoppen.«[27]

Aber auch die traditionelle Philanthropie verändert sich durch Silicon Valley. Marc Andreessen, millionenschwerer Partner einer Venture-Capital-Firma, und seine Frau Laura Arrillaga haben zwar die Giving Pledge unterschrieben, aber sie passen deren Konzept an die neuen Industrien an. Sie führen Seminare – für Milliardäre und ihre Berater – darüber durch, wie das Spendenverhalten rationalisiert werden kann. Laura Arrillaga hat ein Buch geschrieben – *Giving 2.0: Transform Your Giving and Our World* (2011) –, das die Selektionsverfahren von Venture-Kapitalisten auf die Philanthropie überträgt.[28] Sie beriet viele Superreiche, darunter Mark Zuckerberg, als er dem öffentlichen Schulsystem von Newark hundert Millionen Dollar spendete. »Ihre Philosophie passt genau zur Silicon-Valley-Gestalt. Wenn Unternehmer, Ingenieure, Investoren hier für die Wohltätigkeit spenden, möchten sie es nach Regeln tun, die auch in ihren normalen Tätigkeitsfeldern gelten.«[29]

Das alles sind keine umwerfenden Neuigkeiten, aber sie zeigen, dass das Mäzenatentum nicht nur auf alte Muster zurückgreift, wie sie etwa in Deutschland noch vorherrschen, sondern kreativer, unkonventioneller wird – und vielleicht sogar »wissenschaftlicher« (siehe Seite 240 ff.).

Zwischen Refeudalisierung und Absurdistan

Trotz Französischer Revolution und amerikanischer Unabhängigkeitserklärung ist die Aristokratie nie ganz verschwunden, sondern in mancher Hinsicht integraler Bestandteil der Moderne geblieben. Ökonomisch haben viele Aristokraten aus ihrem Eigentum Kapitaleigentum machen können, sind »Kapitalisten« geworden. Andere Elemente aristokratischen Lebens dienen der Verbrämung allzu kruder kapitalistischer Verhältnisse. Vorstellungswelten aus der Zeit des Feudalismus, abzulesen an der frühen Wolkenkratzerarchitektur, prägten das Selbstbild der Konzerneliten, bevor sie zu ihrer eigenen Ikonizität fanden (s. o., Leslie Sklair). Und heute trainiert der Nachwuchs seine aufstiegswillige Kampfkraft an Computerspielen voller Ritter- und Fürstengestalten. Kleine Fürstentümer wie Monaco und große Monarchien wie Großbritannien verbergen unter aristokratischem Gehabe beinharte Steuervorteile. Und hinter all dem steht irgendwie der Gedanke, dass die Souveränität der Aristokratie sich auf die Privatheit der Kapitaleigentümer übertragen habe.

Auch in den Sozialwissenschaften ist Refeudalisierung wieder einmal zum Thema geworden. Das liegt unter anderem daran, dass Kapital in der Phase seiner »ursprünglichen Akkumulation« auf die Aneignung nichtkapitalistischer Werte, beispielsweise die Kreditierung feudalen Grundbesitzes, angewiesen war. Solche Landnahmen haben unter den Bedingungen der Globalisierung für das heutige Wealth-Management wieder Konjunktur. Und vor diesem Hintergrund ist die Debatte um eine Refeudalisierung auch an die Aussicht gebunden, dass die kapitalistische Dynamik nach der finalen Landnahme in Gestalt der Aneignung des ganzen Planeten endgültig an ihre Grenzen stoßen wird.[30] Was nach diesen Formen eines Neofeudalismus kommt, ist offen. Man kann, wie Immanuel Wallerstein, ein paar Jahrzehnte des Chaos erwarten. Man kann wie Antonio Negri, Fredric Jameson und viele andere mehr auf ein nicht vorhersehbares Ereignis, eine »Singularität«, hoffen, in der sich das alles schlagartig verändert. Milliardäre aus dem Silicon Valley haben schon eine Singularity University finanziert (siehe Seite 242 ff.).

Sanfte Lehnsherren

Schon Jürgen Habermas hatte die Verwerfungen der bürgerlichen Öffentlichkeit durch Medienmonopole und so weiter als Refeudalisierung bezeichnet. Auch für Norbert Elias leben Elemente der »höfischen Gesellschaft« mit ihrem Kult der Einmaligkeit und Zelebrität in der modernen Zivilisation weiter. Und wie kann man heute die soziale und kulturelle Dominanz der Geldelite über den zerfallenden Mittelstand und die Heere landloser Armer besser verkaufen als mit Hilfe von Kronen und Krönchen? Der Soziologe Sighard Neckel, der Refeudalisierung zu seinem Thema macht, sagt dazu in einem Interview: »Der Finanzkapitalismus bringt eine Oberschicht hervor, die wie der frühere Adel jeder gesellschaftlichen Konkurrenz enthoben ist. Im bürgerlichen Kapitalismus standen die Klassen stets in wechselseitigen Abhängigkeitsverhältnissen. Der moderne Geldadel aber existiert ohne Abhängigkeit von einer produzierenden Klasse. Es gibt eine Refeudalisierung gesellschaftlicher Strukturen im Finanzmarktkapitalismus. Natürlich gibt es keine Rückkehr zum Adel mit gepuderten Perücken. Mit dem Begriff Refeudalisierung will ich verdeutlichen, dass es in der gesellschaftlichen Bewegung ›nach vorne‹ zugleich auch eine ›zurück‹ geben kann. Modernisierungen bringen nicht immer ›Neues‹ hervor, sondern führen häufig genug zur Wiederkehr älterer Muster unter veränderten Vorzeichen.«[31]

Auch zu den vieldiskutierten Bilderberg-Konferenzen könnte man in diesem Zusammenhang einiges sagen. Die Bilderberger haben eine interessante Geschichte. Es ging ja in den fünfziger Jahren des zwanzigsten Jahrhunderts darum, nach den disruptiven Kriegsgeschehnissen neue transatlantische Netzwerke unauffälliger privater Machtausübung aufzubauen. So unterschiedliche Akteure wie der europäische Adel, große Konzerne (zum Beispiel Unilever), Bankenvertreter, die Superreichen und natürlich auch das politische, wissenschaftliche und journalistische Dienstpersonal mussten wieder miteinander ins Gespräch gebracht werden. Damals gab es anders als heute ja erst wenige solcher informellen, bestenfalls halböffentlichen Foren, die der politischen, ökonomischen und kulturellen Entscheidungsvorbereitung dienen konnten. Die ersten Bilderberg-Konferenzen – Gastgeber und auch »Motor« war Prinz Bernhard der Niederlande – hatten also weniger mit Verschwörung als mit ganz einfachen Gesetzmäßigkeiten des Machthandelns zu tun. Auch im geopolitischen Raum interagieren ja nicht »Freiheit«, »Demokratie«, »Neoliberalismus« oder »Sozialismus«, sondern Menschen, handelnde Individuen, die natürlich nicht auf das ganze historisch gewachsene Arsenal von Kommunikationsmöglichkeiten – und dazu gehören auch Geheimgespräche, Salons, »Geheimgesellschaften« – verzichten möchten. Unter dem Aspekt des »Kennenlernens« der verschiedenen Teileliten sind die Bilderberger dann etwas völlig Normales und wirklich nicht so wichtig. Eher sollte man viele Bilderbergs schaffen und das alles voltairemäßig öffnen.

Denn in diesem ganzen Gewese stecken ja auch Überwindungspotentiale. Warum sollte beispielsweise die regionale Zeitungspflege nach Gutsherrenart, die Warren Buffett betreibt, nicht auch Zukunftsfähiges enthalten? »Hier im Hauptquartier der *Buffalo News*, einem sandfarbenen Bürogebäude am Fluss gegenüber einer duftenden Cheerios-Fabrik, ist der einzig sichtbare Hinweis auf den Eigentümer der Zeitung ein kleines Foto im Büro des Herausgebers, Stanford Lipsey, mit der Widmung ›für den Besten in diesem Geschäft, Warren‹. Warren ist natürlich der Milliardär Warren Buffett.«[32] Doch die bescheidene physische Präsenz in diesen Räumen – die er seit acht Jahren nicht besucht hat – untertreibt Buffetts Interesse an dieser Zeitung, die sein Unternehmen Berkshire Hathaway im Jahre 1977 kaufte. Später hatte Buffett seinen Aktionären versichert, keinesfalls noch einmal ins unrentable Zeitungsgeschäft einzusteigen. Im gleichen Atemzug aber kaufte er 63 Lokalzeitungen dieser Region auf einmal, dazu Anteile an einer Kette kleiner Zeitungen in Iowa. Er sei »zeitungssüchtig«, gestand er. »Kaum vorstellbar, was Buffalo ohne eine solche Zeitung wäre«, sagt ein ehemaliger Reporter, der jetzt Dekan einer journalistischen Fakultät ist. »Er hat seine Hand über die Stadt und deren Lokalzeitung gehalten und Millionen und Abermillionen ausgegeben, als es diesen Zeitungen schlecht ging.« Trotz sinkender Zirkulation (150 000 täglich, 230 000 sonntags) wegen des Bevölkerungsrückgangs haben die *Buffalo News* die zweithöchste Penetrationsrate in den USA. Siebzig Prozent aller Haushalte in Buffalo und Umgebung lesen diese Zeitung.[33]

Und eine zweite Geschichte: Ein mir bekannter Milliardär spielt mit dem Gedanken, sich vorsichtig einzukaufen in einen dieser schönen großstädtischen Wohnblocks, begrenzt von ruhigen Wohnstraßen, mit Häuserzeilen, in denen sich Baustile und Baujahre mischen, mit einem riesigen Innenhof voller alter Bäume, mit einer Vielfalt von Bewohnern (und Eigentumsverhältnissen). Schon der unauffällige Erwerb all dieser unterschiedlichen Objekte, ohne die jetzige Population und ihre Strukturen zu stören oder gar zu vertreiben, wäre ein logistisch höchst aufwendiges Unternehmen mit Kosten von 250 bis 300 Millionen Euro. Und wäre diese komplexe Insel erst einmal angeeignet, ginge es nicht um Rendite, sondern um subtile soziale Experimente, Vergemeinschaftungen, wo möglich, Vereinzelungen, wo sinnvoll. Mein Bekannter imaginiert seine Rolle als ein Hinter-den-Kulissen-Wirkender, als einer, der nach Sinn und Formen innerstädtischen Lebens sucht. Er wäre ein Lehnsherr neuen Typs, der versuchte, in einem neuen Anlauf die Versprechen des Feudalismus auf einer Fläche von 20 000 Quadratmetern mit 800 Menschen auszutesten. Ich habe ihm geraten, es sein zu lassen. Aber ich bin mir nicht sicher.

Diese beiden sympathischen Beispiele illustrieren auf jeden Fall souveräne, nur mit riesigen privaten Geldmitteln realisierbare Aktivitäten. Es sind Aktivitäten, die nicht den Gesetzen der Kapitalverwertung, sondern der Verwertung von »Privatheit« folgen. Dieser Weg kann aber auch ganz andere – chaotische, absurde, brutale – Formen annehmen. Denn Privatheit ist – wie Kapital – kein Wert an sich.

Absurdistan

Die Anzeichen für einen mit dem Globalisierungsprozess verbundenen Absturz in Zustände vergleichbar dem Chaos früherer, vorkapitalistischer Weltepochen häufen sich. Für manche beginnt der Sinkflug der Demokratie in den Bonapartismus. Besorgniserregender noch sind die Übergänge in die Großkriminalität. »Die UNO hat erstmals den Jahresumsatz von organisiertem Verbrechen, Drogenschmuggel und Menschenhandel berechnet. Das Ergebnis: Mit einer Summe von 2,1 Billionen Dollar liegt die organisierte Kriminalität etwa gleichauf mit dem Bruttoinlandsprodukt von Großbritannien – und wächst weiter. Wäre die organisierte Kriminalität ein Land, dann stünde sie auf der Liste der zwanzig größten Volkswirtschaften der Welt. Mit Menschenhandel, Drogenschmuggel oder anderen illegalen Geschäften machen die Hintermänner einen Jahresumsatz von 1,6 Billionen Euro – das hat eine Untersuchung der Vereinten Nationen ergeben. Die für das Jahr 2009 ermittelte Schadenssumme der grenzüberschreitenden Kriminalität entspreche 3,6 Prozent der weltweiten Wirtschaftsleistung, sagte der Leiter des UNO-Büros zur Drogen- und Verbrechensbekämpfung (UNODC/ United Nations Office on Drugs and Crime), Juri Fedotow, in Wien. Allein Menschenhändler kassieren demzufolge jährlich etwa 32 Milliarden Dollar. ›Wir müssen anerkennen, dass das Problem eine globale Lösung verlangt‹, sagte er am Rande einer UNO-Konferenz zum Thema Kriminalität. ›Kein Land kann dieses Problem allein bewältigen.‹«[34]

Die Erforschung dieser Welt durch investigativen Journalismus, Graswurzelrecherchen, die Möglichkeiten des Internets ist im Gange und deutet auf noch ganze andere Zahlen. Aber es sind die gemischten, die »unreinen« Formen von Machtausübung in der Krise des Kapitals, in denen man nach dem Allgemeinen suchen muss. Und diese Absurdistans werden immer mehr – von Afghanistan, Saudi-Arabien und so weiter bis Richistan (die Einschläge kommen immer näher). Nehmen wir ein Beispiel mitten aus der *New York Times*.

Kasachstan bezahlt regelmäßig – wie auch die Volksrepublik China – aufwendige Einfügungen in die internationale Ausgabe der *New York Times*, die *International Herald Tribune*. Mitte Juni 2012 wurde auf diesen PR-Seiten ausführlich über das »Astana Economic Forum« berichtet. Vom praktisch auf Lebenszeit »gewählten« kasachischen Präsidenten Nursultan Nasarbajew wurde die Eröffnungsrede zitiert, in der er für eine erhebliche Erweiterung der G-20-Gruppe plädierte und nach tiefen Veränderungen bei der Behandlung der globalen Probleme verlangte. Das Zeitalter der Revolutionen sei vorbei, nur durch Evolution könne die Zivilgesellschaft weltweit wachsen. Nur die Bewahrung des Friedens könne die Welt vor Zerstörung retten. 7000 Delegierte aus vielen Ländern lauschten dem Präsidenten. Und gegen den Inhalt der Rede war ja auch nichts einzuwenden. Interessant war eigentlich nur das zentrale Foto mit den prominentesten Gästen der Veranstaltung: Stephen Dunbar-Johnson, Herausgeber der *International Herald Tribune*; Horst Köhler, Exbundespräsident; Recep Tayyip Erdogan, türkischer Premier; Nursultan Nasarbajew; Sha Zukang, stellvertretender UN-Generalsekretär für wirtschaftliche und soziale Angelegenheiten; Min Zhu, stellvertretender Direktor des IWF; Rex Tillerson, CEO ExxonMobil; Robert Mundell, Nobelpreisträger Ökonomie 1999.

Die ganze Mischung ist es, die wohl ein recht wahrheitsgetreues Abbild nicht nur Kasachstans, sondern eines Teils der heutigen Welt vermittelt. *The Telegraph* schreibt über das Land und seinen Präsidenten: »Wie viele andere moderne Herrscher in Zentralasien begann Nasarbajew seine Karriere als sowjetischer Apparatschik. 1984 wurde er Vorsitzender des kasachischen Ministerrats und später erster Sekretär der kommunistischen Partei. Michail Gorbatschow ernannte ihn im April 1990 zum Staatsoberhaupt, im Dezember 1991 wurde er der erste und bislang einzige Präsident eines unabhängigen Kasachstans mit 91,5 Prozent der Wählerstimmen. Ohne Zweifel hat Nasarbajew eine Reihe von wirklichen Erfolgen vorzuweisen. In zehn Jahren ist das jährliche Pro-Kopf-Einkommen von 700 Dollar auf 8000 Dollar gestiegen. Das Land hat sich aus Kriegen herausgehalten und das Chaos vermieden, das andere post-sowjetische Republiken befiel. Es hat sein nukleares Arsenal, einst das viertgrößte in der Welt, aufgegeben. Der militante Islamismus ist unter Kontrolle. Das neuntgrößte Land der Erde besitzt enorme Öl- und Gasreserven, außerdem Gold-, Mangan- und Kohlevorkommen. Es ist der neuntgrößte Uran-Produzent. Durch seine Lage an der Trennlinie zwischen Europa und Asien ist es ein wesentlicher Faktor bei langfristigen Energie- und Handelsplanungen in dieser Region. China investiert viele Milliarden in die Infrastruktur dieser Region und möchte Millionen Hektar Ackerland leasen. Per Gesetz hat sich Nasarbajew das Recht gesichert, auch nach seinem Eintritt in der Ruhestand noch in die Politik eingreifen zu können. Das Parlament hat auch seine Immunität vor Strafverfolgung und den besonderen Schutz seines Familienvermögens beschlossen. Als Transparency International jüngst berichtete, dass Kasachstan zu den korruptesten Ländern der Erde zähle, verkündete Nasarbajew einen ›heiligen Krieg‹ gegen Korruption. Eine Gallup-Umfrage zur gleichen Zeit ergab, dass 91 Prozent der Bevölkerung ihm gegenüber positiv eingestellt sind. Gleichwohl besteht kein Zweifel, dass Nasarbajews Familie in dem Land, das er gestaltet hat, sehr erfolgreich war. Das russische Magazin *New Times* schätzt, dass das Vermögen der Familie sich alles in allem auf etwa sieben Milliarden Dollar beläuft.«[35]

Singularitäten

Gesellschaftliche Veränderungen wie die Überwindung des Kapitals können durch unterschiedlichste Kräfte – Fundamentalismen und organisierte Dummheit ebenso wie fortschrittliche Bewegungen aller Art – erfolgen. Wenn es nicht die dumpfen Kräfte der Vergangenheit sein sollen, bedarf es der Wissenschaften, ob es nun um Veränderungen im Interesse der 99 Prozent oder im Interesse des 0,1 Prozents geht. Und jegliche dergestalte Veränderungsstrategie bedarf der Planung, ist also auf die Rechnerkraft der vernetzten Computer und Supercomputer angewiesen. Oder wie Heiner Flassbeck es ausdrückt: »Diese Welt bräuchte eigentlich eine ungeheuer komplexe Regulierung, um halbwegs zu funktionieren.«[36]

Auch das private Imperium der Milliardäre basiert auf dieser Art instrumenteller Machtausübung und letztlich der Regel, dass unendlich vieles möglich ist, weil »das Menschenwesen aufgrund seiner informationsverarbeitenden Potenzen in seinem Energie- und Informationsaustausch mit der Natur nur durch die Naturgesetze insgesamt begrenzt« ist.[37] Und für die 99 Prozent muss es ohnehin klar sein, dass nichts geht ohne die Durchsetzung einer demokratischen Planung der Produktivkräfteentwicklung – was nichts mit »Produktivkraftheilsgeschichte« (Dietmar Dath) zu tun hat, sondern mit der Befreiung einer von Fachidioten der Macht verhunzten Technik und Wissenschaft.

Superreiche als Wissenschaftler und als Hobbyforscher

Unter unseren Milliardären gibt es ganz wenige, die Wissenschaftler sind. Sie mögen irgendwelche Titel erworben (oder gekauft) haben, doch wissenschaftliches Sozialverhalten wird man bei ihnen selten finden. Da obsiegt die Privatheit des Kapitals über die Privatheit des Erkennens. Milliardäre *lassen* Wissenschaft betreiben. Doch Privatheit erschließt in einem wissenschaftlichen Kopf ganz andere Dimensionen als in einem auf Kapital gebetteten Kopf. Es gibt Ausnahmen, und eine davon scheint mir in Deutschland einer der Gründer des Softwareherstellers SAP, Klaus Tschira, zu sein. Tschira, studierter Physiker, mit einem geschätzten Vermögen von 4,1 Milliarden Euro (*Manager Magazin*) gründete 1995 eine Stiftung, die inzwischen, obgleich längst nicht so bekannt wie etwa die Bertelsmann Stiftung, eine der größten gemeinnützigen Stiftungen Europas ist. Sie fördert vor allem Projekte aus den Bereichen Naturwissenschaften, Mathematik und Informatik.[38]

Unter den Projekten ist auch eine Serie von Symposien, die sich mit Fragen der Generierung, Diffusion und Anwendung von Wissen unter besonderer Berücksichtigung der räumlichen (geopolitischen) Kontexte und der geographischen Dimensionen von (Wissens-)Ungleichheit befassen. Hier haben in den letzten Jahren Wissenschaftler aus den verschiedensten Disziplinen und mit den unterschiedlichsten ideologischen und kulturellen Hintergründen versucht, ein interdisziplinäres Netzwerk aufzubauen, das sich langfristig mit dem Themenfeld »Knowledge and Space« auseinandersetzen soll. »Was also ist Wissen, und wo sind seine Grenzen?‹, steht über den Symposien. Wie bildet sich Wissen in verschiedenen kulturellen Kontexten heraus? Und dann die ›kognitiven Dissonanzen‹: Warum wird gesichertes Wissen so oft zugunsten persönlicher oder milieubedingter Vorurteile ignoriert? Und wenn sich erst einmal ein Wissenszusammenhang aufgebaut hat: wie reagieren diese ›Wissenden‹ dann auf Neues, Heterodoxes? In diesem Ansatz wird nichts verkündigt, sondern nur gefragt.«[39]

Eine solche Offenheit der Fragestellungen ist absolut untypisch für Wissenschaftsstiftungen des großen Geldes. Entweder wird in ihnen eine höchst private Agenda der Mäzene verfolgt, oder man versucht, eine ganz bestimmte, bestehende Herrschaftsverhältnisse bestätigende und ausgestaltende Agenda durchzusetzen, also beispielsweise wie die Bertelsmann Stiftung eine vorausdenkende Variante des Neoliberalismus. Die erwähnten Symposien der Klaus Tschira Stiftung aber gingen anders vor. Das Symposium »Knowledge and Economy« (2008)[40] beispielsweise drehte sich nicht, obgleich es zeitlich die Lehman-Krise berührte, in erster Linie um die Finanzmärkte, sondern entging dieser verkürzten Diskussion, indem vor allem die räumlichen, geopolitischen Dimensionen auch der ökonomischen Verwertung von Wissen in den Vordergrund gestellt wurden. Es ging offen um Innovationsgeschwindigkeiten und Transferlücken im globalen Maßstab, um die Kommodifizierung von Wissen und Forschung, um eine Wissensökonomie der geographischen Räume. Ein anderes Symposium, »Knowledge and Power« (2009)[41], thematisierte unter anderem die Zusammenhänge zwischen Sprache und sozialer Kontrolle, die neuen Mechanismen der Geopolitik, geopolitische Weltbilder des Militärs, die Rolle von Geldmacht. Und als letztes Beispiel noch ein Symposium »Spatial Mobility of Knowledge« (2010)[42] mit Themen wie »Wissen und die Eigenart der City-Räume«, »Netzwerke in der Wissenschaft«, »Verborgene Wege des Wissenstransfers« und schließlich sogar »Die Expatriierung der Weltmetropolen« mit dem oben schon erwähnten Jonathan V. Beaverstock.

Das alles sind Themen und Fragestellungen, die ich im Umfeld des Superreichtums bislang nirgendwo anders entdeckt habe. Wir werden allerdings gleich noch sehen, wie einige Silicon-Valley-Milliardäre hinsichtlich der Perspektiven einer informatisierten Wissenschaft noch über das Ziel hinausschießen. Der typische Umgang des Superreichtums mit den Wissenschaften besteht aber vor allem darin, sich durch Förderung der medizinischen Forschung biologische, durch Förderung bestimmter Technologien monetäre und durch Förderung bestimmter Geistes- und Sozialwissenschaftler ideologische Vorteile zu verschaffen. Und dann gibt es ja noch superteure Varianten der Hobbyforschung. Dies spiegelt sich in Kultfilmen wie *Contact* (siehe Seite 147 f.) und neuerdings Ridley Scotts *Prometheus*. Im wirklichen Leben fällt einem wohl als erster Richard Branson ein mit seinen Ballon-, U-Boot- und demnächst Weltraumexpeditionen. Ich bin auf ein anderes Beispiel gestoßen.

Da gibt es eine geheimnisvolle, anonym bleibende mexikanische Milliardärsfamilie, die sich der Erforschung der Ozeane verschrieben hat. Zu diesem Zweck ließ sie sich ein Expeditionsschiff bauen, das auf den Meeren seinesgleichen sucht. Es wird um die 200 Millionen Dollar gekostet haben – eine Summe, aus deren jährlichem Dividendenertrag allein man ein gewöhnliches Forschungsinstitut mit dreißig Wissenschaftlern kontinuierlich betreiben könnte. »Pegaso« ist eine Luxusyacht mit transpazifischer Reichweite, Eisklasse, mit militärtauglichem Navigationssystem, Labor- und Dokumentationseinrichtungen, einem U-Boot für fünf Personen, allen möglichen ozeanographischen Gerätschaften, einer kommerziellen Ansprüchen genügenden Hubschrauberplattform und so weiter. Es kann 10 000 Seemeilen nonstop mit einer Geschwindigkeit von siebzehn Knoten zurücklegen und hat bequem Platz für 32 Personen: Eigner (mit eigenem Fahrstuhl) und Familie, Wissenschaftler, Crew.[43] Der langjährige Kapitän der Yachten der Familie sagt: »Man hat die ›Pegaso‹ als die neue ›Calypso‹ bezeichnet, das berühmte Forschungsschiff von Jacques-Yves Cousteau. Das sind große Schuhe, aber wir versuchen es in seinem Geiste. Der Unterschied ist, dass unsere unerschrockenen Forscher sich nach dem Plumps in die Tiefe im Wellness-Pool räkeln können.«[44]

Singularity University

Aber da ist ja noch Silicon Valley und das »im Rahmen der Naturgesetze« (Dietmar Dath) explodierende Reich der Möglichkeiten. »Singularity University: Meet the people who are building our future«, schreibt *The Guardian.* »Man nehme Spitzendenker aus Silicon Valley und der Wissenschaft, mixe sie mit Erfindern und ›Philanthro-Kapitalisten‹, und schon hat man die Singularity University mit der Mission, technologische Lösungen für die größten globalen Herausforderungen zu suchen.« Wenige Initiativen dort – auch nicht TED (Technology, Entertainment, Design; siehe Seite 150) – können mit der »Singularity University« mithalten. Drei der wichtigsten dot.com-Milliardäre – Bill Gates, Larry Page (Mitgründer von Google, Vermögen: sechzehn Milliarden Dollar) und Sergey Brin (Mitgründer von Google, sechzehn Milliarden Dollar) sind Sponsoren dieser Privatuniversität, die aus Tausenden Bewerbern, die bereit sind, jeweils für einen zehnwöchigen Kurs 25 000 Dollar auszugeben, jährlich achtzig »Studenten« auswählt. Die Privatuniversität versteht sich als Think-Tank der technologischen Elite und zugleich als ihr globaler Botschafter. Google und Microsoft waren an der Gründung beteiligt, die NASA stellte den Campus zur Verfügung. Der Terminus »singularity« schwirrt seit längerem in der Science-Fiction-Literatur herum und ist von dort auch vom Mitgründer Ray Kurzweil, der als der Hauptideologe des Unterfangens gilt, übernommen worden. Letztlich bezeichnet in diesem kalifornischen Milieu die Vorstellung eines singulären historischen Ereignisses jenen Punkt in der Entwicklung, »an dem Computerintelligenz die menschliche Intelligenz hinter sich lässt – und das würde, nach den Vorstellungen Kurzweils, im Jahre 2029 geschehen«. Überbevölkerung sei dann kein Problem mehr. Wenn Milliarden neuer Köpfe sich vernetzten, würde das nur enorme neue Möglichkeiten erschließen.[45]

Die *New York Times* hatte schon 2010 ausführlich über dieses Projekt berichtet: »Merely Human? That's So Yesterday«[46]: »Einige der reichsten und pfiffigsten Leute von Silicon Valley haben sich dem Konzept der Singularity verschrieben. Sie glauben, dass allein Technologie die Probleme der Welt lösen kann und es zugleich der Menschheit erlaubt, die Kontrolle über die Evolution zu übernehmen.« Das alles sei eine Antwort auf die um sich greifende Angst vor der Geschwindigkeit des computer-induzierten sozialen Wandels. Die Universität kümmere sich aber vor allem um die konkreteren

Auswirkungen dieses singulären Ereignisses einer technologischen Revolution, die mehr als alle anderen die Gesellschaft verändert habe. Ihre wichtigste Aufgabe sei es, Entrepreneure mit zukunftsträchtigen Technologien bekannt zu machen. Deshalb auch gebe es einen regelrechten Wettbewerb unter CEOs, Erfindern, Investoren und so weiter, in spezielle Neun-Tage-Kurse für Führungskräfte aufgenommen zu werden. Allgemein sei eines der Hauptziele, auf die Gefahr eines Auseinanderfallens der Menschheit in zwei Spezies hinzuweisen: eine, die aufgrund ihrer technologischen Überlegenheit eine Lebensspanne von Hunderten von Jahren erreicht, und eine Spezies der Habenichtse, die in ihren antiquierten Körpern und Glaubenssätzen verharrt. Viele Kritiker sind verständlicherweise genervt: »Die Singularity bezeichnet keine großartige Vision für die Gesellschaft vergleichbar den Ideen Lenins oder Milton Friedmans«, sagt der britische Journalist Andrew Orlowski, der sich intensiv mit Techno-Utopien beschäftigt hat. »Da wird ein Rettungsboot für reiche Leute gebaut, damit sie das sinkende Schiff verlassen können.«[47]

»Transhumanismus« ist das geheime Schlagwort hinter diesem Projekt, mit Anklängen an Nietzsches Übermenschen, Arnold Gehlens »kulturelle Kristallisation« und Gotthard Günthers »Bewusstsein der Maschinen« – ganz zu schweigen von so Verrücktem wie der Vorstellung einer mit Hilfe der Maschinen erreichbaren geistigen Unsterblichkeit. Es steckt aber auch eine – in unseren Breitengraden kaum verständliche – politische Agenda dahinter. In den USA wächst parallel zu fundamentalistischen Bewegungen wie der Tea Party die Bereitschaft für solche Ideen, die sich schon in den 1980ern und 1990ern geformt hatten. Ray Kurzweil berät derzeit die US-Armee bei technologischen Initiativen. Bill Gates lobt dessen Bücher. Kurzweil und Larry Page (Google) haben für die »National Academy of Engineering« einen Plan zum globalen Ausbau erneuerbarer Energien entworfen. Sie helfen, die Leere in den Köpfen der Eliten auszufüllen. Wo sollen diese auch hin? Rechts geht kaum, links schon gar nicht, es geht eben nur nach unten oder nach oben …

So abstrus einige der Ideen um die Singularity University auch sein mögen, sie dienen sich nicht nur der Geldmacht an, hinter ihnen steht tatsächlich die Privatmacht des großen Geldes. Das Stichwort lautet »Big Data«[48] – als Konzept, als Begriff und als ein Marketingwerkzeug. Das Big-Data-Konzept, entstanden in kleinen Technologiezirkeln, ist, so Steve Lohr in der *New York Times*, im Mainstream angekommen. Big Data war 2012 ein zentrales Thema auf dem World Economic Forum in Davos. Im gleichen Jahr hat die US-Regierung ein diesbezügliches 200-Millionen-Dollar-Forschungsprogramm aufgelegt. »Big Data ist Kurzschrift für die Anwendung von IT-Werkzeugen wie Maschinenlernen bei der Bewältigung der enormen Datenschätze jenseits der Standarddatenbanken. Die neuen Quellen schließen Datenspuren des Web-Browsing, der Kommunikation in den sozialen Netzen und aus Überwachungsaktivitäten ein.« Seit 2008 ist das Konzept Big Data auch Projekt einer Vereinigung führender Computerwissenschaftler, des »Computing Community Consortiums«, in dem die staatliche »National Science Foundation« und die »Computing Research Association« der IT-Wissenschaftler in Hochschulen und Industrie zusammenarbeiten. Das Konsortium hat ein Weißbuch unter dem vielversprechenden Titel *Big-Data Computing: Creating Revolutionary Breakthroughs in Commerce, Science and Society* veröffentlicht. Steve Lohr schließt mit einer skeptischen Note: »Es mag wie Marketinggold aussehen, aber Big Data hat auch düstere Konnotationen durch seine linguistische Verwandtschaft mit Big Brother, Big Oil und Big Government.[49]

Doch auch bei denen, die das Ende des Privateigentums, die Möglichkeit des Gemeineigentums, des Common Wealth, erkunden und das Kapital mit Hilfe der neuen digitalen Produktivkräfte überwinden wollen, spielt der Begriff der Singularity eine Rolle. »De singularitate 1: Von Liebe besessen« und »De singularitate 2: Das Glück instituieren« sind zwei Abschnitte im letzten Band der *Empire*-Trilogie von Michael Hardt und Antonio Negri überschrieben.[50] Es geht vor allem um die Frage, wie in den Massen, in der Multitude, das revolutionäre Bewusstsein und die Kräfte zur revolutionären Aktion überhaupt entstehen. Singularitäten (im Plural) sind dann jene höchst subjektiven, ja privaten Ereignisse, die aus einem oder einer Angehörigen der Multitude ein revolutionäres Subjekt, eine einmalige, mitreißende Person machen. Damit benennen Hardt und Negri das Problem, ohne dass ihre umfangreichen Bemühungen um ein revolutionäres Verständnis von »Glück« und »Liebe« im Kampf gegen die Privatheit des Privateigentums die gleiche Wirkung entfalten, wie sie etwa mit Stéphane Hessels *Empört Euch!* gelungen ist.

Im Gegensatz zum Wellness-Programm der Singularity University benennen Hardt und Negri aber die wirklichen Probleme. Wie sie allerdings zumindest in der deutschen Übersetzung formuliert sind, werden sie kaum die Singularität eines revolutionären Subjekts hinterm Ofen hervorlocken. Drei »Plattformen« oder Problemlösungsaufgaben für Bewegungen, welche sich für »Common Wealth« und eine andere Welt einsetzen, werden beschrieben. Die erste Plattform »muss die Unterstützung des Lebens gegen das Elend verlangen, womit schlicht und einfach gemeint ist, dass die Regierungen jeden mit den grundlegenden Dingen des Lebens versorgen«. Eine zweite Plattform muss »gegen jegliche Hierarchie Gleichheit verlangen, wodurch jeder in die Lage versetzt würde, sich an der Konstitution der Gesellschaft, an kollektiver Selbstherrschaft und an konstruktiver Interaktion mit anderen zu beteiligen.« – »Eine dritte Plattform muss gegen die Barrieren des Privateigentums freien Zugang zum Gemeinsamen fordern. Es wäre heute für jeden möglich, frei und gleichberechtigt Ressourcen und Reichtum zu nutzen und damit wiederum selbst zu produzieren.«[51]

Aber natürlich hegen »die heute herrschenden Mächte leider nicht die geringste Absicht, auch nur diese grundlegenden Forderungen zu erfüllen«.[52] Und eines wird deutlich bei Versuchen wie denen von Hardt und Negri: Schwung dürfte erst in die Sache kommen, wenn das Problem der Art und Weise der Darstellung, der High-Tech-Repräsentation dieser Forderungen und ihrer Begründungen gelöst ist. Es könnte ja wirklich sein, dass die zögernde Bewegungsfähigkeit an den dilettantischen Formulierungen der Forderer liegt, dass sich Singularität, in der die Kräfte der einzelnen sich gegenseitig potenzieren, erst einstellen wird, wenn die Frage der Repräsentation aller bewegungsrelevanten Daten gelöst ist: *Wie* sage ich's unseren Kindern.

Es gibt im übrigen nur eine Formel, welche das Datenwissen in diese Richtung lenken könnte, aber sie ist mit allen Ketten an die

Felsen dieser Welt gefesselt. Sie lautet: Expropriiert die Expropriateure! Oder auch: Eignet euch die Aneigner an! Das, liebe Freunde,
verhandelt einmal in der Singularity University oder auch im Rahmen eines Symposiums »Knowledge and Space« oder, am besten, in
der Big-Data-Bewegung!

Epilog: Avanti Dilettanti (2029)

>»The point at which computer intelligence surpasses human intelligence will be in 2029.« (*Ray Kurzweil*)

»Zur Grundausstattung eines dialektisch agierenden, kapitalismus-kritischen Intellektuellen sollte Folgendes gehören: 1) Ein vernetz-ter Multimediacomputer mit entsprechender Software. 2) Eine Ins-titution oder ein Provider mit eigenen Publikationsmöglichkeiten auf dem Netz (Homepage, Management und Gestaltung eigener Websites). 3) Die Integration in geeignete eigene Kommunikations- und Publikationsnetze: Mailing-Listen, Foren, Newsgroups und so weiter. 4) Kenntnis (und Beteiligung an) der netzbezogenen Diskus-sion und der tatsächlichen technischen und kulturellen Netzent-wicklung (bis hin zu neuen Kulturformen einschließlich Computer-spielen und so weiter). 5) Kenntnis der massenkulturellen Entwicklung auf globaler Skala und »Kampf« um eigene massenkul-turelle Publikationsmöglichkeiten (auf der Basis des Internets in den Massenmedien). 6) Medienkompetenz zum Beispiel in Inter-face Design, Content Development, überhaupt in weiteren massen-medialen Kulturtechniken. 7) Gegebenenfalls Programmierkennt-nisse (*open source, open content source*) bis hin, falls nötig, zum Hacker-Level. Ein kapitalismuskritischer Intellektueller wäre ohne diese Ausstattung und ohne diese Kenntnisse jedenfalls ein unauf-lösbarer Widerspruch in sich.«[1]

Seither hat das Instrumentarium der Intellektualität eine techni-sche Revolution hinter sich, die nur mit den großen Umbrüchen der Vergangenheit – Feuer, Buchdruck, Dampfmaschine – zu verglei-chen ist. Die Auswirkungen auf die Welt der wissenschaftlich-technisch-kulturellen Funktionseliten, auf die Welt der »Experten« sind gewaltig. Die Nutzer von Assistenten, Sekretärinnen, Diktiergeräten sind – ob sie es nun merken oder nicht – in der digitalen Welt schlichte Dilettanten geworden. Und die neuen Digerati beginnen, ihren Dilettantismus abzuwerfen. So tobt – wie immer in Umbruchzeiten – ein Kampf zwischen alten und neuen Intellektuellentechnologien, oft in derselben Brust. Und dieser Kampf verschärft sich zusehends, weil es am Ende immer ums »Privateigentum« geht.

So reicht die gesellschaftliche, die herrschaftstechnische Entwertung der bisherigen Fachleute für Eigentums- und Verteilungsfragen weit über das Technische hinaus. Gerade die Experten des fiktiven Reichtums, die »weisen Männer« der Finanzmärkte, ihre Bankster, die Manager und Mathematikgenies der Hedge-Fonds und so weiter mutieren zu irrelevanten Fachidioten. Hier, in diesen wirklich relevanten Zonen des Globalisierungsprozesses, geht es eben nicht mehr um ideologische oder religiöse oder auch nur moralische Deutungshoheit, sondern es geht um die postmoderne Fortsetzung der Ausbeutung einerseits und andererseits um den Beginn der Expropriation der Expropriateure. Es geht um die Aneignung der Aneigner.

Was heißt das? Wenn Jeremy Rifkin, wenn Michel Hardt und Antonio Negri und viele andere davon sprechen, dass das Eigentum »verschwindet«, sich zumindest in etwas immer schwerer Greifbares verwandelt, so ist damit auch gemeint, dass der eigentliche Kern des Privateigentums, die dadurch ermöglichte Privatheit, nicht nur den 99 Prozent entgleitet, sondern dass Privatheit auch für das eine Prozent nicht mehr das ist, was es einmal war. Die intellektuellen Technologien der Gegenwart ermöglichen eine Informationskultur, welche, indem sie ungebremst mit den Charaktermasken aller Epochen und Klassen spielt, auch die Geheimnisse hinter diesen Charaktermasken ans Licht zieht. Ultimative Privatheit, die von den großen Privateigentümern immer brutaler eingefordert wird, löst sich zugleich in endlosen Widerspiegelungen und Simulationen auf. Dafür ist der Film *Cosmopolis* (siehe Seite 33 f.) von David Cronenberg und Don DeLillo eine gute Metapher. Und was dahinter zutage tritt, ist die Konkretion der abstrakten Einsicht, dass alles mit allem zusammenhängt, dass alles mit allem aber auch immer bewusster verknüpft werden muss. Und damit löst sich eine bestimmte aristokratisch-bürgerliche Form der Privatheit auf. Der Zustand, dass sich alles in den Händen weniger und nichts in den Händen der vielen befindet, wird unmöglich.

Widersprüche

Der Zugriff des Systems der vernetzten Computer auf diese Totalität und die sich durch die Macht der vernetzten Computer potenzierende Möglichkeit der Beeinflussung des Gesamtprozesses haben die großen modernen Theorien des Zusammenhangs von Natur und Gesellschaft, von Öko-, Bio- und Atmosphäre erneut auf den Plan gerufen. Planung auf dem Niveau des Planetarischen steht zur Debatte. Das Gegengeschrei ist groß. Es kommt von denen, welche die Planungshoheit des Kapitals in der bisherigen Form erhalten wollen – zur Not auch im Rückgriff auf den Feudalismus. Andererseits erfahren wir täglich, wie brüchig dieses ganze System einer privaten, auf Privateigentum an der Produktionsweise basierenden Planungspraxis geworden ist. Und auf dem Weg dorthin ist eine »Aneignung der Aneigner«, das heißt eine Vertiefung des öffentlichen Wissens über sie, nicht der schlechteste Plan.

Dienstbarer Geist und Robber Baron in einem

Unter dem Titel »Mitts graue Zonen« erzählt Paul Krugman folgende Geschichte: »Es gab einmal einen reichen Mann namens Romney, der sich um das Präsidentenamt bewarb. Mit einigem Recht konnte er von sich behaupten, dass sein Reichtum wohlverdient war, und er hatte für amerikanische Arbeiter gute Arbeitsplätze geschaffen. Gleichwohl wollte die Öffentlichkeit verständlicherweise erfahren, wie er zu seinem Reichtum gekommen war und was er damit gemacht hatte. Er ging darauf ein und informierte ausführlich über die Geschichte seiner Finanzen. Aber das war vor 44 Jahren. Und der Kontrast zwischen George Romney und seinem Sohn Mitt – hinsichtlich sowohl seiner Karriere als auch seiner Auskunftsbereitschaft über seine Finanzen – illustriert auf dramatische Weise, wie sehr sich Amerika verändert hat. Wie hatte George Romney seinen Lebensunterhalt verdient? Seine Antwort war direkt: Er betrieb einen Autokonzern, American Motors. Und er machte das sehr gut. Persönlich wurde er dadurch sehr reich. Wir sind darüber informiert, weil er im Präsidentschaftswahlkampf nicht nur ein oder zwei, sondern die Steuererklärungen aus zwölf Jahren veröffentlichte. Aus diesen Erklärungen ging hervor, dass er eine Menge Steuern zahlte – 36 Prozent seines Einkommens 1960, 36 Prozent über den gesamten Zeitraum. Das lag unter anderem daran, dass er ganz selten Steuerschlupflöcher in Anspruch genommen hatte. Aber es lag auch daran, dass die Besteuerung der Reichen in den 1950ern und 1960ern viel höher war als heute. Sie lag doppelt so hoch.«

»Und jetzt«, schreibt Krugman, »zu Romney dem Jüngeren, der noch mehr Geld gemacht hat in seiner Zeit bei Bain Capital. Anders als sein Vater wurde Mitt nicht dadurch reich, dass er Dinge produzierte, die Leute kaufen wollten; er erwarb sein Vermögen vielmehr durch Finanzkunststücke. Und es gibt noch einen anderen Unterschied: George Romney war offen und ehrlich bei der Frage, was er mit seinem Reichtum machte. Mitt aber hat die Verwendung seines Reichtums weitgehend geheimgehalten. Und sofern dieser Romney überhaupt eine kohärente politische Agenda verfolgt, betrifft sie Steuerkürzungen für die Superreichen. Schon deshalb hätte ein Mann mit solchen politischen Ziele die besondere Verpflichtung, gegenüber den Wählern offenzulegen, wie stark er persönlich von einer solchen Agenda profitieren würde. Aber genau das ist es, was Romney nicht tun will. Und solange er nicht die Wahrheit über seine Investitionen herauslässt, muss man vermuten, das er etwas wirklich Schädliches verbirgt.«[2]

Steuern

In diesen Auseinandersetzungen geht es jedoch um mehr als Steuererhöhungen für die Reichen. Chrystia Freeland fragt: »Warum wenden sich die Reichen gegen Präsident Barack Obama?«, und antwortet: »Ein Teil der Antwort ist simples Eigeninteresse, denn

Obama will ihre Steuerlast beträchtlich erhöhen. Aber hier geht es um mehr als die Bankkonten. Einige der vehementesten Kriker Obamas aus der Privatwirtschaft haben erklärt, sie seien bereit, höhere Steuern zu zahlen, wenn das Amerika wieder auf die Beine hilft. Was ihnen nicht gefällt, ist die Haltung des Präsidenten ihnen, ihrem Reichtum und dem Kapitalismus als solchem gegenüber.«[3]

Es gebe da zwei gegensätzliche Narrationen. Romney hat diejenigen, die Einkommen über 250 000 Dollar haben, als die Schöpfer von Arbeitsplätzen bezeichnet. Die amerikanischen Liberalen sagen zwar auch, dass sie nichts dagegen haben, wenn Leute reich werden. Aber sie bestehen darauf, dass jeder diese Chance haben muss. Und ein Weg dorthin sind höhere Steuern für die Reichen. Ihre Hauptthese ist, dass die amerikanische Wirtschaft die Mittelschichten hinter sich lässt. Deshalb müssten die »Winner« ein bisschen mehr zur Regeneration der amerikanischen Mittelschicht beitragen. Es sei aber genau diese Argumentation, so Freeland, welche das eine Prozent auf die Palme bringt. Folglich bezeichnen die extremsten Kritiker Obama als Sozialisten oder sogar Kommunisten. Und in einem Punkt hätten die amerikanischen Kapitalisten sogar recht, denn Obama argumentiere, dass das, was für das eine Prozent gut sei, nicht unbedingt für die 99 Prozent gut sein muss. Das aber habe die vergötterte Geldelite der USA von einem Spitzenpolitiker schon sehr lange nicht mehr gehört.[4]

Die Banken schaffen sich selber ab

Schon während der ersten Nachrichten über den Libor-Skandal war klar, dass es sich hier um einen noch grundsätzlicheren Vorgang handelt als beim Sturz von Lehman Brothers oder der AIG-Affaire. Joe Nocera brachte es in der *New York Times* auf den Punkt: Zwei überraschende Einsichten habe es gegeben. Die eine war, dass Banker, Händler, Manager und andere derart offen und zum Teil unverschämt den Schlüsselzinssatz zu ihren eigenen Gunsten manipuliert haben. »Dies bestärkt den Eindruck, dass Banker sich weder an Gesetz noch Moral gebunden fühlen.«[5]

Die zweite Überraschung aber sei gewesen, dass die Reaktion auf den Libor-Skandal in den USA und Großbritannien ganz unterschiedlich war. In Großbritannien gab es in den Medien ein Erdbeben, selbst die seriösesten »pro-business«-Publikationen drückten ihre Empörung aus. *The Economist* überschrieb einen Artikel schlicht mit »Banksters«. In den USA aber habe man für den Skandal bisher nur ein Schulterzucken übrig gehabt. Aber vielleicht käme der Aufschrei ja noch, wenn klar würde, was da passiert ist. So schrieb die bekannte amerikanische Finanzexpertin Karen Patrou: »Diese Banker waren nicht befugt, aus welchen Gründen auch immer, Einfluss auf die Zinsrate auszuüben. Wenn ich dir mein Geld anvertraue, muss ich sicher sein, dass du dies Vertrauen auch verdienst. Wenn das nur per Regulierung funktioniert, könnte ich statt zu einer Bank zu irgendeinem Versorgungsunternehmen gehen. Ist das nicht mehr gewährleistet, müssen wir unser gesamtes Bankensystem überdenken.« Und, so Nocera, dieses Überdenken könne sich schon bald in den Willen verwandeln, »Banking« ein für alle Mal von Grund auf umzukrempeln.[6]

Vom Eigentumsrecht

Bekanntlich wurde der mit dem *New Deal* eingeführte, staatlich regulierte *Stakeholder*-Kapitalismus in der zweiten Hälfte des letzten Jahrhunderts in den USA durch ein neues Modell *konzern*gesteuerter Zielsetzungen und Verantwortungen ersetzt. Dieses Modell ging im Franchise-Verfahren um die Welt. Es stellte nicht mehr das Wohlergehen der Beschäftigten und die Wohlfahrt der Kommunen in den Mittelpunkt, sondern die kurzfristige Steigerung des Wertes der Aktien und Dividenden im Interesse der *Shareholder*, der Aktionäre beziehungsweise Anteilseigner. »Die praktischen Folgen waren ein stetiger Druck, die Löhne und sonstigen Ansprüche der Beschäftigten zu kürzen (was in manchen Fällen zum Diebstahl der Pensionen und zu anderen Verbrechen führte) sowie politische Propaganda und Lobbyismus zugunsten der Senkung von Unternehmenssteuern, mit denen staatliche und öffentliche Aufgaben hätten finanziert werden können.«[7]

Nun melden sich in den USA auch im Mainstream Stimmen, die dieses Shareholder-System erneut grundsätzlich in Frage stellen. Besonders originell ist hier die – inzwischen breit diskutierte – Position einer jungen Professorin für Wirtschaftsrecht an der Cornell Law School, Lynn A. Stout. In ihrem Buch *The Shareholder Myth*[8] beschreibt sie eine »Diktatur« der Aktionäre und Anteilseigner – und zwar der großen und mächtigen – auf der Basis eines Eigentumsanspruchs, der rechtlich gar nicht zu halten sei. Der falsche Rechtsanspruch dieser »ultimativen Eigentümer« habe das Tor geöffnet für ein Spiel mit Aktien, Anteilen, wie es vor allem für die Hedge-Fonds typisch geworden ist. Im Interesse der großen Aktionäre und auf Kosten der kleinen sei außerdem mit einer Ideologie des »guten Managements« herumgespielt worden, die nichts mit der Wirklichkeit zu tun habe. Ökonomen wie Milton Friedman hätten einst die Idee des »Shareholder über alles« damit begründet, dass es gerade zur *sozialen* Verantwortung von Wirtschaftsunternehmen gehöre, die Profite – und nur die Profite – im Interesse der Shareholder zu steigern. Aber die Idee, dass Unternehmen sich im »Eigentum« der Aktionäre befänden, stehe so überhaupt nicht im Gesetz. Es sehe fast so aus, als sei hier von Ökonomen, Hochschulen, Investoren und Journalisten ein gewaltiges Verwirrspiel inszeniert worden.

Denn, so Stout, das Gesetz beschreibe die Shareholder eher als Vertragspartner, darin ähnlich den Kreditgebern, Beschäftigten und Lieferanten. Und die Unternehmensdirektoren seien gesetzlich überhaupt nicht verpflichtet, den Shareholdern den gesamten Profit zuzuschanzen. Sie seien lediglich verpflichtet, die Geldmittel bestmöglich einzusetzen. Sie könnten also auch entscheiden, den Beschäftigten mehr zu zahlen oder in die Forschung zu investieren. Das Gesetz räume den Shareholdern nur bei Übernahmen und Bankrotten einen besonderen Status ein. Der sei aber gar nicht so vorteilhaft, denn bei Insolvenz beispielsweise hätten die Anteilseigner nur ein Anrecht auf das, was am Ende aus der Insolvenzmasse übrig bleibe. Stout: »Ein gesundes Unternehmen aber hat völlig andere Aufgaben. Unsere Entscheidungen über ein lebendes Pferd haben ja auch nichts mit der Tatsache zu tun, das aus einem toten Pferd Klebstoff gemacht wird.« In gewisser Weise ist in dieses Aktienrecht also sogar ein Moment der Sozialisierung von Anteilseigentum eingebaut. Aber planlos: Denn gleichzeitig wurde die Bezahlung der Manager an den Wert der jeweiligen Aktien gekoppelt. Dies führt zur

Fokussierung auf kurzfristige Börsenschwankungen und zur Vernachlässigung des langfristigen Wertanstiegs. Stout plädiert also – wie inzwischen so viele – für eine Rückkehr zu einem »Managerialismus«, bei dem nicht der schwankende Aktienindex, sondern das Unternehmen, seine Beschäftigten und seine Kunden im Vordergrund stehen.[9]

Gegen eine solche unternehmerische Aufwertung der Manager wiederum spricht sicherlich manches (»Herrschaft der Manager«). Und gerade die Betonung des Eigentümerstatus von Aktionären hat ja auch linke Befürworter bis zurück zu Marx und Engels. Stout konzentriert sich aber mit Recht auf das, was die Finanzmärkte aus diesen Hoffnungen auf Streuung von Privateigentum gemacht haben. Sie will einfach weniger Handel mit Aktien und mehr Verantwortung der Aktienbesitzer, der Investoren, für das, was in den Unternehmen selbst passiert – und nicht für das Spiel auf den Märkten. Denn die Diktatur der Shareholder, von der Stout spricht, bezieht sich ja nicht auf die Kleinaktionäre, sondern gerade auf jene großen Privateigentümer, die mittels der Banken die Aktien aus dem produktiven Sektor entführt und zu einem Spekulationsobjekt gemacht haben und auf diese Weise auch die Manager beherrschen.

Vom Wissenssystem

»Wem gehört dieses Durcheinander?«, fragt der bekannte peruanische Ökonom Hernando de Soto. Auch er ist ein Zeuge aus dem Mainstream dafür, dass unreguliertes, »informelles« Wirtschaften ins Chaos führt. Er plädiert für eine verstärkte juristische und soziale Institutionalisierung von Eigentums- und Vertragsrechten in einer Welt, deren Planetarisierung immer stärker von chaotisierenden Kräften geprägt wird (die genau darin ihren Vorteil sehen). De Soto schreibt, dass hinter der gegenwärtigen Krise vor allem der Zusammenbruch eines »Wissenssystems« steht, das ursprünglich einmal, in den Anfängen des Kapitalismus, diese auf privaten Kreditvereinbarungen basierende Produktionsweise stabilisierte: »Nachdem sie 150 Jahre damit zugebracht haben, aus feudalen, abgeschlossenen und intransparenten Ökonomien einen funktionierenden Markt zu machen, sind seit fünfzehn Jahren bestimmte Sektoren der Finanzindustrie und deren Partner in der Politik dabei, alle diese Reformen des gesellschaftlichen Wissenssystems zu zerfleddern, die dem Kapitalismus ein annehmbares Funktionieren auf globaler Skala ermöglichten. Auf einmal ist es dem ökonomischen Handeln gestattet, sich von einem auf Regeln beruhenden Eigentumssystem zu lösen, einem System, in welchem Fakten und Interessenlagen aufgezeichnet und in nützliches Wissen umgewandelt wurden. Jetzt aber triumphieren willkürliche Interessen ohne Sinn und Verstand über Fakten und Verträge. Wie kann irgendjemand sich bei einer Kreditvergabe wohlfühlen, bei der die Unterlagen nicht alle Fakten signalisieren? Was ist, wenn die Inhaber der Sicherheiten und Träger der Risiken nicht leicht zu lokalisieren sind? Wie weiß man, welche beteiligten Banken und Länder zahlungsfähig sind, wenn man nicht erfährt, wie viele toxische Werte sie angesammelt haben und ob zum Beispiel die legalen Inhaber von Hypotheken gefunden werden können? Dies ist keine Finanzkrise der üblichen Sorte. Die abstürzende Wirtschaft ist nur ein Symptom. Die Krankheit besteht im Verschwinden des Wissens um die einfachsten Fakten und Zusammenhänge. Ohne die Dokumentation von Eigentumsverhältnissen und geschäftlichen Transaktionen, die ein Abschätzen der möglichen Gewinne und Verluste erlaubt, können die Märkte nicht funktionieren. Hier wieder eine gewisse Ordnung in die Dinge zu bringen geht über den Horizont der Finanzspezialisten hinaus, die weder das Wissen noch die Neigung noch den Anreiz haben, sich mit der Reparatur dieses Wissenssystems die Hände schmutzig zu machen. Das ist somit Aufgabe der Politik. Die Politiker müssen den Mut haben, sich vom engen Fokus allein auf finanzielle Anpassungen zu befreien, und sich den allgemeinsten möglichen Überblick über die Grundfragen der Rezession verschaffen. Ich plädiere nicht für mehr oder weniger Regulierung oder mehr Geld oder weniger Ausgaben. Mein simpler Vorschlag lautet lediglich, die Welt der Finanzen unter die Herrschaft des Rechts zu bringen und die dunklen, chaotischen Winkel dieser Welt auszuleuchten.«[10]

Wissen ist aber mehr als Rechtssicherheit und Vertragstransparenz. Und auch die unspektakulärste Expropriation der Expropriateure ist nur möglich durch die Aneignung aller Daten über den Gang der Dinge und Verhältnisse in der Welt. So lange es »Informationsvorsprünge« gibt, wird es Macht und Herrschaft geben. Oder wie Heiner Flassbeck es ausdrückt: »Es ist das mangelnde Verständnis des komplexen Systems der globalen Ökonomie, das bis weit in die Linke hinein das permanente Versagen der Politik erklärt. Wir haben nicht die Politiker, die Politik in der globalen Ökonomie machen könnten, und wir haben nicht die Ökonomen, die in der Lage wären, ein Design für diese globale Ökonomie zu entwerfen.«[11]

Über die Befreiung aller Planungsdaten

Vielleicht denken wir alle noch zu sehr wie die Bolschewiken und noch zu wenig wie die Googler, schreibt Chrystia Freeland, »Global Editor-at-large« von *Reuters,* in einem Artikel mit dem Titel »Remaking Government in a Wiki Age«.[12] Für Lenin und die russischen Revolutionäre war das große Thema die machtpolitische Frage nach dem »Wer – Wen?«. Aber eine wachsende Zahl von Autoren, Aktivisten und sogar Politikern betrachte die gegenwärtige Krise des westlichen Staatssystems durch ein anderes Prisma. Man könne es den »Government-2.0-Ansatz« nennen, dessen Grundfrage nicht sei, wie viel die Staaten ausgeben und wie hoch die Steuern sein sollten, sondern wie Regierungen im Informationszeitalter agieren müssen.

Der amerikanische Publizist Don Tapscott (*MacroWikinomics*) beispielsweise verweist seit Jahren auf den immer schärferen Widerspruch zwischen dem Druck, die Staatskosten zu senken, und den Erwartungen der Öffentlichkeit, die staatlichen Leistungen zu optimieren. Er sagt, ein bloßes Herumdoktern an den Symptomen werde nicht funktionieren: »Wenn man über die Einsparung von mehreren Billionen Dollar spricht, ist das nicht bloß eine Diät zur Gewichtsreduzierung, sondern da sollen ganze Organe herausgerissen werden. Wenn wir das aber nicht wollen, müssen wir ganz grundlegend darüber nachdenken, wie Regierungs- und Verwaltungsfunktionen künftig orchestriert und realisiert werden.« Eine der Lösungen, die Tapscott vorschlägt, ist die Freigabe von Regierungs- (also Planungs- und Entscheidungs-)daten. Diese Informationen könnten dann »auf einer Plattform zur Verfügung gestellt werden, auf der Privatunternehmen, zivilgesellschaftliche Kräfte, andere Regierungsstellen und vor allem die Bürger, die Individuen selbst sich organisieren, um die erforderlichen Dienstleistungen zu produzieren«.[13]

Die Non-Profit-Organisation »Code for America«[14] glaubt, dass die aufstrebende Generation der digital versierten Zwanzigjährigen durchaus in der Lage sein wird, sowohl den Bedarf als auch die Mittel für eine digitale Transformation der Regierungsarbeit zu schaffen. »Diese Generation«, schreibt Chrystia Freeland, »hat gelernt, mit all den Systemen, mit denen sie aufgewachsen ist, kreativ umzugehen und sie neuen Funktionen anzupassen. Und so hat auch ihr Verhältnis zum Regierungs- und Planungshandeln eine neue Qualität auf der Basis neuer Prämissen. ›We can fix it‹, dieser Satz signalisiert eine neue Qualität zwischen Regierung und Technikergemeinde (technology community) und deutet auf den Weg, auf welchem Regierungshandeln künftig im Alltag von Nutzen sein und die Individuen selbst in diesen Prozess involvieren kann.«[15]

Die Stipendiaten von »Code for America« (letztes Jahr gab es fast 400 Bewerber für zwanzig Plätze) bringen, so Freeland, nutzerzentrierte Konzepte und lebendige technische Methoden in eine Regierungs- beziehungsweise Verwaltungspraxis, die bislang von einer Top-down-Bürokratie bestimmt wurde. Ein »2.0-Regierungshandeln« auf der Basis offener Datenplattformen, heißt es weiter, würde die Beziehungen zwischen Bürgern und staatlicher Verwaltung so verändern, wie es manchen Technologieunternehmen schon im Verhältnis zu ihren Kunden gelungen ist. Man habe eben bislang versäumt, ein »Bürger-Internet« auszubauen. Dadurch aber könnten die Bürger mit den Verwaltungs- und Planungsfunktionen lokaler und nationaler Regierungen vertraut gemacht werden, und dies wiederum würde die Bereitschaft erhöhen, angemessene Steuern zu zahlen.

Ein Beispiel aus der Stadt Calgary, die zu den konservativsten Metropolen Kanadas gehört, zeigt, wie so etwas gehen könnte. Dort wurde vor kurzem mit Hilfe von Internetinitiativen ein politischer Außenseiter zum Oberbürgermeister gewählt. Eine seiner ersten Amtshandlungen war es, die Haushaltsplanung der Stadt dadurch vom Kopf auf die Füße zu stellen, dass er die Bürger direkt befragte, wie und wofür die öffentlichen Gelder bevorzugt ausgegeben werden sollten. Die Antwort der großen Mehrheit lautete: »Maintain my taxes, or increase them, but keep my services.« (Behalte meine Steuern oder erhöhe sie, aber halte meinen Service aufrecht.) Daraufhin machte der Bürgermeister alle relevanten Planungsdaten des Haushalts über das Internet öffentlich, legte also die Grundlagen für eine völlig neue Form datengesteuerter kommunaler Entscheidungsprozesse.

Chrystia Freeland schließt ihren Bericht allerdings mit einem Vorbehalt: Eingedenk der Debatte zwischen »Leninisten« und Googlern sollte man darauf achten, dass die Begeisterung der Digerati nicht übers Ziel hinausschießt. Auch in einer Epoche des »crowd sourcing« und gigantischer digitaler Datennetze gebe es noch Interessengruppen und ideologische Gegensätze. Aber schon wenn es gelänge, Regierungshandeln so effektiv und planvoll zu organisieren wie Google seine eigenen Aktivitäten, wäre viel gewonnen.

Noch einmal: historischer Materialismus

Das Problem hinter aller Diskussion über Planung ist das Problem der Totalität. Wir wissen, dass jeder Eingriff in die Abläufe der Natur weltgesellschaftliche und jeder Eingriff in die Abläufe der Gesellschaft biosphärische Folgen hat. Jeder Schritt gesellschaftlicher Planung erzeugt zudem gesamtgesellschaftliche Erschütterungen, denn Planung bringt Herrschende und Beherrschte zugleich zusammen und gegeneinander auf – so lange jedenfalls, bis Planung zu ihrer wirklichen Form, der Herrschaftsfreiheit, gefunden hat. Planung kann also nicht ohne Rekurs auf Herrschaftsstrukturen und -handlungen diskutiert werden. [16]

Durch Globalisierung und Informatisierung, schreibt Fredric Jameson, werden wir alle mit der Tatsache konfrontiert, dass kein nationales, regionales oder lokales Gebiet oder Gebilde den Zustand der Autonomie oder gar der Subsistenz erreichen oder sich sonst wie vom Weltmarkt abkoppeln kann. Auch die Rettung der Utopie der Herrschaftsfreiheit hat nur eine Chance, wenn wir »den Gedanken einer globalen Totalität festhalten oder – wie Hegel gesagt hätte – ›dem Negativen folgen‹ und so jenen Ort lebendig erhalten, von dem das – unverhoffte – Entstehen des Neuen erwartet werden kann.«[17] Wobei gesellschaftliche Planung nicht auf das Unverhoffte, sondern auf das Erhoffte setzt, auf Utopien, wenn man so will.

Anders gesagt: Es ist inzwischen klar, dass wir heute beim Versuch einer Krisenlösung im kapitalistischen Systemchaos die *Interkonnektivität* aller ökonomischen, politischen, sozialen, kulturellen, ökologischen und so weiter Probleme – und zwar *gleichzeitig*, in *real time* – berücksichtigen müssen. Die *Totalität der Probleme* ist das eigentliche Problem und die *Totalität der Problemlösungen* das eigentliche Aufgabenfeld. Es genügt also keineswegs, sich in der linken Planungsdebatte auf Inseln partizipatorischer Wellness zurückzuziehen. Zumal mit Hilfe der universalen Maschine des Systems der vernetzten Computer es tendenziell tatsächlich möglich wird, Totalität zu imaginieren – und zu bearbeiten. Schon 1964 schrieb Marshall McLuhan, der medientheoretische Pionier: »Heute ist es die Geschwindigkeit der elektronischen Informationen, die es zum ersten Mal in der Geschichte auf leichte Weise erlaubt, die Muster und formalen Konturen von Wandel und Entwicklung zu erkennen. Die ganze Welt, Vergangenheit und Gegenwart, bietet sich dar wie das Wachstum einer Pflanze, gefilmt mit einem enorm beschleunigten Zeitraffer. Die elektronische Geschwindigkeit entspricht der des Lichtes und wird es möglich machen, Ursachen zu verstehen.«[18]

Diese Perspektive computerbasierter Totalsimulation wird heute ansatzweise realisiert durch die *Planungsstäbe* des Industrie- und Finanzkapitals, des Staates, des Militärs und so weiter und in den Einrichtungen der *Wissenschaft*. Planung und Wissenschaft sind ohne hochgradige interne und externe Computervernetzungen gar nicht mehr denkbar. Die *Interkonnektivität* in und zwischen diesen Bereichen allerdings ist – wegen Profitkonkurrenz – völlig unzureichend ausgebildet. Im Gegenteil, die Netze sind ein Feld, auf dem ein Kampf um Kontrolle tobt, in den die Funktionseliten eingebunden sind. Darüber hinaus sind Massenkultur und Massenkommunikation komplett abhängig geworden von einem Symbolsystem nomadisierender Sinngebungen, das virtuell alles mit allem auf vollkommen beliebige Weise verknüpft. Jameson (1992) nannte dies die kulturelle Logik des Spätkapitalismus, die neue »geopolitische Ästhetik«.

Wenn wir unter dem Eindruck der Computerisierung die Diskussion um gesellschaftliche Planung wiederaufnehmen, können wir allerdings nicht so tun, als seien Cyberspace, Virtualität, Simulationskultur und Internet nicht Teil des bestehenden Macht- und Herrschaftssystems. Doch auch in dessen Tiefen, hinter unserem Rücken und an den überraschendsten Orten findet sich schon *verwissenschaftlichte Planung*, auch im Sinne des *historischen Materialismus*. So gilt es also auch, den Dschungel des »Nintendo-Kapitalismus« wie James Cameron in *Avatar* nach dort lebenden Orchideen, Heilpflanzen und Wundertieren zu durchforschen. Selbstverständlich ist so etwas nicht möglich, ohne in Kenntnis der heutigen Rechnerkapazitäten Lehren aus den gescheiterten Versuchen einer realsozialistischen Planwirtschaft zu ziehen.

Indem die Dilettanti aller Couleur sich so als Akteure im Herrschaftsgeschehen wiederfinden oder neu orientieren könnten, müssen sie nicht nur fragen ›wer – wen?‹, sondern auch ›wer mit uns?‹. Es sind Machtkomplexe entstanden mit einer hochgradig computerisierten Binnenorganisation, transnationale Konzerne nicht nur aus Silicon Valley, militärische Netzwerke, Finanznetzwerke, wissenschaftliche Institutionen, Forschungseinrichtungen und so weiter. Auch unter dem Personal dieser Organisationen gibt es interessante Bündnispartner, die anfällig für das Erhoffte sind. Schließlich kennen sie die Risse im Beton viel genauer als »wir«. Man lese nur, was manche *Whistleblower* über die Wall Street schreiben oder was in den Protokollen mancher Konferenzen der »American Association for the Advancement of Science« (AAAS) steht. Vielen dieser durcheinandergerüttelten Funktionseliten aus dem zweiten und dritten Glied ist durchaus zuzutrauen, dass sie über ihre eigene Rolle in den Herrschaftsstrukturen intensiver nachzudenken beginnen und Spaß bekommen am Ziel eines elektronisch abgestützten globalen Netzwerks friedlicher Assoziationen, in denen auf eine ganz praktische Weise »die freie Entwicklung eines jeden die Bedingung für die freie Entwicklung aller ist«, so bekanntlich Marx und Engels im *Kommunistischen Manifest*.

Diese ambivalente Rolle der Funktionseliten müsste in die Debatte um das Konzept der gesellschaftlichen Planung eingebracht werden. Dass dies kaum geschieht, liegt auch daran, dass der ganze Prozess der *Informatisierung* des Planungsgeschehens im politischen Raum noch nicht zureichend diskutiert wird. Die Digerati spielen fast keine Rolle, trotz der noch flüchtigen Erfolge etwa der Piraten-Parteien. Spräche man über die Entwicklung und vor allem über die *Entwickler* und *Anwender* planungsrelevanter *Hardware* und *Software*, würde deutlich, dass gesellschaftliche Planung »in« ist wie niemals zuvor. Aber sie hat viele seltsame neue Namen.

Ein Verlust aber ist in der Tat zu bedauern: die Verdrängung einer entwickelten *Produktivkrafttheorie* (siehe Kapitel 5). Für diese gerade auch am Rande und außerhalb des rigiden realsozialistischen Blocks perfektionierte Theorie war Planung ja nicht nur ganz allgemein die bewusste Festlegung einer Abfolge von Schritten und Mitteleinsätzen, um bestimmte Zielzustände zu erreichen. Produktivkrafttheoretisch angeleitete Planungsvorstellungen basierten vielmehr zumindest dem Versprechen nach auf einem *historischen* Verständnis der Interkonnektivität aller Probleme und Problemlösungen. Im Realsozialismus wurde viel zu spät gesehen, dass die cybertechnische Revolution auch im Kapitalismus bereits eine Umwälzung des Verhältnisses von Produktionsmitteln und Arbeitskräften bewirkte; dass tendenziell – in einer objektiven Entwicklung über das Kapitalverhältnis hinaus – die Produktionsmittel zu Anhängseln der Arbeitskräfte zu werden begannen.

Und eines dieser Produktionsmittel waren auch die Zettelkästen der Intellektuellen, von den Papierstapeln in Marxens Arbeitszimmer bis zu den Registraturen in Niklas Luhmanns »Krähennest«[19] oder den Aktenschränken in Mark Lombardis Atelier. Heute sind es die elektronischen Datenbanken, die »data clouds«, das »crowd sourcing«, in denen sich die Befreiung aller Planungsdaten aus den kapitalistischen Computernetzen ankündigt.

Eine fixe Idee

Immer wieder habe ich in die voraufgehenden Texte eine Idee hineingeschmuggelt, die mich seit meinem Buch *Gesellschaftsstruktur der Bundesrepublik* (1982) bewegt. Ich halte das für akzeptabel, wenn man darin vor allem eine Anregung zum Selbermachen sieht. Die Idee bezieht sich auf die Möglichkeit, mit Hilfe der Kategorien des historischen Materialismus, im Spiel mit ihnen, an einem gewaltigen Zettelkasten für Planungsdaten zu basteln, der keinen spezifischen gewinn- oder machtpolitischen Zwecken dient, sondern allein den Zusammenhang gesellschaftlicher Entwicklung auf diesem Planeten zur Darstellung bringen könnte. Wir haben mit der

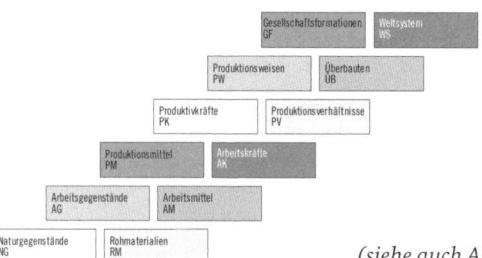

(siehe auch Abbildung auf Seite 195)

historisch-materialistischen Entwicklungstheorie – ebenso wie mit der Evolutionstheorie – bereits den Grundstock für ein solches Projekt zur Hand. Diese Theorie ist über Jahrzehnte bearbeitet, immer wieder falsch genutzt und manipuliert worden, aber doch in ihrer Grundsystematik unübertroffen und für die Digitalisierung prädestiniert.

Der Zusammenhang der Grundkategorien einer historisch-materialistischen Theorie gesellschaftlicher Entwicklung lässt sich auf unterschiedlichste Weise repräsentieren. Das habe ich weiter oben schon mit jenem »Sphärenmodell« (siehe Seite 197) der komplexen Dimensionen des globalen Systems der Produktionsweisen, Überbauten und so weiter angedeutet. Ich denke, es wäre Versuche wert, bestimmte heutige Krisen- und Problemkonstellationen in solchen oder ähnlichen Modellen abzubilden.

Wie also, lautet meine Frage, lassen sich Planungsdaten aus den herrschaftsgelenkten kapitalistischen Computernetzwerken befreien, um sie in einem sinnvollen Modell gesellschaftlicher Totalität auf den digitalen Weg zu bringen? Ich weiß, wie naiv diese Absicht ist. Aber das wäre doch ein Computerspiel, das wirklich Spaß macht.

Denis Diderot, der Enzyklopädist, schrieb ein Vierteljahrhundert vor Beginn der Französischen Revolution an eine Freundin: »Oh, was würde diese Welt für eine schöne Komödie abgeben, wenn man darin keine Rolle spielte! Wenn man zum Beispiel an irgendeinem Punkte des Weltraumes existierte, in jenem Zwischenraum zwischen den Himmelskörpern, wo die Götter Epikurs ruhen, ganz weit, ganz weit, von wo man diesen Globus, auf dem wir so stolz einherwandeln, höchstens so groß wie einen Kürbis sähe und von

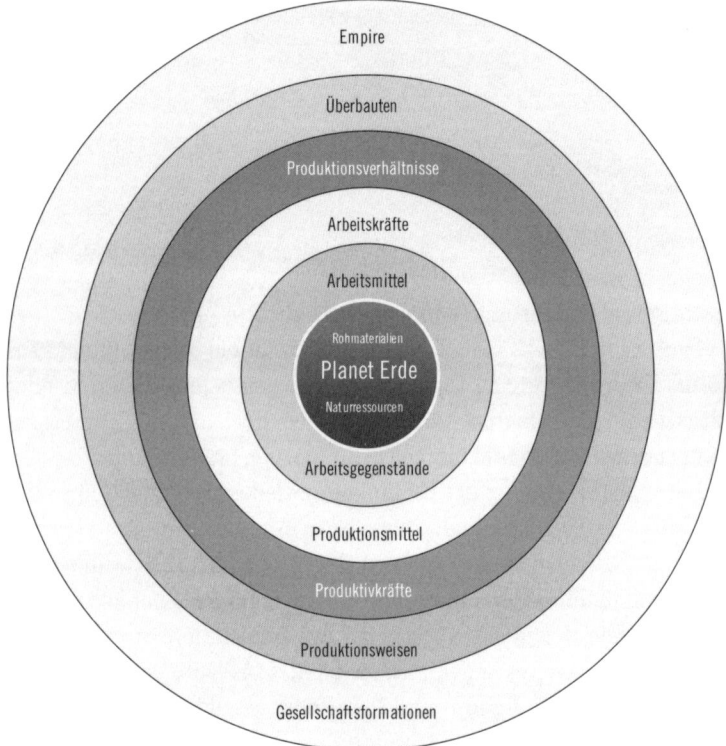

wo aus man mit dem Teleskop die unendliche Bewegung aller jener Blattläuse mit zwei Füßen, die man Menschen nennt, beobachten könnte.«[20]

Die Liste der Probleme, die heute in ein solches Spiel eingebracht werden könnten, ist lang, wenn auch nicht unendlich lang, und schließt zum Beispiel folgende Fragen ein: Wie viele kapitalistische Waren- und Konsumökonomien der amerikanischen Sorte kann unser Planet noch vertragen? Müssten die zwei neu entstehenden »economic power houses«, China und Indien, nicht auf jeden Fall Alternativen gesellschaftlicher und ökonomischer Entwicklung im Sinne eines »weniger ist mehr« und eines rationalen Ressourcenmanagements entwickeln? Auf den Finanzmärkten wird die Parole ausgegeben: »In den nächsten zehn Jahren in Verbrauchsgüter, in Rohstoffe, seltene Metalle, Phosphor und so weiter und so weiter investieren!« Beginnen die Finanzmärkte damit nicht, den Naturhaushalt entscheidend und umfassend zu kontrollieren und damit zu einer realen, nicht nur fiktiven Macht zu werden? Werden die Kapitalisten grün, oder wird das Grüne kapitalistisch? Wie entwickelt sich das globale Planungsnetzwerk der transnationalen Konzerne und der dazugehörigen Organisationen, Think-Tanks, Stiftungen? Welche Differenzierungen finden innerhalb der beteiligten Konzern-, Finanz- und Wissenseliten statt? Bleiben auf absehbare Zeit doch die »transatlantischen« Beziehungen das Zentrum? Deuten sich innerhalb der Funktionseliten anti- oder transkapitalistische Tendenzen an?

Also: Avanti Digerati! Vielleicht ist es dann im Jahre 2029 so weit, dass die United Nations sich umbenennen in United Networks. So bliebe es trotz Veränderung bei der UN – aber nicht so ganz.

Abkürzungen

BCG	Boston Consulting Group
BRICS	Brasilien, Russland, Indien, China, Südafrika
CEO	Chief Executive Officers (Vorstandsvorsitzender/ geschäftsführendes Vorstandsmitglied/ Geschäftsführer
CFR	Council on Foreign Relations
CIA	Central Intelligence Agency (Auslandsnachrichtendienst der USA)
ECFR	European Council on Foreign Relations
FBI	Federal Bureau of Investigation
Fed	Federal Reserve Bank (US-Notenbank)
GMK	Geldmachtkomplex
HNWIs	high-net-worth individuals
IWF	Internationaler Währungsfonds
MIK	Militär-Industrie-Komplex
NROs	Nichtregierungsorganisationen
PSR	Power Structure Research
SIPRI	Stockholm International Peace Research Institute
TCC	Transnational Capitalist Class
UHNWIs	ultra-high-net-worth individuals
USAID	U.S. Agency for International Development (Behörde der Vereinigten Staaten für internationale Entwicklung/ Entwicklungszusammenarbeit)
WHO	Welthandelsorganisation (engl. WTO: World Trade Organization

Anmerkungen

Vorwort

1 Hans Jürgen Krysmanski: *Hirten & Wölfe. Wie Geld- und Machteliten sich die Welt aneignen*, 4. Auflage, Münster 2012

Prolog: Eat the Rich (1999)

1 Zuerst abgedruckt in: Hans Jürgen Krysmanski: *Popular Science. Medien, Wissenschaft und Macht*, Münster 2001
2 Ferdinand Lundberg: *Die Reichen und die Superreichen – Macht und Allmacht des Geldes*, Hamburg 1969
3 26.09.1999, S. 18 – es ist die verballhornte Version eines Ausspruchs von Carl Schmitt.
4 Jane Fonda und Ted Turner ließen sich 2001 scheiden.
5 Das war 1999: *Das Herz schlägt links*
6 *Süddeutsche Zeitung*, 12.11.1998
7 Robber Barons, 1998, http://economistsview.typepad.com/economistsview/2007/07/robber-barons.html

1 Ein weites Feld

1 Ferdinand von Schirach: Verstehen Sie das alles?, *Der Spiegel* 28/2012, S. 133
2 Als Beispiel: Norbert Elias: *Die höfische Gesellschaft* (1969), Frankfurt/M. 2002
3 Eine ausführliche Darstellung der Rolle C. Wright Mills findet sich in: Hans Jürgen Krysmanski: *Hirten & Wölfe. Wie Geld- und Machteliten sich die Welt aneignen*, 4. Auflage, Münster 2012
4 Ronald Hitzler, Stefan Hornbostel, Cornelia Mohr (Hg.): *Elitenmacht*, Wiesbaden 2004
5 So lautet der Titel eines Buchs von Göran Therborn, London 1978.
6 Wolfgang Lauterbach, Thomas Druyen, Matthias Grundmann (Hg.), Wiesbaden 2011
7 Man denke an die Betriebsuntersuchungen, den Hawthorne-Studien (Elton Mayo u. a.), oder die Forschungen über »The American Soldier« (Paul Lazarsfeld u. a.).
8 Chappatte-Cartoon vom 22.09.2001, siehe http://www.londonstimes.us/cat/cat_toons_11.html – http://www.globecartoon.com/
9 http://www.spiegel.de/spiegel/print/d-19698979.html
10 David Yallop: *Unholy Alliance* (1999); dt.: *Unheilige Allianz*, Köln 1999
11 Jeremy Rifkin: The New Capitalism Is About Turning Culture Into Commerce, *International Herald Tribune*, 17.01.2000; ders.: *The Age of Access: The New Culture of Hypercapitalism Where All of Life Is a Paid-For Experience*, New York 2000;

dt.: *Access. Das Verschwinden des Eigentums. Warum wir weniger besitzen und mehr ausgeben werden*, Frankfurt/New York 2000, erw. Ausgabe 2007

12 *Empire: die neue Weltordnung*, Frankfurt/New York 2002

13 Die folgenden Zitate aus: »It takes an empire«, say several U.S. thinkers, Emily Eakin, *The New York Times*, 02. 04. 2002

14 *Warrior Politics: Why Leadership Demands a Pagan Ethos*, Random House, 2001

15 Bob Herbert: Who will profit from this war? *New York Times*, 11. 04. 2003

16 CNN, 3. 04. 2003, http://edition.cnn.com/2003/US/04/03/sprj.irq.woolsey.world.war/

17 Vgl. Thomas P.M. Barnett: Die neue Weltkarte des Pentagon. Mit einer Liste künftiger Konfliktherde und Interventionspunkte, *Blätter für deutsche und internationale Politik* 6/2003

18 Hg. Wolfgang Fritz Haug, Band 6/I, Berlin 2004

19 Vgl. Hans Jürgen Krysmanski: *Hirten & Wölfe*, 4. Auflage, Münster 2012, S.151 ff. (leicht verändert, alle Literaturhinweise dort)

20 *Wie man die Welt regiert. Eine neue Diplomatie im Zeitalter der Verunsicherung*, Berlin 2011

21 Interview mit Parag Khanna, *Frankfurter Rundschau*, 01. 04. 2011
Die Super-Klasse. Die Welt der internationalen Machtelite, München 2009; ders.: *Power, Inc.: The Epic Rivalry Between Big Business and Government – And the Reckoning That Lies Ahead*, New York 2012; zum Folgenden vgl. Marcus Klöckner: Wer die Welt wirklich regiert, *Frankfurter Rundschau*, 17. 09. 2008

22 *Die Super-Klasse. Die Welt der internationalen Machtelite*, München 2009, S. 535

23 Vgl. Robert Frank: *Wealth Report*, 04. 08. 2011, http://blogs.wsj.com/wealth/

24 Doug Henwood: *Wall Street. How It Works and for Whom*, London/New York 1997, S. 6

25 Robert Frank: Will the Rich Evolve Into Different Species? *Wall Street Journal*, 28. 10. 2009, http://blogs.wsj.com/wealth/2009/10/28/will-the-rich-evolve-into-different-species/

26 Nach: Dieter Klein: *Milliardäre – Kassenleere. Rätselhafter Verbleib des anschwellenden Reichtums*, Berlin 2006, S. 80–83; http://www.rosalux.de/fileadmin/rls_uploads/pdfs/Texte_28.pdf

27 http://npirl.blogspot.de/2008/10/rings-homo-sapiens-version-20-protest.html

28 *New York Times*, 12. 07. 2012

29 Vgl. sein erstes Buch: *Twilight of the Elites: America After Meritocracy*, New York 2012

30 David Brooks: Why Our Elites Stink, *New York Times*, 12. 07. 2012

31 Paul Krugman: Who's Very Important? *New York Times*, 12. 07. 2012

32 Ebd.

33 Ebd.

34 Vgl. Robert Frank: *Richistan. Eine Reise durch die Welt der Megareichen*, Frankfurt/M. 2009

35 *Frankfurter Hefte/Neue Gesellschaft*, 12/90

36 Vgl. ZDF Jahrbuch 2003, http://www.zdf-jahrbuch.de/2003/programmarbeit/arens.htm; BBC News, 01. 10. 1999, http://news.bbc.co.uk/1/hi/world/461545.stm

37 Karl Marx/Friedrich Engels: *Werke*, Band 13, Berlin, 7. Auflage 1971, unveränderter Nachdruck der 1. Auflage 1961, Berlin (DDR), S. 7–11

38 Vgl. Kapitel 5 und passim; zu den Kategorien des historischen Materialismus siehe auch http://www.uni-muenster.de/PeaCon/global-texte/kategorien-histomat.ppt

39 Vgl. Achim Bühl: *Die virtuelle Gesellschaft. Ökonomie, Politik und Kultur im Zeichen des Cyberspace*, Opladen/Wiesbaden 1997

40 Vgl. zum Beispiel Google Earth und damit verbundene Projekte: http://www.
google.com/earth/index.html; The Story of Stuff, http://www.youtube.com/
watch?v=gLBE5QAYXp8; vgl. meine Website http://www.uni-muenster.de/
PeaCon/global-texte/globalss09.htm

41 Fredric Jameson: Marx and Montage, *New Left Review*, Juli/August 2009, S. 117

42 Vgl. die 3sat-Produktion»Meschugge mit Marx«, zum Beispiel http://www.3sat.
de/mediathek/?display=1&mode=play&obj=23685

43 Vgl. zum Beispiel Rainer Rilling: Kartographien der Macht (Blog), http://www.
rainer-rilling.de/blog/?p=107; They Rule, http://www.theyrule.net/; Balance
of the Planet, http://www.kickstarter.com/projects/544670315/balance-of-
the-planet und so weiter

44 The Yes Men, http://theyesmen.org/; Adbusters, http://www.adbusters.org/
und so weiter

45 Beide Filme sind online: *Born Rich* unter http://www.youtube.com/watch?v=
meDbCefe6mo&feature=youtu.be; *One Percent* unter http://www.youtube.
com/watch?v=HmlX3fLQrEc&feature=youtu.be

46 Vgl. Thomas Barth: »Ästhetik der Konspiration« auf telepolis, 05.07.2012,
http://www.heise.de/tp/artikel/37/37208/1.html; dort auch Informationen
über einen neuen Dokumentarfilm

47 Mark Lombardi: *116 Notes, 100 Thoughts: Documenta*, Einführung von Carolyn
Christov-Bakargiev, Ostfildern 2012

48 http://www.devplan.com/pvmm/refer/marklombardi.htm

2 Die Aneignung Europas

1 In dieses Kapitel sind Passagen aus meinem Buch *Hirten & Wölfe*, 4. Auflage,
Münster 2012, und aus meinem Aufsatz »Der stille Klassenkampf von oben«,
utopie kreativ 205/2007, eingearbeitet.

2 Militärprognose für 2001. Briten fürchten Strahlen, Chips und Neomarxismus,
Spiegel-Online, 10.04.2007 – http://www.spiegel.de/wissenschaft/mensch/
0,1518,476398,00.html

3 William Pfaff: Capitalism under fire, *International Herald Tribune*, 30.03.2006

4 Kevin Phillips: *Die amerikanische Geldaristokratie*, Frankfurt/New York
2003

5 Holly Hubbard Preston: Higher education: Priced out of reach?, *International
Herald Tribune*, 30.06.2006

6 Michael Hartmann: Macht muss gelernt sein. Die Rekrutierung der deutschen
Wirtschaftselite ist keine Frage der Leistung, *Junge Welt*, 19.09.2003

7 Giovanni Arrighi: Hegemony Unravelling – 2, *New Left Review* 33, Mai/
Juni 2005, S. 4

8 Karl Marx und Friedrich Engels: *Werke*, Ergänzungsband, 1. Teil, Berlin
(DDR), 1968, S. 564 f.

9 Richard Sennett: The age of anxiety, *The Guardian*, 23.10.2004

10 Never-ending bail-outs simply fuel distrust, Leitartikel, *International Herald Tribune*, 03.03.2009

11 Jeffrey Klein: Obama's Perilous Compromise with Wall Street Looters, *Huffington Post*, 04.01.2009: http://www.alternet.org/story/117219/

12 Paul B. Farrell: 10 Dirty Tricks Wall Street Con Artists Will Pull to Keep the Rip-
offs Going, *Wall Street Journal*, 22.02.2009

13 Vgl. auch Max Boot (Council on Foreign Relations): *War Made New: Technology,
Warfare and the Course of History – 1500 to Today*, New York 2006

14 David E. Sanger, Thom Shanker: Obama announces first prong of U.S. computer
security effort, *International Herald Tribune*, 30./31.05.2009

15 Mattei Dogan: Is there a Ruling Class in France? *Comparative Sociology*, Volume 2, Issue 1, 2003, S. 20

16 Ebd., S. 28

17 Ebd., S. 62 f.

18 Eduard Garcia: Corporate Short-Term Thinking and the Winner Takes All Market, http://www.westga.edu/~bquest/2004/thinking.htm

19 Diane Coyle: ›Winner takes all‹ markets, *Prospect Magazine* 33, August 1998, S. 25

20 http://www.therichest.org/nation/richest-people-in-europe/; http://www.forbes.com/billionaires/

21 Edelkundenzeitschrift der Fürstlich-Liechtensteinschen Privatbank LGT

22 http://utangente.free.fr/index2.html sowie das Schaubild: http://utangente.free.fr/2004/wg2004.pdf

23 http://www.uni-muenster.de/PeaCon/wemgehoertdieeu/ut-agenturen.htm

24 http://www.uni-muenster.de/PeaCon/wemgehoertdieeu/ut-einflussreiche.htm

25 J. R. R Tolkiens *The Lord of the Rings* erschien 1954 und war Kultlektüre der jungen Broker in den gotischen Wolkenkratzerburgen der Wall Street; John F. Kennedy wurde nicht umsonst mit Camelot aus der König-Arthur-Runde identifiziert und so weiter

26 Aus einem Interview mit Jean Ziegler, *Germanwatch-Zeitung* 4/2005; vgl. Jean Ziegler: *Das Imperium der Schande. Der Kampf gegen Armut und Unterdrückung,* München 2005

27 Richard Sennett: Das Diktat der Politikmanager, *Freitag*, 12. 08. 2005

28 Aus einem Interview für die Deutschen Mittelstandsnachrichten, http://www.deutsche-mittelstands-nachrichten.de/2011/11/11597/

3 Das private Imperium

1 *Spiegel-Online,* 22. 07. 2012, http://www.spiegel.de/wirtschaft/soziales/studie-zu-steuerflucht-reiche-bunkern-21-bis-32-billionen-im-ausland-a-845747.html

2 Vgl. zum Beispiel Wolfgang Lauterbach, Thomas Druyen, Matthias Grundmann (Hg.): *Vermögen in Deutschland. Heterogenität und Verantwortung*, Wiesbaden 2011

3 Heinrich Heine: *Ludwig Börne. Eine Denkschrift*, in ders.: *Werke und Briefe*, hg. von Hans Kaufmann, Bd. 6, S. 106 f.; vgl. auch Niall Ferguson: *Der Aufstieg des Geldes. Die Währung der Geschichte*, Berlin 2010, S. 82

4 MEW 35, 444

5 Vgl. Beginn Kapitel 6: Immanuel Wallerstein, The Social-Democratic Illusion, *Commentary* Nr. 313, 15. 09. 2011 – http://www.iwallerstein.com/socialdemocratic-illusion/

6 Michael Hardt, Antonio Negri: *Empire. Die neue Weltordnung,* Frankfurt/New York 2002 (2000); vgl. Hans Jürgen Krysmanski: *Hirten & Wölfe. Wie Geld- und Machteliten sich die Welt aneignen*, Münster 2009, S. 236 f.

7 Michael Hardt, Antonio Negri: *Multitude: Krieg und Demokratie im Empire*, Frankfurt/New York 2004; *Common Wealth – Das Ende des Eigentums,* Frankfurt/New York 2010

8 Vgl. Michel Foucault: *In Verteidigung der Gesellschaft. Vorlesungen am Collège de France (1975–76),* Frankfurt/M. 1999, S. 276–305

9 Fredric Jameson: Postmoderne – zur Logik der Kultur im Spätkapitalismus, in: Andreas Huyssen, Klaus R. Scherpe (Hg.): *Postmoderne. Zeichen eines kulturellen Wandels*, Hamburg 1993, S. 94 f.

10 Michael Hardt, Antonio Negri: *Empire. Die neue Weltordnung*, Frankfurt/New York 2002, S. 9
11 Ebd., S. 35
12 Ebd., S. 54 f.
13 Ebd., S. 358
14 Ebd., S. 372
15 Ebd., S. 413
16 *Der Lugano-Report oder Ist der Kapitalismus noch zu retten?* Reinbek, 2001
17 http://www.tadema.de/aktuell/lugano.html
18 Susan George: Der Weltbürger als Feind des Kapitals, *Le Monde diplomatique* Nr. 6140 vom 12.05.2000 (Text komprimiert)
19 Vgl. A. G.Sulzberger: The Rich Get … Together (Shhh, It Was a Secret), *The New York Times*, 20.05.2009
20 *The American Interest*, Volume 6, Nr. 3, Januar/Februar 2011; http://www.the-american-interest.com/contents.cfm?MId=37
21 Vgl. zum Beispiel Kevin Phillips' noch vor dem Lehman-Zusammenbruch geschriebenes Buch: *Bad Money: Reckless Finance, Failed Politics, and the Global Crisis of American Capitalism* (2008); Robert Reich: *Supercapitalism* (2008); Sheldon Wolin: *Democracy, Inc.* (2008); Robert Kaiser: *So Damned Much Money* (2009)
22 *The American Interest*, Volume 6, Nr. 3, Januar/Februar 2011; http://www.the-american-interest.com/contents.cfm?MId=37
23 Deirdre McCloskey, *The Secret Sins of Economics*, Chicago 2002, S. 41, 55 f.
24 *The American Interest*, Volume 6, Nr. 3, Januar/Februar 2011; http://www.the-american-interest.com/contents.cfm?MId=37
25 Michael Hudson: »Politik und Finanz: Was sind Schulden?« *Frankfurter Allgemeinen* Zeitung, 04.12.2011 – http://www.faz.net/aktuell/feuilleton/politik-und-finanz-was-sind-schulden-11548820.html
26 Chrystia Freeland: The Rise of the New Global Elite, *The Atlantic*, Januar/Februar 2011
27 Ebd.
28 Ebd.
29 Elizabeth Warren: There is nobody in this country who got rich on his own, *CBS News*, 22.09.2011, http://www.cbsnews.com/8301-503544_162-20110042-503544.html
30 http://www.nytimes.com/packages/html/newsgraphics/2012/0115-one-per-cent-occupations/index.html und http://www.nytimes.com/2012/01/15/business/the-1-percent-paint-a-more-nuanced-portrait-of-the-rich.html
31 http://www.tni.org
32 http://www.tni.org/report/state-corporate-power-2012
33 http://www.tni.org/article/davos-class, vgl. auch Susan George: *Whose Crisis, Whose Future?* Cambridge 2010
34 Interaktiv: http://prezi.com/7avsajqx3y7w/planet-earth-a-corporate-run-world/
35 Interaktiv: http://prezi.com/b5ixjousebjd/the-global-0001/
36 Interaktiv: http://prezi.com/vvkugyvmbu3u/the-worlds-richest-men/

4 Milliardäre

1 The rise and rise of the cognitive elite, *The Economist*, 20.01.2011, dort Zitat von Jan Pen, holländischer Ökonom, http://www.economist.com/node/17929013
2 Vgl. Arthur Vidich: Networks and the Theory of Modules, in: *International Journal of Politics, Culture and Society*, Vol. 11, No. 2, 1997

3 *Der Spiegel* Nr. 9, 27. 02. 2012, S. 62 ff.

4 der in den neunziger Jahren beim mir promovierte und sich später am Münsteraner Institut für Soziologie habilitierte; vgl. auch http://vimeo.com/18795598

5 *Der Spiegel*, 9/2012, S. 69

6 Vgl. Hans Jürgen Krysmanski: Amerika, Europas östlicher Nachbar – wie Walter Russell Mead Sibirien kaufen wollte. Bericht über eine geopolitische Filmexpedition, in: ders.: *Popular Science. Medien, Wissenschaft und Macht in der Postmoderne*, Münster 2001, S. 37–56

7 Vgl. Generalisten. Das Council on Foreign Relations, in: Hans Jürgen Krysmanski: *Hirten & Wölfe*, 4. Auflage, Münster 2012, S. 247–262

8 *Playboy*, April 1976

9 http://www.bard.edu/

10 Ernest Mandel: *Ein schöner Mord. Sozialgeschichte des Kriminalromans*, Frankfurt/M. 1987

11 Vgl. Chappatte, http://www.globecartoon.com/ › Capitalism in question (Suchwort), 01. 26. 2012, © Chappatte in »Le Temps« (Geneva)

12 Fredric Jameson: *The Geopolitical Aesthetic. Cinema and Space in the World System*, London 1992

13 Helge Peukert: *Die große Finanzmarkt- und Staatsschuldenkrise. Eine kritisch-heterodoxe Untersuchung*, 3. ergänzte und aktualisierte Auflage, Metropolis-Verlag 2011, S. 111

14 Ebd.

15 Ebd.

16 Ebd., S. 113

17 »Es verwundert mich bis heute, dass eine lässige Randbemerkung des Chefs der Forschungsabteilung über den Unsinn entschied, den ich dann zwölf Jahre lang verzapfte.« Ebd., S.114

18 Ebd., S. 115

19 Ebd., S. 116

20 Ebd., S. 117 f.

21 Ibrahim war Korrespondent der *New York Times* für den Mittleren und Nahen Osten und ist jetzt Direktor der »Strategic Energy Investment Group«, einer Beratungsfirma, die sich auf politische Risikoabschätzung in der Golf-Region und im Mittleren und Nahen Osten spezialisiert hat.

22 The Collapse of Capitalism as we know it, *International Herald Tribune*, 09. 03. 2004, 6

23 Andrew Ross Sorkin: Conflicted, and Often Getting a Pass, *New York Times*, 12. 03. 2012 (Dealbook)

24 Brandbrief von Goldman-Sachs-Manager. Die Abrechnung, *Spiegel-Online*, 14. 03. 2012, http://www.spiegel.de/wirtschaft/unternehmen/0,1518,821358,00.html

25 Nelson D. Schwartz: Public Exit From Goldman Raises Doubt Over a New Ethic, *New York Times*, 14. 03. 2012

26 http://www.spiegel.de/wirtschaft/unternehmen/0,1518,825932,00.html

27 Lion Feuchtwanger: *Waffen für Amerika*, Band1, Frankfurt/M. 1986 (1948), S. 421

28 Robert Frank: The World's Largest Billionaire Entourage? Wealth Report, *Wall Street Journal*, 29. 09. 2011; http://blogs.wsj.com/wealth/2011/09/29/the-worlds-largest-billionaire-entourage/

29 Georg Simmel: *Philosophie des Geldes*, 1900, 6. Kapitel, S. 583

30 http://www.rgs.org/OurWork/Schools/Teaching+resources/Key+Stage+3+resources/Who+wants+to+be+a+billionaire/Where+do+billionaires+live.htm

31 *Manager Magazin* spezial, Oktober 2011, S. 92
32 Vgl. http://www.i-spirit.fr/Map-of-the-Week-I-Spirit-geolocalise-les-milliardai res_a172.html
33 Thomas L. Friedman: We've Only Got America, *New York Times*, 14. 12. 2010
34 Joseph Vogl: *Das Gespenst des Kapitals*, Zürich 2010/2011
35 Robert Frank: Wealth Report, *Wall Street Journal*, 04. 10. 2011, vgl. auch http://www.bmtyachts.com/News/?/411/0/872
36 Chris Vellacott, Martin de Sa'Pinto: Rich run for cover as turmoil hits wealth, *Reuters*, 04. 10. 2011, vgl. http://www.reuters.com/article/2011/10/04/us-wealth -summit-investment-idUSTRE7933LS20111004
37 http://www.telegraph.co.uk/news/worldnews/asia/india/8063385/Indias-richest-man-Mukesh-Ambani-moves-into-630m-home.html
38 Robert Frank: Wealth Report, *Wall Street Journal*, 20. 10. 2011
39 *MEW* 25, 799 f.
40 Ebd.
41 http://portal.statistics.sk/files/Sekcie/sek_200/Klasifikacie/isco-08-final-vysv-prij-zm.pdf; vgl. Richard L. Florida: *The rise of the creative class : And how it's transforming work, leisure, community and everyday life,* New York, NY 2002
42 *Spiegel* 9/2012, S. 72 ff.
43 Ebd.
44 *Spiegel* 12/2012, S. 83 f.
45 http://www.johnchow.com/which-billionaire-are-you/ (dt.: der Investor-Milliardär, der philanthropische Milliardär, der idealistische Milliardär, der geniale Milliardär, der größenwahnsinnige Milliardär)
46 http://www.discoverthenetworks.org/LMC.asp
47 http://www.billionairesforbush.com/
48 http://www.billionairesforwealthcare.com/
49 *Manager Magazin* spezial, Oktober 2011, S. 16
50 *Spiegel* 12/2012, S. 84
51 http://www.uni-muenster.de/PeaCon/wemgehoertdieeu/ut-einflussreiche.htm
52 Robert Frank: An Undercover Billionaire Visits Occupy Wall Street, Wealth Report, *Wall Street Journal*, 01. 11. 2011
53 Robert Frank: Wealth Report, *Wall Street Journal.*, 04. 08. 2011
54 Kevin Rose: The Billionaire List Wars, *New York Times*, 12. 03. 2012, (Deal Book), http://dealbook.nytimes.com/2012/03/12/the-billionaire-list-wars/
55 Robert Frank: Wealth Report, *Wall Street Journal*, 04. 08. 2011
56 Vgl. Hans Jürgen Krymanski: *Hirten & Wölfe*, 4. Auflage, Münster 2012
57 David Nasaw: The »Giving« Season, *The Nation*, 17. 11. 2010, http://www.the nation.com/article/156526/giving-season
58 Ebd.
59 http://finance.fortune.cnn.com/2012/04/19/buffett/; Carol J. Loomis: The $ 600 billion challenge, *Fortune*, 16. 06. 2010, http://features.blogs.fortune.cnn.com/2010/06/16/gates-buffett-600-billion-dollar-philanthropy-chal lenge/
60 Die Giving Pledge lädt die reichsten Personen und Familien Amerikas dazu ein, den größten Teil ihres Vermögens der Philanthropie zu widmen, vgl. http://gi vingpledge.org/
61 »Zur Kultiviertheit der Gastfreundschaft des Bürgermeisters passten vollkommen die interessanten Gäste und die gehaltvollen Gespräche.«
62 http://www.brookings.edu/opinions/2010/0820_philanthropy_winthrop.aspx
63 Ebd.

64 Thomas Fischermann: Milliarden-Spenden. Räuber oder Retter? *Zeit-Online*, 17. 08. 2010; http://www.zeit.de/2010/33/Superreiche

65 http://www.scientificamerican.com/article.cfm?id=how-wealth-reduces-compassion

66 So die Bezeichnung für die Elite der Computerindustrie und Onlineunternehmen.

67 http://www.sozialoekonomie-online.de/ZfSO-160-161_Deutschmann.pdf

68 http://blogs.taz.de/hausmeisterblog/2007/02/08/kartellemonopole-gemein wohlegoismus/

69 Jan Philipp Reemtsma: *Frankfurter Allgemeine Sonntagszeitung*, 04. 02. 2007, Nr. 5, S. 13, http://www.seiten.faz-archiv.de/fas/20070204/sd120070204958460. html

70 Vgl. zum Beispiel meine Seminarwebsite Phantastische Wissenschaft, http://www.uni-muenster.de/PeaCon/phantawi/phantawi.htm

71 Vgl. zum Beispiel Michael Krantz: From IPOs to UFOs, *Time Magazine*, 01. 02. 1999; Joel Achenbach: The CEO from Cyberspace, *Washington Post*, 31. 03. 1999

72 Fredric Jameson: A New Reading of *Capital*, in: *Mediations. Journal of the Marxist Literary Group*, Volume 25, Nr.1 – auch online

73 http://www.thewordistruth.org/new_writing.htm (die Website existiert nicht mehr); eine gekürzte Version findet sich unter http://www.ufoseek.org/the truth.htm

74 Ebd.

75 http://www.planetary.org/index.html

76 Wegen der schweren Zugänglichkeit des hier zitierten Textes »Die Entdeckung Amerikas und die Sache mit der Weltraumliteratur« (1952) sei hier auf die Netzversion verwiesen: http://www.vordenker.de/gunther_web/amerika_sf. htm ; siehe auch http://www.vordenker.de/ggphilosophy/ggphilo.htm

77 http://en.wikipedia.org/wiki/The_WELL

78 http://www.brandeins.de/magazin/porsche-puma-und-andere-sexsymbole/wo-sind-die-guten.html – brandeins 02/2000

79 http://www.gbn.com/ – http://en.wikipedia.org/wiki/Global_Business_Network

80 Susan Buck-Morss: *Dreamworld and Catastrophe*, Cambridge (Mass.) 2000, S. 12

81 http://www.brandeins.de/magazin/kapitalismus/glueck-ist-machbar.html

82 TED. Hast du mal eine Idee?, *Der Spiegel*, 18/2012, S. 116 ff.; vgl. auch http://www.alternet.org/story/155481/ted%3A_even_more_elitist_than_we_thought

83 Alison Smale: Lessons From a Russian Oligarch, *New York Times*, 04. 05. 2012, http://www.nytimes.com/2012/05/05/world/europe/05iht-letter05.html?_r=1 & src=twrhp

5 Varianten des Kapitalismus

1 David Rothkopf: *Power, Inc.:The Epic Rivalry Between Big Business and Government and the Reckoning That Lies Ahead*, Farrar, Straus & Giroux, 2012; vgl. Thomas L. Friedman: Capitalism, Version 2012, *New York Times*, 13. 03. 2012, http://www.nytimes.com/2012/03/14/opinion/friedman-capitalism-version-2012.html

2 Ebd.

3 http://www.alternet.org/story/155488/giant_tax_loopholes_and_tax_breaks%3A_all_about_the_multi-billion_dollar_facebook_ipo

4 http://www.spiegel.de/wirtschaft/unternehmen/familien-rockefeller-

und-rothschild-verwalten-gemeinsam-vermoegen-a-835972.html

5 Michael Hardt/Antonio Negri: *Empire*, Cambridge (Mass.) 2000, S. 398

6 http://www.spiegel.de/wirtschaft/unternehmen/0,1518,784915,00.html

7 CLSA, Wealthy Asia. Market Strategy, 05. 09. 2011, http://www.clsa.com

8 http://www.chinesecapitalism.com/

9 David Barboza, Sharon LaFraniere: »Princelings« in China Use Family Ties to Gain Riches, *New York Times*, 17. 05. 2012, http://www.nytimes.com/2012 /05/18/world/asia/china-princelings-using-family-ties-to-gain-riches.html; Abbildung http://www.nytimes.com/interactive/2012/05/18/world/asia/po wer-and-profit-in-chinas-economic-boom.html?ref=asia

10 http://www.bmw-stiftung.de/de/

11 Milliardenbetrug. Chinesische Beamte schmuggelten riesige Geldsummen aus dem Land, *Spiegel-Online*, 17. 06. 2011, http://www.spiegel.de/wirtschaft/sozi-ales/0,1518,768891,00.html-

12 Lijia Zhang: The Specter of the Cultural Revolution, *New York Times*, 22. 05. 2012, http://www.nytimes.com/2012/05/23/opinion/the-specter-of-the-cultural-revolution.html?_r=1

13 Schuldenkrise. Griechenland will Privatisierungen beschleunigen, *Spiegel-Online*, 08. 07. 2012, http://www.spiegel.de/wirtschaft/soziales/griechenland-treibt-privatisierungen-voran-a-843218.html

14 Landon Thomas Jr., Eleni Varvisioti: *New York Times*, 23. 05. 2012, http://www.nytimes.com/2012/05/24/business/global/as-greece-turns-leftward-its-tycoons-stay-in-background.html

15 Adam Davidson: How the Art Market Thrives on Inequality, *New York Times*, 30. 05. 2012, http://www.nytimes.com/2012/06/03/magazine/how-the-art-market-thrives-on-inequality.html

16 Ebd.

17 Ebd.

18 Umfrage. Neun von zehn Deutschen fordern neue Wirtschaftsordnung, *Spiegel-Online*, 18. 08. 2010, http://www.spiegel.de/wirtschaft/soziales/0,1518,712 524,00.html

19 http://www.wiesaussieht.de/2011/11/04/habermas-in-der-faz/

20 Ludwig Poullain: Sittenverfall im Bankwesen: Ungehaltene Rede, *Frankfurter Allgemeine Zeitung*, 16. 07. 2004, S. 9

21 Chrystia Freeland: Using Technology to Reinvent Government, *New York Times*, 31. 05. 2012, http://www.nytimes.com/2012/06/01/us/01iht-letter01.html

22 Ebd.

23 Paul Krugman: Austerity Agenda, *New York Times,* 31. 05. 2012, http://www.nytimes.com/2012/06/01/opinion/krugman-the-austerity-agenda.html

24 Geoff L. Simons: *Saudi Arabia: The Shape of a Client Feudalism*; Basingstoke (Hampshire) 1998, S. 12

25 Robert F. Worth: Assets held by ousted tyrants prove hard to find, *International Herald Tribune*, 09./10. 06. 2012, S.1

26 Erich Follath, Bernhard Zand: Tausendundeine Pracht, *Der Spiegel*, 6/2008

27 James Risen: Intrigue in Karzai Family as an Afghan Era Closes, *New York Times*, 03. 06. 2012, http://www.nytimes.com/2012/06/04/world/asia/karzai-family-moves-to-protect-its-privilege.html

28 http://www.nytimes.com/2010/10/06/world/asia/06karzai.html

29 Weltbank-Ranking: Die wirtschaftsfreundlichsten Staaten der Welt, *Spiegel-Online*, 20. 10. 2011, http://www.spiegel.de/wirtschaft/unternehmen/0,1518,792 976,00.html

30 Choon-Piew Pow: Living it up: Super-rich enclave and transnational elite

urbanism in Singapore, *Geoforum* 42 (2011) 382–393, www.elsevier.com/lo
cate/geoforum

31 Chrystia Freeland: For India, Swift Growth and Rapid Rot, *New York Times*,
17.11.2011, http://www.nytimes.com/2011/11/18/world/asia/18iht-letter18.
html; vgl. auch http://www.rediff.com/money/2009/jan/16-indian-capitalism
-has-always-had-a-criminal-side.htm

32 Uwe Klußmann: US-Memos zu Korruption. Auf der Spur der russischen Paten,
Spiegel-Online, 01.12.2010, http://www.spiegel.de/politik/ausland/0,1518,
732352,00.html

33 Boris Kagarlitsky: Russian Capitalism Is More Pure, *Zspace*, 13.05.2011, http://
www.zcommunications.org/russian-capitalism-is-more-pure-by-boris-kagar-
litsky.

34 Alexei Barrionuevo: Time to Sell Penthouse. The Russians Have Cash, *New York
Times*, 03.04.2012, http://www.nytimes.com/2012/04/04/realestate/russi
ans-court-luxury-real-estate-with-record-breaking-sales.html

35 David DeGraw: Meet the Global Financial Elites Controlling $46 Trillion In
Wealth, *Alternet*, 12.08.2011, http://www.alternet.org/story/151999/meet_
the_global_financial_elites_controlling_%2446_trillion_in_wealth

36 Timothy Noah: How the Stinking Rich Ate the Economy, *The Atlantic*,
07.03.2012

37 Interview mit Jeffrey Sachs: Amerika ist unzivilisiert, *Frankfurter Rundschau*,
19.03.2012

38 David Brooks: The Great Divorce, *New York Times*, 30.01.2012, http://www.
nytimes.com/2012/01/31/opinion/brooks-the-great-divorce.html

39 Vgl. http://www2.ucsc.edu/whorulesamerica/power/bohemian_grove.html

40 Chris Hellman: 8 Trillion on Our Military Addiction? *Tomdispatch*,
16.08.2011, http://www.tomdispatch.com/

41 Jon Tester: Time to End Outdated Military Spending, Not Medicare, *Huffington
Post*, 19.05.2011, http://www.goodporkbadpork.com/2011/05/sen-jon-tester-
time-to-end-outdated-military-spending-not-medicare/

42 http://www.forbes.com/sites/kenrapoza/2012/02/27/despite-weak-econo-
mies-global-military-industrial-complex-sales-still-rising/

43 http://www.sipri.org/media/pressreleases/27-feb-2012-Business-as-usual
-for-top-arms-producers – http://www.sipri.org/research/armaments/milex/
resultoutput/trendgraphs/Top10bubble

44 http://www.sipri.org/yearbook/2012/05

45 Ruth David, Karthikeyan Sundaram: India's Richest Seek New Fortunes in Arms
Amid China Race, *Business Week*, 08.06.2012, http://www.businessweek.com/
news/2012-06-07/indias-richest-seek-new-fortunes-in-arms-amid-china-race

46 Ebd.

47 Ebd.

48 http://edition.cnn.com/2009/SPORT/07/06/security.yachts.pirates/index.
html#cnnSTCText; Abbildung: http://www.luxuo.com/yachting/page/13

49 *taz*: Überschriften, gesammelt von Deniz Yücel, aus zweieinhalb Jahren
*Financial Times Deutschland, Focus, Frankfurter Allgemeine Zeitung, Frankfurter
Rundschau, Handelsblatt, Neue Zürcher Zeitung, Spiegel, Süddeutsche Zeitung,
taz* und *Zeit* (Auswahl HJK), http://www.taz.de/!95632/

50 Bill Moyers, Michael Winship: Inside the Bacchanalian Wall Street Fraternity
Party of Billionaire Bankers and Hedge Fund Predators, 30.01.2012; Abbildung:
http://www.alternet.org/story/153943/inside_the_bacchanalian_wall_street_
fraternity_party_of_billionaire_bankers_and_hedge_fund_predators

51 Paul Krugman: Rule by Rentiers, *New York Times*, 09.06.2011, http://www.
nytimes.com/2011/06/10/opinion/10krugman.html

52 http://www.monde-diplomatique.de/pm/2012/06/08.mondeText.artikel, a0010.idx,0
53 Vgl. Geoffrey Geuens: *La Finance imaginaire. Anatomie du capitalisme: des ›marchés financiers‹ à l'oligarchie*, Brüssel 2011
54 Ebd.
55 Ebd.
56 Ebd.
57 www.thewealthreport.net/The-Wealth-Report-2012.pdf
58 http://www.spiegel.de/wirtschaft/soziales/0,1518,723730,00.html
59 Michael Hudson: Why the U.S. Has Launched a New Financial World War – and How the Rest of the World Will Fight Back, *CounterPunch*, 12.10.2010, http://www.alternet.org/story/148481/
60 Les Leopold: 6 Shocking Revelations About Wall Street's ›Secret Government, *Alternet*, 30.11.2011, http://www.alternet.org/story/153274/6_shocking_re-velations_about_wall_street%27s_%22secret_government%22
61 Robert Reich's Blog: Wall St's Latest Shameless Ploy to Fleece You, 10.12.2011, http://www.alternet.org/story/153394/wall_st%27s_latest_shameless_ploy_to_fleece_you
62 Griechische Schuldenkrise: Hedgefonds wollen Menschenrecht auf Rendite ein-klagen, *Spiegel-Online*, 19.01.2012, http://www.spiegel.de/wirtschaft/unter-nehmen/0,1518,810039,00.html
63 Simone Boehringer: EZB leiht Instituten Milliarden. Wie die Banken die Regie-rungen erpressen, *Süddeutsche Zeitung*, 01.02.2012, http://www.sued deutsche.de/wirtschaft/ezb-leiht-instituten-milliarden-wie-die-banken-die-re-gierungen-erpressen-1.1272512
64 Vgl. Chrystia Freeland: A Revolution of Machines Quietly Hums, *New York Times*, 09.02.2012 http://www.nytimes.com/2012/02/10/us/10iht-letter10.html
65 http://www.mckinseyquarterly.com/The_second_economy_2853
66 http://www.bankofengland.co.uk/publications/Documents/speeches/2012/speech552.pdf
67 http://blogs.reuters.com/james-saft/2012/03/22/esperanto-vs-the-middlemen-james-saft/
68 Paul Kennedy: Crossing a Watershed, Unawares, *New York Times*, 25.10.2011, http://www.nytimes.com/2011/10/26/opinion/26iht-edkennedy26.html?pagewanted=all
69 http://en.wikipedia.org/wiki/Fredric_Jameson, zu seinen wichtigsten Schriften gehören: *Postmodernism, or, The Cultural Logic of Late Capitalism* (1991), *The Geopolitical Aesthetic. Cinema and Space in the World System* (1992) und *The Seeds of Time* (1994) sowie gemeinsam mit M. Myoshi: *The Cultures of Civiliza-tion* (1998). Nur wenige Schriften Jamesons sind ins Deutsche übersetzt, ob-gleich er unter anderem in Berlin und München studiert und dort promoviert hat. Er lehrt an der Duke University in North Carolina.
70 *Representing ›Capital‹: A Reading of Volume One*, London/New York 2011
71 Ebd., S. 3
72 *MEW* 23, S.189
73 *MEW* 23, S. 183
74 *MEW* 23, S. 353
75 Michael Hardt, Antonio Negri: *Empire*, Cambridge (Mass.), S. 170
76 Paul Kennedy: Karl Marx and the G-20, *International Herald Tribune*, 03.04.2009
77 Michael Hardt, Antonio Negri: *Empire*, Cambridge (Mass.), S. 372
78 Ebd., S. 220

79 Ebd., S. 270

80 Ebd., S. 391 f.

81 A New Reading of *Capital*, Mediations. *Journal of the Marxist Literary Group*, Volume 25, Nr.1, passim

82 Sam Pizzigati: No Country for Rich Men, http://www.otherwords.org/articles/no_country_for_rich_men

83 Tanya Powley, Lucy Warwick-Ching: Stateless and superrich, *Financial Times*, 28.04.2012

84 Sam Pizzigati: No Country for Rich Men, http://www.otherwords.org/articles/no_country_for_rich_men

85 http://berggruen.org/mission

86 http://www.businessinsider.com/homeless-billionaire-nicolas-berggruen-2011-12#

87 *Boote exklusiv*, 3/2012, Mai/Juni 2012, S. 10; vgl. www.seasteading.org/; Cities on the ocean, *The Economist*, 03.12.2011, http://www.economist.com/node/21540395

6 Können Milliardäre das Kapital überwinden?

1 »Kapitalismus als System wird für Kapitalisten immer unattraktiver. Die Klügsten unter ihnen suchen nach Alternativen, um ihre Privilegien zu abzusichern.« http://www.iwallerstein.com/socialdemocratic-illusion

2 *GlobalEurope Anticipation Bulletin*, Nr. 63, 17.03.2012, http://www.leap2020.eu/Deutsch_r27.html

3 http://www.de.capgemini.com/insights/publikationen/world-wealth-report-2012/ (Abbildung)

4 *Global Wealth 2012: The Battle to Regain Strength*: http://www.bcg.de/media/PressReleaseDetails.aspx?id=tcm:89-106952 (www.bcg.de/documents/file106998.pdf)

5 Dieses und die folgenden Zitate: ebd.

6 http://www.thewealthreport.net/; alle folgenden Zitate dort.

7 Jonathan V. Beaverstock: The Privileged World City: Private Banking, Wealth Management and the Bespoke Servicing of the Global Super-Rich, *GaWC Research Bulletin* 338, 08.03.2010, http://www.lboro.ac.uk/gawc/rb/rb338.html

8 Leslie Sklair, Laura Gherardi (2012): Iconic architecture as a hegemonic project of the transnational capitalist class, *City: analysis of urban trends, culture, theory, policy, action*, Volume 16, Nr.1 und 2, April 2012, S. 57–73, http://www.ingentaconnect.com/content/routledg/ccit/2012/00000016/f0020001/art00004

9 Ebd.

10 Jonathan V. Beaverstock: The Privileged World City: Private Banking, Wealth Management and the Bespoke Servicing of the Global Super-Rich, *GaWC Research Bulletin* 338, 08.03.2010, http://www.lboro.ac.uk/gawc/rb/rb338.html

11 Ebd.

12 Ebd.

13 Stefania Vitali, James B. Glattfelder, Stefano Battiston: The network of global corporate control, 19.09.2011, http://arxiv.org/pdf/1107.5728.pdf

14 http://www.newscientist.com/article/mg21228354.500-revealed--the-capitalist-network-that-runs-the-world.html

15 http://www.newscientist.com/articleimages/mg21228354.500/0-revealed--the-capitalist-network-that-runs-the-world.html

16 Steve Coll: *Private Empire: ExxonMobil and American Power*, Penguin Press HC, 2012

17 Adam Hochschild: *New York Times*, 08.06.2012, http://www.nytimes.com /2012/06/10/books/review/private-empire-steve-colls-book-about-exxon-mo bil.html?_r=1

18 http://onthinktanks.org/; http://www.eu.thinktankdirectory.org/

19 http://www.gotothinktank.com/; Report: http://www.gotothinktank.com/ 2011-global-tank-index/

20 *Forbes*, 02.04.2012, http://www.forbes.com/sites/lauriebennett/2012/02/ 04/billionaires-channel-millions-to-think-tanks/

21 Tevi Troy: Devaluing the Think Tank, *National Affairs*, 10/2012, http:// www.nationalaffairs.com/publications/detail/devaluing-the-think-tank

22 Hendrik Ankenbrand, Patrick Bernau: *Frankfurter Allgemeine Zeitung*, 08.08.2010, http://www.faz.net/aktuell/wirtschaft/stiftungen-so-sanieren-die-milliardaere-die-welt-1574368.html

23 http://www.stern.de/wirtschaft/geld/stern-umfrage-so-wohltaetig-sind-deutschlands-milliardaere-1591933.html (*stern*, 11.08.2010)

24 Eric Lichtblau: Cato Institute Is Caught in a Rift Over Its Direction, *New York Times*, 06.03.2012, http://www.nytimes.com/2012/03/06/us/cato-institute-and-koch-in-rift-over-independence.html?_r=1

25 http://bigthink.com/the-moral-sciences-club/more-on-the-fight-over-the-cato-institute?page=3

26 Andrew Ross Sorkin: The Mystery of Steve Jobs's Public Giving, *New York Times*, 11.08.2011, http://dealbook.nytimes.com/2011/08/29/the-mystery-of-steve-jobss-public-giving/

27 Ben Fritz, Steven Zeitchik: Megan Ellison is energizing indie film world, *Los Angeles Times*, 18.05.2012, http://articles.latimes.com/2012/may/18/business/ la-fi-ct-megan-ellison-20120519/2

28 http://topics.nytimes.com/topics/reference/timestopics/subjects/v/venture_ capital/index.html

29 Claire Cain Miller: Rebooting Philanthropy in Silicon Valley, *New York Times*, 17.12.2011, http://www.nytimes.com/2011/12/18/business/a-philanthropy-reboot-in-silicon-valley.html

30 Klaus Dörre: Landnahme und die Grenzen einer kapitalistischen Dynamik. Eine Ideenskizze, in: *Berliner Debatte INITIAL*, 22 (2011) 4, S. 56–72

31 http://taz.de/Soziologe-ueber-Finanzkapitalismus/!89976/ (gekürzt, *taz*, 20.03.2012)

32 Christine Haughney: Newspaper Work, With Warren Buffett as Boss, *New York Times*, 17.06.2012, http://www.nytimes.com/2012/06/18/business/media/ newspaper-work-with-warren-buffett-as-the-boss.html

33 Ebd.

34 Zwei Billionen Dollar Jahresumsatz: Verbrechen lohnt sich, *Spiegel-Online*, 23.04.2012, http://www.spiegel.de/wirtschaft/soziales/0,1518,829329,00. html

35 Praveen Swami: Nursultan Nazarbayev: the shepherd's son who became Kazakhstan's Emperor, *The Telegraph*, 01.12.2010, http://www.telegraph.co. uk/news/worldnews/wikileaks/8171617/Nursultan-Nazarbayev-the-she pherds-son-who-became-Kazakhstans-Emperor.html –

36 Heiner Flassbeck: *Zehn Mythen der Krise*, Berlin 2012, S. 52; *Das Blättchen*, Gespräch mit Heiner Flassbeck, Die Reichen kaufen sich das System: http://www.linksnet.de/de/artikel/27776

37 Dietmar Dath, *Maschinenwinter. Wissen, Technik, Sozialismus. Eine Streitschrift.* edition unseld 8, Berlin 2008, S. 71

38 http://www.klaus-tschira-stiftung.de/

39 http://knowledgeandspace.uni-hd.de/symposia/clashes/index.html

40 http://knowledgeandspace.uni-hd.de/symposia/economy/index.html

41 http://knowledgeandspace.uni-hd.de/symposia/power/index.html

42 http://knowledgeandspace.uni-hd.de/symposia/mobility/index.html

43 http://www.charterworld.com/news/freire-7360m-megayacht-pegaso-delivered

44 *Boat International*, Juli 2012, S. 121

45 Carole Cadwalladr: Singularity University: meet the people who are building our future, *The Guardian*, 29.04.2012, http://www.guardian.co.uk/technology/2012/apr/29/singularity-university-technology-future-thinkers

46 Ashlee Vance: Merely Human? That's So Yesterday, *New York Times*, 12.06.2010, http://www.nytimes.com/2010/06/13/business/13sing.html

47 Ebd.

48 http://www.cra.org/ccc/

49 Steve Lohr: How Big Data Became So Big, *New York Times*, 11.08.2012, http://www.nytimes.com/2012/08/12/business/how-big-data-became-so-big-unboxed.html

50 Michael Hardt, Antonio Negri: *Common Wealth. Das Ende des Eigentums*, Frankfurt/New York 2010

51 Ebd., S. 387 f.

52 Ebd., S. 389

Epilog: Avanti Dilettanti (2029)

1 Hans Jürgen Krysmanski: *Popular Science. Medien, Wissenschaft und Macht in der Postmoderne*, Münster 2001, S. 185 f.; vgl. auch Wolfgang Fritz Haug: *Hightech-Kapitalismus in der großen Krise*, Hamburg 2012, S. 301

2 Paul Krugman: Mitt's gray areas, *New York Times*, 11.07.2012, http://www.nytimes.com/2012/07/09/opinion/krugman-mitts-gray-areas.html

3 Chrystia Freeland: The 1 percent vs. President Obama, *Reuters* Blogs, 12.07.2012, http://blogs.reuters.com/chrystia-freeland/; erschien auch unter: This fight is bigger than taxes, in: *International Herald Tribune*, 13.07.2012, S. 2

4 Ebd.

5 Joe Nocera: Libor's Dirty Laundry, *New York Times*, 06.07.2012, http://www.nytimes.com/2012/07/07/opinion/libors-dirty-laundry.html

6 Ebd.

7 William Pfaff: Capitalism under fire, *International Herald Tribune*, 30.03.2006

8 Lynn A. Stout: *The Shareholder Value Myth: How Putting Shareholders First Harms Investors, Corporations, and the Public*, San Francisco 2012

9 Jesse Eisinger: Ending the tyranny of the sharholder, *International Herald Tribune*, 30.06.2012; vgl. http://www.propublica.org/thetrade/item/how-shareholders-are-hurting-america (*ProPublica*, 27.07.2012)

10 Hernando de Soto: Who Owns This Mess?, *New York Times*, 02.12.2011, vgl. http://www.nytimes.com/2011/12/02/opinion/magazine-global-agenda-who-owns-this-mess.html

11 Heiner Flassbeck: *Zehn Mythen der Krise*, Berlin 2012, S. 57

12 Chrystia Freeland, http://www.nytimes.com/2011/08/19/us/19iht-letter19.html (*New York Times*, 18.08.2011)

13 Vgl. Don Tapscott, Anthony D. Williams: *Wikinomics: die Revolution im Netz*, München 2007

14 http://codeforamerica.org/

15 Chrystia Freeland, http://www.nytimes.com/2011/08/19/us/19iht-letter19.html (*New York Times*, 18.08.2011)

16 Vgl. zum Folgenden: Hans Jürgen Krysmanski: Gesellschaftliche Planung und das System der vernetzten Computer, *Das Argument*, 286/2010, S. 195–204

17 Fredric Jameson: Fünf Thesen zum realexistierenden Marxismus, *Das Argument*, 214/1996, 174 ff.
18 Marshall McLuhan: *Die magischen Kanäle. Understanding Media*, Düsseldorf/Wien 1968, S. 382 (engl. Originalausgabe 1964)
19 So nannte der Systemtheoretiker sein zettelkastenüberfülltes Arbeitszimmer.
20 Diderot an Fräulein Volland, Paris, 23. Juli 1762, in : *Briefe des Alten Frankreich*, hg. von Werner Langer (Sammlung Dieterich, Bd. 63), Leipzig 1941, S. 285

Personenregister